Italia Rizzo

IL MIO RISVEGLIO
Una storia vera con Sai Baba

Con commozione ringrazio Sai Baba che, in data 31 luglio 1999, ha benedetto questo libro scrivendovi le parole : "With Love" (Con Amore), seguite dalla Sua firma.

In copertina e all'interno dipinti dell'autrice
Seconda Edizione
(Prima Edizione 2001)

RINGRAZIAMENTI

Ringrazio Donato,
che ha lavorato a lungo
per inserire a computer
il mio dattiloscritto,
e perché mi è sempre
stato vicino, con amore.

Ringrazio tutti gli amici,
che negli anni difficili,
mi hanno sostenuta,
anche solo con un sorriso.

Ringrazio il mio Meraviglioso Maestro:
Sri Sathya Sai Baba, l'Avatar della nostra era,
che mi ha sempre aiutata,
mi ha sempre guidata,
mi ha sempre amata.
A Lui, che mi ha tolto dalla malattia,
ridandomi un corpo nuovo,
dedico tutti i miei pensieri.
A Lui, che col Suo Esempio Vivente,
mi ha insegnato cos'è l'Amore,
dedico tutte le mie azioni.
A Lui, che è per me il Faro,
il Porto, il Nido, la Verità, la Meta, la Vita,
dedico tutto il mio cuore.
Italia

INTRODUZIONE ALLA SECONDA EDIZIONE

Sono passati molti anni da quando iniziai a scrivere questo libro. Allora il mio corpo era ancora molto malato. Pensai che scrivere mi avesse aiutata a guarire, a guardarmi dall'esterno; in più pensai che questo libro sarebbe stato utile alla mia famiglia.
Non sapevo, allora, che Il Mio Adorato Maestro aveva il programma di benedire il libro per la pubblicazione.

Tante cose sono cambiate nella mia Vita dopo l'incontro con L'Avatar della nostra era. Quando abbiamo per amico il Signore del Creato, cosa può più destabilizzarci o spaventarci?

Come mi sento ora? Lo descrivo in questa mia pesia:

NEL PALMO DELLA TUA SANTA MANO

Come un pulcino
bagnato,infangato,incatramato
mi hai preso nel palmo
della tua santa mano.
Con tanta pazienza
mi hai ripulito,
con tanta tenerezza
mi hai riscaldato,
con tanto amore
mi hai nutrito.
Io sono quel pulcino beato
nel palmo
della tua santa mano.
Italia

"Solo quando l'uomo percepisce la Verità
è possibile che si verifichi in Lui un cambiamento"

Baba

INDICE

PREMESSA 6
CAP. 1 - TEGOLE E BAMBOLOTTI 8
CAP. 2 - IN LOMBARDIA 19
CAP. 3 - I PRIMI SEGNI DELLA MALATTIA 29
CAP. 4 - LA MIA NUOVA FAMIGLIA 35
CAP. 5 - IL PRECIPIZIO E LA SVOLTA 49
CAP. 6 - ASPETTANDO IL VOLO 59
CAP. 7 - AD ALBINO 76
CAP. 8 - AL GAVER 84
CAP. 9 - YOGANANDA 95
CAP. 10 - AL SANTUARIO DELLA MADONNA D'ERBIA ... 99
CAP. 11 - LA SCOPERTA DELL'ENERGIA 104
CAP. 12 - GUARIRE A MODO MIO 111
CAP. 13 - IL GRANDE APPUNTAMENTO 122
CAP. 14 - UN FIUME D'AMORE 131
CAP. 15 - I CUORI DI BABA 155
CAP. 16 - UNA MAGGIORE CONSAPEVOLEZZA 163
CAP. 17 - LETTERE A PAPA' 181
CAP. 18 - ANCORA IN UMBRIA 213
CAP. 19 - LA FAMIGLIA SI ALLARGA 233
CAP. 20 - FINALMENTE L'INDIA 244
CAP. 21 - IL TRAMONTO DI UN'ERA 268
CAP. 22 - COME SAN TOMMASO 285
CAP. 23 - AI PIEDI DI DIO 297
POSTFAZIONE 328

PREMESSA

Dopo anni di dure prove da superare, finalmente qualcosa in me è cambiato, finalmente è accaduta una cosa bellissima!
Un giorno, da ragazzina, scrissi questa poesia:

A TUTTI VOI

Vorrei gridarvi il mio amore

sempre più forte,

perché tutti lo possiate sentire.

Ma la nebbia dell'incomprensione,

dell'indifferenza, della distrazione,

ci allontana;

ed il mio grido,

soffocato,

si dissolve nel nulla,

come se non fosse mai nato.

Soffrivo, allora, per un fardello d'amore che non riuscivo a donare e che mi pesava, quindi, come un dolore.
Certo, avrei potuto dare qualcosa alle persone più vicine, ma come avrei potuto raggiungere tutte le altre?
Mi sentivo impotente. Quali strumenti avevo a disposizione per amare?
Come potevo comunicare il mio amore?
Ricordo come, nei momenti più bui, durante i quali mi sentivo sbattuta dai flutti impetuosi di un mare in tempesta, mi siano state di grande sollievo le parole di speranza che qualche amico mi donava.
Anch'io potrei donare parole di speranza. Per questo ho deciso di condividere con voi l'esperienza del mio passaggio dal buio alla luce, dall'inquietudine alla gioia.
Oggi voglio che il mio grido d'amore non rimanga più soffocato!

Per questo scrivo, e per farvi sapere che, il bello è... che la cosa meravigliosa capitata a me, può capitare anche a voi, quando saprete, se solo lo vorrete!
Ovviamente, dedico a voi tutti, questo libro.

CAP. 1 - TEGOLE E BAMBOLOTTI

*Ogni vita è una nuova occasione,
una nuova opportunità per
comprendere la verità.
Baba*

Il mio approccio con il mondo non è stato dei migliori. Mio fratello Enzo aveva soltanto cinque mesi, quando Mamma incominciò a sentire i primi malesseri, causati dalla nuova vita che portava in grembo. Povera Mamma! Aveva già tanti problemi da risolvere! Il timore di non essere in grado di affrontare questa nuova fatica, la spinse a sperare che non fosse vero.
Dentro di lei, intanto, io galleggiavo nei suoi pianti, nella sua paura, nella sua ansia.
Quando annunciò a Papà la mia esistenza, egli rimase un po' incredulo: non ero stata programmata da lui; com'ero potuta sfuggire ai suoi calcoli, al suo raziocinio?
Incominciò a rendersi conto dell'esistenza di una Volontà ben superiore alla nostra (e della quale quest'ultima è solo un prestito), che così ormai aveva deciso. Non gli restava quindi che prenderne atto ed attendermi nel migliore dei modi.

Dall'oceano in tempesta nel quale naufragai, l'utero di mia madre, finalmente toccai terra e nacqui.
Mi accorsi però, ben presto, di come questa terra fosse un vero e proprio campo di battaglia.
Ogni avvenimento era un'importante occasione per imparare le regole del gioco; compresi inoltre che erano ben più numerosi i nemici interiori, che quelli esteriori.
Oggi so che è l'Anima a scegliere il luogo e le esperienze che l'aiuteranno nella Sua evoluzione; ora di questo sono consapevole e ringrazio per tutto ciò che mi è stato permesso di sperimentare.

La mia nascita aveva creato qualche problema a mio fratello Enzo, che aveva appena passato l'anno e che, vedendomi attaccata al seno della "sua" mamma, aveva fatto lo sciopero della fame per diversi giorni, soffrendo per quel tradimento. Dal canto suo mia madre, fra l'incudine e il martello, si faceva in quattro per non farci mancare nulla.

Quando si sposarono, Mamma era casalinga e, per noi familiari, anche buona sarta; mio padre era ragioniere, ma abbandonò presto l'impiego privato per svolgere la carriera di segretario comunale. Proseguì gli studi mentre la sera ci cullava: così si laureò. Una grande forza di volontà e uno spiccato senso del dovere lo hanno spronato per tutta la vita.

Nella mia infanzia non mi sono senz'altro annoiata: ho moltissimi ricordi, ognuno legato ad un luogo diverso. Nei miei primi anni di vita, infatti, ho vissuto in quattro paesi diversi della Provincia di Perugia: Collazzone, Trevi, Piegaro e Città della Pieve.
Per me l'infanzia finì quando ci trasferimmo in Lombardia.

Del periodo di Collazzone, pur essendo molto piccola, ho diversi ricordi.
Abitavamo in un appartamento sopra gli uffici comunali, in un vecchissimo palazzo che sembrava un castello, con tanto di torri sopra il tetto. Proprio una di queste torri era il nostro terrazzo: da questo, Enzo ed io, scavalcando il muretto, raggiungevamo i tetti attigui in cerca di lucertole e d'avventure. Un ricordo vivo, che accompagna tutta la mia infanzia, è proprio quello delle nostre fughe da casa: in particolare le fughe esplorative sui tetti del paese furono la nostra specialità!
Come sempre accade, gli avvenimenti che hanno scosso maggiormente il nostro corpo emotivo, sono quelli che ricordiamo meglio.
Mi rivedo correre per la strada perché un grosso maiale nero mi inseguiva: che spavento!
In seguito, quando avevo otto anni, si ripeté la triste esperienza di essere rincorsa da un maiale, e soltanto arrampicandomi sopra un albero, trovai la salvezza. Un altro ricordo di paura è quello di un grosso cane lupo che mi aveva buttata a terra e ringhiava a due centimetri dal mio naso. Da quell'esperienza era nata la mia paura dei cani, che mi ha accompagnato fino a poco tempo fa, e che non ha fatto altro che attrarre a me altri cani arrabbiati: ora so che

questo è accaduto in base alla legge che vuole che attiriamo quello che temiamo, oltre a ciò (meno male!) in cui confidiamo.

Che momento di grande felicità, invece, quando un Natale aprii un bel pacco dono e dentro vi trovai l'amico ed il compagno di anni di monellerie: il mio bambolotto "Coccolino"! Ero una bambina tanto piccola che voleva giocare a far la mamma con un bambolotto quasi più grosso di lei! Aveva il corpo di pezza, morbido e avvolgente, come un bimbo vero. Può sembrare un ricordo banale, ma io avevo trovato l'amico più intimo, con il quale potevo parlare, al quale potevo confidare i miei desideri, le mie pene, i miei più reconditi segreti. In seguito, a Trevi, lo portavo con me in ogni mia fuga da casa insieme ad Enzo.
Ben presto, visto l'attaccamento e l'amore che nutrivo per questo "amico speciale", mio fratello trovò il modo di ottenere da me quello che voleva, minacciando di "strangolare" o appendere a testa in giù quello che egli vedeva solo come un pupazzo, e che per me aveva, invece, un'anima: per questo io lo difendevo con tutta me stessa.

Il ricordo dei miei primi tre anni di vita a Collazzone è, a conti fatti, piacevole: sia perché la mente infantile rimuove il più possibile tutto ciò che ci ha ferito, sia perché, di fatto, è stato uno dei migliori periodi per la nostra famiglia.
Papà e Mamma, allora, erano piuttosto sereni; Emilia ci faceva anch'ella da mamma, e se riuscivamo a sfuggire alle sgridate o alle sculacciate dei genitori, non sfuggivamo a quelle della nostra sorellina, che si sentiva investita di responsabilità nei nostri confronti. Ma si sa che la tolleranza di una madre, non può averla una bimba di sette anni che gioca a fare la mamma! Mi rendo conto che Enzo ed io dobbiamo averla disturbata molto, durante i suoi compiti o giochi, perciò ella si difendeva come poteva dalla nostra invadenza ed esuberanza.
I miei rapporti con lei migliorarono a Trevi, perché, essendo cresciuta, riuscivo a seguirla nei giochi che riguardavano la manifattura di vestitini per le bambole e in altri passatempi tipicamente femminili, che alternavo ai giochi da "maschiaccio", che invece continuavo a fare con Enzo.

Ma la mia più grande passione, anche a Trevi, era sempre quella di sfidare il pericolo: girovagando per i tetti, arrampicandomi su alberi, tralicci della corrente, muretti e su tutto ciò che era da me raggiungibile. Questo mi dava gioia, ma soprattutto un senso di potenza, di sicurezza in me stessa e nelle mie capacità.

Papà e Mamma, viste le esperienze di Collazzone, avevano circondato il terrazzo, che dava anch'esso sul tetto, con una rete alta almeno due metri; ma io avevo presto trovato la strada che conduceva alle tegole tanto amate: era una minuscola finestra del bagno. Enzo ed io mettevamo una sedia sopra la lavatrice, così raggiungevamo la finestrella e da lì la libertà.

Quanti spaventi causammo a mia madre! I ricordi delle nostre monellerie sono numerosi e vivissimi.

Escogitavamo ogni sistema per impossessarci delle chiavi di casa, che mamma teneva con sé; ogni sua piccola distrazione ci consentiva di mettere in atto il nostro piano di "evacuazione".

Eravamo così finalmente liberi: io, Enzo e ... Coccolino.

Spesso c'intrattenevamo a casa di qualche amichetto e non tornavamo finché non fosse buio, o finché non venissero a "ripescarci". Infatti, Papà, Mamma ed Emilia, si dividevano in zone e ci venivano a cercare per tutto il paese, che, fortunatamente, era piccolo e raccolto sulla cima di una collinetta.

A casa "le pigliavamo"; ma questo non bloccava certo le nostre iniziative e, la volta seguente, trovavamo ancora un modo per andarcene, liberi ed indisturbati, ad esplorare il mondo, che non ci sembrava pericoloso, né tantomeno ostile.

Fra Mamma e noi c'era una guerra aperta: stavamo diventando dei professionisti della fuga; ma da chi? Da che cosa? Non era chiaro. E' vero che la nostra abitazione era sempre in cima ad un vecchio palazzo municipale, senza un po' di verde, senza un po' di prato, e a noi sembrava una vera e propria prigione, ma cosa c'impediva di accontentarci dei giocattoli e dello spazio che comunque non era mai mancato nelle nostre case? Tutto ciò che era pericoloso ci attirava, e più Mamma temeva per la nostra incolumità, più le facevamo venire i "capelli dritti".

Ricordo l'idea, che avemmo un giorno, di metterci in piedi sul davanzale della finestra aperta, per fare scherzi alla gente che passava sotto di noi, che eravamo al secondo piano. Era per noi un piacere violare le leggi delle buone maniere; ma sarebbe bastata una piccola spinta, e uno dei due avrebbe potuto volare giù!
Mamma dovette, alla fine, metterci al sicuro aprendo la porta con una spallata.
Non si può certo parlare dell'innocenza dei fanciulli ripensando a certe nostre monellerie!
Le avventure di "Pippi Calzelunghe", non erano molto lontane dalle nostre. Non ci annoiavamo mai e ci sentivamo, così, sempre vivi.

Alla scuola materna, Enzo ed io, andavamo da soli, mano nella mano, e nell'altra il cestino per la merenda. Quello che oggi può sembrare impensabile, allora era prassi normale: non c'erano per le strade i pericoli di oggi; inoltre, anche se abitavamo da poco in quel paese, non si sa bene come, ma tutti ci conoscevano.
Una mattina, mentre ci avviavamo all'asilo, una ragazza ci fermò ed iniziò a farci tanti complimenti. Mi accarezzava con tanta dolcezza, ed io rimasi in un immobile stupore davanti a quella tenerezza e a quell'amore così inaspettati. Questo ricordo, vivido e indelebile, mi fa comprendere quale "fame" avessi di carezze dolci, di piccole attenzioni, quanta voglia di sentirmi amata e coccolata, che bisogno di un tocco calmo e gentile, colmo di un'energia benefica e rigenerante! Tutte queste cose mi mancavano profondamente.
Io che fuggivo da mia madre, che ero in conflitto con lei, al punto da volermi abbottonare il vestitino da sola, o allacciarmi le scarpe e pettinarmi, ero alla ricerca di un suo sostituto.
Quello che di mia madre rifiutavo, negli altri lo cercavo; e non mi rendevo conto, nella mia coscienza di bambina, che più la rifiutavo e più con i miei comportamenti le davo pena, più la sua ansia e la sua inconscia rabbia verso di me aumentavano. Ero vittima di questo circolo vizioso, che io stessa creavo ed alimentavo. Forse anche a causa di questi conflitti, spesso mi ammalavo; ed ogni mia malattia era un'occasione per accrescere ancora di più l'ansia e le preoccupazioni di mia madre nei miei confronti.
Quando veniamo al mondo, già dal momento del nostro concepimento, registriamo in modo indelebile nella mente tutte le

nostre esperienze. Un taglio sulla corteccia di un grande albero è poco più di un graffio, ma lo stesso taglio, inferto ad una pianticella appena germogliata, è un grosso trauma, che condiziona inevitabilmente la sua forma futura. Ed io, come tutti, avevo già accumulato in quei primi tre o quattro anni di vita, una serie di ferite... ma la vita mi metteva in condizione di guarirle.
Ora so che le mie birichinate, le mie azioni, erano spinte da un forte bisogno di acquisire sicurezza e fiducia in me stessa. Sperimentavo il pericolo come una sfida: questo mi dava un senso di potenza; ero capace di espormi, arrivando al limite oltre il quale sarebbe stato fatale, proprio per sfidare la morte e beffeggiarla.
Volevo così superare la mia atavica voglia di tornare là, da dove ero venuta: per questo sentivo continuamente il bisogno di ricordare a me stessa che avevo scelto la vita e che nulla, quindi, avrebbe potuto ostacolarla.
Guardo le fotografie di quel periodo, e, dietro un visetto vispo e allegro, vedo ora un'anima da guerriero. Tutte le azioni che violavano le norme imposte dagli adulti avevano quindi per me lo scopo di dar forza alla mia individualità, di affermare la mia personalità e rafforzare la fiducia in me stessa. Non era certo la paura delle punizioni a fermarmi. Il limite che mi ponevo, ed oltre il quale non mi spingevo, era solo quello fissato dalla mia coscienza e non da quella degli altri. E se qualche volta superai quel limite, fu solo per ricordarmi che non avrei dovuto ripetere quell'errore, visto il dolore che me n'era derivato.
Una volta, ad esempio, provai ad impossessarmi di un giocattolo della scuola materna. Pur sapendo di non fare una cosa buona, lo rubai; ma tale fu il senso di disagio e l'irrequietezza che sperimentai, che il giorno dopo lo ricollocai nel medesimo posto e nella medesima posizione in cui si trovava quando lo vidi!

Ho un buffo ricordo dei miei cinque anni alla scuola materna: sfidavo e sperimentavo le leggi della fisica. Mi rivedo a provare e riprovare certe posizioni nelle quali, credevo, sarei rimasta in piedi senza cadere, ed invece, immancabilmente, piombavo con il sedere a terra; ma non mi perdevo d'animo e riprovavo finché non mi fu ben chiara l'esistenza di una forza: la forza di gravità, che era ben più potente della mia volontà. Eppure qualcosa mi diceva che la volontà avrebbe potuto superare ogni altra forza, ma non ero capace di usarla come desideravo.

I miei ricordi infantili mi sono molto utili, ora che sono madre, per non sottovalutare la capacità dei bambini di "sentire" e capire.
Essi, che non sono ancora vittime di schemi di pensiero "preconfezionati", la cui personalità e raziocinio non hanno ancora preso il sopravvento sull'Essere, hanno libero accesso, più di noi, alla fonte della vera conoscenza: l'intuito.
Per questo i bambini sanno (anche se a volte a livello inconscio), vedono e sentono, molto più di tanti adulti, che hanno ormai perso tali capacità: quindi non ci rimane che imparare nuovamente da loro ciò che abbiamo scordato. Ed è proprio un ricordo di "sensazioni" molto intense che mi ha dato questa consapevolezza. Riguarda il periodo in cui, appena trasferiti a Trevi, io dormivo nella stessa stanza di Mamma e Papà, nel mio lettino posto ai piedi del loro letto.
Quello che percepivo, era un "complotto" fra loro due che escludeva me. Qualcosa che sfuggiva alla mia mente, ma non al mio intuito, non mi faceva fare sonni tranquilli. Ero a disagio e, inconsciamente, li punivo facendo sistematicamente la pipì a letto.
Io, che avevo smesso all'età di un anno e mezzo di bagnarmi, lasciavo loro le mie lenzuola da lavare. Certamente era più semplice pensare che io facessi la pipì a letto perché in quel momento la mia salute non era delle migliori, ma adesso io so che la mia salute non era buona anche a causa delle tensioni che c'erano in me e fuori di me, perché queste diminuivano le mie energie rendendomi, quindi, più vulnerabile all'attacco di germi o di altre negatività.

A Piegaro ho vissuto dai cinque ai sette anni. I ricordi legati a questo paese sono meno spensierati di quelli precedenti.
Non godevo di buona salute; passavo da una malattia all'altra senza un attimo di respiro, per me e mia madre, la quale ogni volta diventava più apprensiva. C'era, inoltre, l'incubo costante dell'acetone, che non mi ha abbandonato per tutta l'infanzia.
In quei due anni fui letteralmente bombardata dagli antibiotici e dall'ansia di mia madre.

Una delle sue frasi memorabili è: "Questa bambina non sta bene, è deperita, non mangia, ecc.". Non posso darle torto: era la verità.
D'inverno, quando uscivamo, mi "imbacuccava" sotto cappelli e sciarpe, dalle quali uscivano solo gli occhi: non mi era permesso tenere fuori neanche il naso!
Qualche volta, però, mentre mi avviavo verso la scuola, mi liberavo da quegli strati di lana, per riappropriarmi del mio respiro.
Ricordo la "guerra aperta" fra me e Mamma, combattuta, fra il comico ed il patetico, con ogni tipo di armi: aveva luogo, regolarmente, all'ora dei pasti. Sentendosi avallata dalle diagnosi mediche, che evidenziavano uno stato di linfatismo e di gracilità fisica, Mamma, che "non sapeva più che pesci prendere", mi teneva seduta a tavola per tempi infinitamente lunghi, aspettando pazientemente che io finissi di mangiare bistecche, che proprio non volevano andar giù! Ma per fortuna c'era sempre un suo momento di distrazione o di stanchezza, che mi dava la possibilità di far volare dalla finestra quei bocconi lungamente masticati: non sarebbero potuti finire nell'immondizia, perché sarei stata subito scoperta, e tantomeno nel water, perché il rumore dello sciacquone mi avrebbe tradito.
Dovetti aguzzare l'ingegno anche alla scuola materna, perché Mamma chiese espressamente alle suore di tenere con me, durante i pasti, lo stesso suo comportamento. Non era simpatico vedere tutti i bambini alzarsi da tavola, dopo aver finito tutto il pasto, per correre felici nella sala giochi, mentre io ero costretta a restare seduta finché non avessi inghiottito anche l'ultimo boccone! Mi venne in aiuto la fantasia per trovare posti dove nascondere quei bocconi, che proprio non si decidevano ad andar giù: sotto la credenza, in cima ai mobili, dietro qualsiasi oggetto che fosse stato distrattamente lasciato in sala mensa.
L'ora dei pasti si era trasformata, per me, nel momento peggiore di tutta la giornata ed io rischiavo di diventare sempre più anoressica, anche perché, ironia della sorte, i cibi che avrei volentieri mangiato, erano proprio quelli rigorosamente proibiti a causa dell'acetone, mentre quelli che, secondo i medici mi avrebbero fatto bene, con lo stesso rigore erano da me rifiutati, in primo luogo la carne.

A causa di questa guerra per il cibo, mi stavo allontanando sempre più da mia madre, anche se avevo uno struggente bisogno di tenerezza, di dolcezza. Un giorno, sbagliando tattica, anziché chiedere un po' di carezze, le chiesi un pezzetto di cioccolato. Non osavo, forse, chiedere troppo, o forse, semplicemente, nel mio orgoglio non volevo ammettere che era una sua carezza ciò che realmente desideravo e di cui avevo bisogno. Chiesi quindi un miserabile surrogato di dolcezza: un pezzetto di cioccolato. Al secco e categorico "no!" di mia madre, giustificato come sempre dal mio acetone, scoppiai in un pianto disperato. Ella, certo, non poteva capire la ragione di quel mio pianto e, adducendolo ad un semplice capriccio di gola, mi lasciò sola nella stanza, a finire tutte le mie lacrime. Nella mia mente infantile avevo chiesto una prova d'amore, sbagliando, però, tattica. Avevo un gran bisogno di sentirmi in armonia con mia madre e interpretai quel secco "no", come un rifiuto d'amore. Piansi disperata, come non ricordo di aver più fatto in seguito. Era come se non ci fossero più speranze per me: quel mio forte bisogno d'amore e di tenerezza non poteva essere soddisfatto. Mi sentivo sola.

Mi aspettavo che a quel pianto Mamma capisse, che venisse a riconciliarsi con me; ma più il tempo passava e più piombavo nella disperazione, vedendo deluse le mie richieste. Smisi di piangere, stremata, quando infine rinunciai alle mie aspettative, e mi addormentai. Il sonno era sempre stato il mio rifugio, la mia ricarica, il mio ritorno a casa.

Erano tempi duri per me e per Mamma. Io vivevo i miei drammi quotidiani, lei i suoi.

La vita stava spingendomi a prendere coscienza di avere una Fonte inesauribile in me stessa: dovevo solo ricordarmi come accederVi.

Ogni giorno, in quel mio piccolo corpo, stavo imparando a far mia la virtù del non attaccamento alle cose, alle persone ed ai luoghi.

Comprendo ora che mi stavo preparando ad attaccarmi solamente a Dio, al mio Sé. Per questo addestramento, quale migliore palestra potevo avere, delle vicissitudini della mia infanzia, durante la quale ho continuamente cambiato paese, abitazioni, maestre, amici e durante la quale ho sempre vissuto conflitti, più o meno accesi, con i miei genitori?

Tornando ai ricordi di Piegaro, posso comunque dire che nei momenti buoni, nei brevi intervalli fra una malattia e l'altra, io ero la solita "farfallina", come Papà e Mamma mi avevano soprannominato: la bambina allegra e fantasiosa che inventava in continuazione nuovi giochi e che sfidava sempre le altitudini, seduta sul davanzale della finestra, con le gambe "a penzoloni" verso l'esterno.

Quando ci trasferivamo in un paese nuovo, per noi tre fratellini era sempre una piacevole emozione.
Ci entusiasmavamo nel vedere la nuova casa, le strade, i negozi, la scuola e tutto quello che sarebbe stato il nostro nuovo mondo. Ogni volta era come girare una pagina, anzi, come cambiare libro. Una nuova rappresentazione teatrale ci aspettava in una nuova scena.

Non ricordo, in vita mia, di aver visto un appartamento più grande di quello dove abbiamo vissuto per due anni, a Città della Pieve.
Quando era pronto il pranzo, Mamma usava, per chiamarci, una campanella, perché la sua voce non ci avrebbe raggiunti, mentre giocavamo nelle nostre camere. Sotto l'appartamento c'erano dei locali adibiti soltanto a magazzino di cianfrusaglie, perciò potevamo permetterci di far rumore, di schettinare e, magari, di far cadere sul pavimento l'intera collezione di biglie.
Questo è il periodo delle mie prime poesie. Ero in terza elementare, quando la maestra raccoglieva in un quaderno, che in seguito non sono più riuscita a recuperare, tutte le parole che uscivano dal mio cuore di bimba, nei ritagli di tempo scolastico o durante le mie distrazioni. Inizialmente la maestra mi sgridava, quando mi vedeva scrivere mentre spiegava la lezione, ma quando si accorse che riuscivo a ripetere ciò che ella aveva detto e ridetto, mi lasciava fare, anzi... quasi mi incoraggiava a continuare la mia collezione di parole.

In questo periodo incominciavo a rendermi conto di come il mondo apparisse diverso ad ogni osservatore. Mi rivedo affacciata alla finestra a guardare il panorama, con la consapevolezza che, quanto io vedevo e provavo, poteva essere totalmente diverso da ciò che vedevano i miei compagni.

Le mie esperienze erano state tali, da farmi comprendere come ognuno viva il proprio mondo in base al proprio vissuto ed alla propria mente.
Incominciai a pormi, come tutti, le prime domande sulla metafisica, sull'essenza ultima delle cose: "Di che cosa sono fatta io? E l'albero? E il gatto? Dove finisce il cielo? Quanto è grande quella stella? Chi sono gli angeli? Dove si nasconde Dio? E quella vecchietta affacciata alla finestra, vede me come io vedo lei, o in un'altra maniera?... ecc.".
Incominciava, fin d'allora, a farsi sentire con prepotenza la mia voglia di sapere, il desiderio della Vera Conoscenza. Non trovavo risposte alle mie domande, ma mi rendo conto che non chiedevo neanche spiegazioni agli adulti in quanto, sotto sotto, sapevo che nemmeno loro sarebbero stati in grado di fornirmi spiegazioni esaurienti.
Mi avrebbero dato le solite risposte standard, che a me non bastavano, non mi soddisfacevano, anzi, scatenavano in me una maggiore curiosità.
Non trovando risposta alla domanda che mi ha accompagnata per tutta la vita: "Cos'è il Cosmo?", coprivo la mia insoddisfazione con i giochi e l'allegria, nella fiduciosa attesa che, un giorno, un Grande Saggio, un Uomo che veramente sa, avrebbe sciolto i miei dubbi e dato un senso alla mia vita.
Ora so che quella fiduciosa attesa era stata una forma di preghiera, e, come tutte le preghiere sincere, anche questa, col tempo, sarebbe stata esaudita.

CAP. 2 - IN LOMBARDIA

*L'uomo è stato mandato nel mondo
perché sfrutti l'occasione ed il tempo
per rendersi conto di essere non uomo, ma Dio.
L'onda danza con il vento, si culla al sole,
saltella con la pioggia e crede di giocare
sul grembo del mare; non sa di essere il mare stesso.
Finché non se ne rende conto, è sbattuta su e giù;
quando l'avrà capito, potrà distendersi,
calma ed in pace con sé stessa.
Baba*

Avevo nove anni quando lasciai l'Umbria alla volta di Cantello, un piccolo paese al confine svizzero; ma con il cuore ero sempre rimasta là, a giocare per i vicoletti dei paesi medioevali, a correre sui prati, in mezzo agli ulivi, ai pini marittimi, alle ginestre. Negli occhi sono rimaste quelle colline, morbide e verdissime, che ho poi riportato con pennelli e colori, sulle pareti di casa mia, per sentirne meno la mancanza, per essere ogni volta ancora là, a riempirmi il cuore di verde e di calma.
Finirono per me le visite alle fattorie, come pure le amicizie con i passerotti caduti dal nido, o con i piccoli ricci sfuggiti alla macchina di Papà, che avevano allietato i nostri pomeriggi e parzialmente soddisfatto il nostro desiderio di avere un gattino o un cagnolino. Certo, questi animaletti soggiornavano soltanto pochi giorni in casa nostra, finché non li rilasciavamo liberi nel loro ambiente naturale: ma quelli, per noi fratellini, erano giorni di grande gioia. Persino un'anguilla ancora viva, comprata da Mamma al mercato, riuscì a sopravvivere diversi giorni nella nostra vasca da bagno, finché, stufa delle casette di Lego acquatiche, nelle quali la costringevamo a riposare, e delle nostre "coccole", decise di ritirarsi ad altra vita.

Il passaggio dall'ambiente umbro a quello lombardo fu abbastanza duro per tutti i componenti della famiglia. Per la prima volta, dopo aver cambiato diversi asili e scuole elementari, mi sentivo additata come la bambina "nuova", che veniva da lontano e che parlava in modo strano: con le "e" chiuse anziché aperte, e viceversa.

Un po' per questo, un po' perché l'ambiente era davvero più chiuso, rispetto a quello dei paesetti umbri, mi accorgevo che era più difficile entrare in sintonia con gli altri.
Ricordo, quindi, quell'anno come un semplice passaggio, una fase di adattamento dalle verdi e dolci colline umbre, alla pianura grigia e afosa della zona a nord di Milano, dove mi sarei fermata per tanti anni.

Spicca, fra i ricordi, uno davvero spiacevole: la vista di mio fratello molto sofferente, con le ossa dei polsi rotte e scomposte, il viso insanguinato e dal lamento così flebile, da farmi percepire tutta la gravità della situazione. Era inciampato, con il tacco di una scarpa nuova, nella grondaia del tetto di un garage sul quale era salito, come tante altre volte, a raccogliere il pallone: così era caduto a capofitto sull'asfalto; le braccia si erano sacrificate per salvaguardare la testa e la vita. Comunque si riprese in fretta: lo ricordo con le braccia ingessate appese al collo.
Mentre scrivo, mi rendo conto che, con riluttanza, cerco di riportare alla memoria episodi spiacevoli. Sto imparando da poco a tenere la mente sotto controllo, a non permetterle di soffermarsi troppo su ciò che è negativo. Desidero, ora, riempire tutta me stessa di tutto il bello e il buono che esiste. Grazie a Dio, il passato è passato, ma, nello stesso tempo, il passato non se ne va e condiziona il nostro presente, finché non lo abbiamo accettato, digerito, e, così, sdrammatizzato.
Ogni stress emotivo e fisico, ogni trauma che viviamo, è come un masso che aggiungiamo agli altri nel "carretto" che, inconsapevolmente, ci trasciniamo dietro le spalle. Quando questo carretto, pieno di ricordi rimossi, perché troppo dolorosi, è stracolmo, non riusciamo più a camminare. Siamo quindi costretti a fermarci, se vogliamo ancora vivere, ad alleggerire, anzi, a svuotare il carretto, portando a livello cosciente ciò che era rimasto, per anni, depositato nell'inconscio.
Ma prendendo coscienza delle nostre "pietre interiori", possiamo trasformarle in palloncini colorati o in piume: possiamo, cioè, sdrammatizzare il nostro passato affinché questo non condizioni più, duramente, il nostro presente e non ci precluda, quindi, un futuro felice. Se inoltre ci rendiamo conto di quanto ci abbia

insegnato tutto ciò che abbiamo sperimentato e vissuto, diventa ancora più facile accettare il nostro passato, nonostante le sofferenze e gli errori.

Certamente non ci sarebbero più adulti su questo pianeta, e la razza umana si estinguerebbe, se i bambini non dimenticassero, almeno per un po', il dolore immenso della nascita, più tutti gli altri spaventi, le umiliazioni, gli shocks: essi non avrebbero la forza di continuare a vivere. Il bambino, ai primi passi, cade; ma per fortuna subito dimentica il dolore e ci riprova. Quindi, la rimozione dal livello cosciente di ciò che è spiacevole, costituisce una piccola difesa, un'arma, che diventa però il nostro peggiore nemico se continuiamo, anche da adulti, ad agire sistematicamente come bambini (nascondendo la testa sotto la sabbia come struzzi).

Ora ci viene in aiuto la capacità di discriminazione fra il transitorio e l'eterno e, soprattutto, la fede nel fatto che tutto quanto ci accade, tutto quello che sperimentiamo, è per il nostro bene, per la nostra evoluzione spirituale. Tutto, quindi, sapendolo accettare, può essere digerito all'istante, senza lasciare "conti in sospeso".

Scrivere è per me, ora, come tirare fuori da una soffitta vecchia e polverosa il ciarpame e le cianfrusaglie, nascoste dentro bauli e scatoloni, per liberarmene e, nello stesso tempo, riportare nella vetrina del salotto quegli oggetti tanto belli e preziosi da non meritare di rimanere seppelliti sotto inutili cianfrusaglie. Sono, questi ultimi, piccoli, ma preziosissimi, gioielli di dolcezza, di felicità, di fede e di speranza. Sono quei ricordi che mi insegnano continuamente che "dopo un giù c'è sempre un su" e "dopo un meno c'è sempre un più".

Avevo dieci anni, quando approdai nel paese dove tuttora vivo. Non ero abituata alla pianura, alle fabbriche, alle nebbie fittissime che in quegli anni imbiancavano le giornate autunnali ed invernali di questi luoghi. Si faceva sentire, quindi, la nostalgia per la bellezza del paesaggio umbro.

In questo nuovo paese iniziò, per me, il delicato periodo della pubertà e dell'adolescenza, con tutto l'entusiasmo, gli slanci e gli errori tipici di queste età.

Ricordo piacevolmente il periodo delle scuole medie. Incominciai proprio in quegli anni a dipingere ad olio. Avevo una grande

passione per i colori; potevo crearmi il mio mondo, con la bellezza che avevo sempre desiderato e che era dentro di me. La creatività continuò ad essere il mio pane: parole e colori erano la mia migliore forma espressiva. Mi rendo conto che, proprio nei periodi più delicati e critici, sono stati i più efficaci mezzi per liberare il mio cuore da tensioni e pesi. Quando desideravo l'armonia intorno a me e non riuscivo a trovarla, la cercavo dentro me, tuffandomi nei fogli, ora con le penne, ora con i pennelli. Volevo riempirmi gli occhi e le orecchie di tutto il bello di cui avevo bisogno; con questi "pieni" riuscivo a compensare il brutto che spesso vedevo e sentivo.
Un altro aiuto mi veniva dallo sport: molte tensioni si scioglievano nuotando in piscina e schettinando nella pista vicino casa.

Ero in seconda media, quando mio padre ebbe un grave incidente automobilistico. Lo vidi, per la prima volta, immobile, inerme, completamente avvolto dalla testa ai piedi dalle fasce e dal gesso: sembrava un mummia!
Rimase immobilizzato per mesi. Mi resi conto di aver rischiato di rimanere orfana, ma il Signore, nella sua misericordia, ci guardò e decise che non era il momento, per noi figli e per Mamma, di restare senza padre e senza marito. Papà dice che sant'Antonio gli ha concesso una proroga, perché il suo compito su questa terra non era ancora terminato.
Incominciai a rendermi conto sempre più della precarietà di questa nostra forma di vita, di come non possiamo permetterci di sprecare il nostro tempo prezioso.
Dalle mie riflessioni di adolescente, scaturirono queste parole:

INCOMPIUTA
Chi non sa vivere
la propria giovinezza
ed arriva alla vecchiaia,
insaturo di gioia e di vita,
è come chi,
alla fine del foglio e dell'ora,
è ancora all'inizio del tema.

L'OTTIMISTA
Il pessimista
vive giorni di morte,
prima della morte.
L'ottimista
vive giorni di vita.
Entrambi muoiono,
ma solo il secondo
ha vissuto.

Furono, quelli, tempi davvero duri per Mamma. Papà era al lavoro tutto il giorno, noi figli trascorrevamo le giornate fra la scuola e gli svaghi, ma a Mamma non rimaneva che restare sempre fra le quattro pareti di casa. Non aveva amiche con le quali parlare; non c'era il cielo terso e limpido dell'Umbria, che metteva entusiasmo al solo guardarlo. Sentivo sulla mia pelle l'insoddisfazione, la malinconia, la tristezza di mia madre.
Fu, però, in questo contesto che ella riscoprì i suoi talenti artistici. Dalle scuole elementari non aveva più preso in mano una matita, ma un giorno tornando a casa dalla scuola, io non trovai il pranzo pronto, ma Mamma che stava terminando un bellissimo dipinto ad olio, eseguito su un cartoncino di fortuna. Dipingendo non si era nemmeno accorta delle ore che erano trascorse! Ma io fui molto più felice di vedere quella piccola chiesetta di montagna, ricoperta di soffice neve, nata dalle sue mani, che il mio piatto di pasta. Finalmente avevo qualcosa in comune con mia madre, e potevo condividere coi lei la mia passione per la pittura. Trascorremmo vicine, anche senza parlarci, diverse ore fra pennelli e colori.
Terminate le scuole medie, mi iscrissi alla stessa scuola che frequentava mio fratello Enzo: l'Istituto Tecnico Commerciale per Ragionieri "G. Schiaparelli" di Milano. Non compresi, per tanti anni, perché volli diventare ragioniera, e non scelsi invece il liceo artistico, che mi si addiceva senz'altro molto di più. Soltanto recentemente ho capito il motivo della mia scelta: avevo bisogno di sviluppare il lato sinistro del mio cervello, quello della logica raziocinante. Il lato artistico-intuitivo, era già molto sviluppato: non serviva, almeno in quel momento, potenziarlo. Avevo bisogno di un'armoniosa crescita di tutte le mie capacità, di avvicinare, tra di

loro, i piatti della bilancia cerebrale, per affrontare la vita con un buon equipaggiamento e un buon equilibrio.

L'Italia quindicenne era allegra, piena di gioia di vivere, di entusiasmo, sia pure con le tensioni tipiche di quella età. Volli tentare, allora, un autoritratto a parole; ecco quello che ne scaturì:

IO SONO
La gioia e la voglia
di capire
di conoscere
di sapere
di lottare
di amare
di dare
e di ricevere.
La voglia di non pensare
quando ciò fa male;
ma di nascondermi
nella musica, nell'ombra,
in una atmosfera artificiale.
Compiacermi e stupirmi
per i passi fatti,
ma rammaricarmi
per tutti quelli
che avrei potuto fare.
Il desiderio di conoscere
sempre più persone,
ma l'incapacità di dare
compromettendo
l'indipendenza personale.
L'entusiasmo di partire.
Il fascino dell'imprevedibilità.
Le fantasie
i progetti
le speranze
e una grande, ottimistica,
fiducia nel futuro.

Questo è l'insieme
che io sono.

Durante gli anni dell'adolescenza, mi sembrava di avere un buon rapporto con l'altro sesso. Mi piaceva sentirmi corteggiata, cercata, amata, come a tutti, del resto; e mi piaceva cercare, corteggiare, amare. Questo ripagava il vuoto affettivo che sentivo dentro di me.
Avevo spesso dei "flirts". Allora non cercavo l'uomo della mia vita, ero troppo giovane per questo. Cercavo solamente di scoprire le leggi che regolavano l'attrazione fra i sessi, e di colmare il mio senso di solitudine. Una stretta di mano, una carezza, un abbraccio: tutti questi gesti mi aiutavano a sentirmi viva, desiderata, amata, degna di esistere. Però dovevo stare attenta alle relazioni che instauravo, perché non degenerassero in un cattivo uso delle mie energie. Non potevo, e non volevo, essere in balia, o succube degli altri. Non volevo essere una preda, né un predatore: perciò, quando il rapporto con l'altra persona rischiava di degenerare, troncavo la relazione, per ritornare libera e al sicuro.
Ma i veri rapporti di amicizia erano, allora, solo con gli esponenti del mio sesso: prima fra tutte la mia amica Nadia; potevo sempre contare su di lei. Mi piace ricordare i pomeriggi e le serate trascorsi insieme. Ci divertivamo praticamente con niente: ci bastava stare sedute su un gradino per riempirci di risate e di entusiasmo; non importava dove fossimo e cosa avessimo: c'era l'amicizia, la disponibilità reciproca, la sintonia e l'allegria, tutto ciò di cui avevamo bisogno. Anche se qualche nostra aspirazione andava delusa, se, per esempio, non superavamo un concorso, un esame o un'altra prova, l'amicizia ci confortava e ci dava la spinta per riprovarci, e per superare ostacoli sempre più difficili.
Mi piaceva la sua semplicità e spontaneità, la sua forza di volontà e il suo spiccato senso di giustizia che l'ha spinta, in seguito, a diventare Commissario di polizia. L'amavo e l'amo tuttora, anche se il suo lavoro l'ha condotta in città lontane.
Allora avevamo tutta la vita davanti e nulla ci spaventava.

IO E NADIA
Quante speranze

>   quante energie
>   quanti sogni
>   perduti nel vento.
>   Non importa,
>   le nostre membra,
>   le nostre menti,
>   sono colme di forza e di orgoglio.
>   E poi,
>   come può affliggersi,
>   come può arrendersi,
>   chi di tanto entusiasmo
>   e di tanta amicizia ha il cuore pieno?
>   27.10.1981

Anche allora sentivo, come sempre, il bisogno di crearmi un'immagine di me stessa che esprimesse forza, sicurezza, potenza. Dovevo contrastare e superare un mio atavico e nascosto pensiero negativo, che riuscii a smascherare solo più avanti: era un pensiero di debolezza, di malattia, di insicurezza, di paura di rimanere indifesa, in balia dell'oceano della vita.
Per questo, e forse anche per altro che non ho ben chiaro, a sedici anni mi iscrissi ad un corso di Karatè, che si teneva nella palestra vicino casa. In tre anni e mezzo di costante impegno riuscii a superare brillantemente l'esame di cintura nera: un mitico traguardo, che altro non era che un pianerottolo, nell'interminabile scala della vita, per acquisire sempre più fiducia in me stessa.
Nel dicembre del 1981 incontrai Donato, l'uomo che ho scelto come compagno di vita.
Suonava nel complesso di mio fratello Enzo. Lo vidi per la prima volta una sera che ero andata a sentire le prove dell'orchestra, nello scantinato di un amico.
Mi accolse con attenzione e con un grande sorriso. Poi iniziò a fissarmi mentre cantava, facendomi intendere che voleva dedicare a me quella canzone.
I suoi sorrisi e la sua simpatia mi conquistarono sempre di più. Veniva spesso a casa mia, insieme agli altri componenti dell'orchestra, per qualche spaghettata.

Lavorava in diversi locali del Centro e Nord Italia, anche dei più famosi; il suo, infatti, era uno dei pochi complessi che suonavano nelle discoteche, dal vivo, il genere "dance". Quando mi era possibile, io lo seguivo nei vari locali, in compagnia delle altre ragazze del gruppo.

Era un ragazzo semplice, buono e molto maturo per la sua età. Dopo qualche mese che ci frequentavamo, sentii che sarebbe stato proprio lui il mio sposo, ed il padre dei miei figli.
I suoi genitori mi accolsero subito con affetto. Spesso ero invitata da loro a pranzo o a cena. Diventai "di casa", e mi affezionai a loro come ad un secondo padre e ad una seconda madre.
Sono diverse le poesie che ho dedicato a Donato in tutti questi anni, ma ecco le prime due:

A DONATO
Perché quando mi sei accanto
tutto diventa splendido:
Splendido
come i tuoi sguardi,
le tue parole,
le tue carezze
colme d'amore.
Per questo
il mio cuore è tuo
e non più mio.

OGNI VOLTA CHE
ogni volta
che piangerò,
ogni volta
che griderò,
ogni volta
che riderò.
Come vorrei,
ogni volta,
che tu
mi stessi accanto.

Il 1982 fu per me un anno magico: avevo un fidanzato che amavo molto, avevo iniziato a lavorare, ed avevo anche vinto il campionato italiano della federazione alla quale ero iscritta, nella gara di Kata femminile per cinture nere e marroni.

Non sapevo, allora, che stavo facendo il "pieno" di entusiasmo e forza per poi affrontare gli anni di "vacche magre". Solo per una causa di forza maggiore avrei potuto abbandonare il Karatè, che mi dava molte soddisfazioni; ed infatti, due anni dopo, fu la malattia a farmi cambiare pagina. Intanto il Karatè mi aveva insegnato molto: disciplina, autocontrollo, e una buona resistenza al dolore fisico; queste qualità si sarebbero rivelate utili per aiutarmi ad accedere agli altri "pianerottoli".

CAP. 3 - I PRIMI SEGNI DELLA MALATTIA

Accogliete la sofferenza
perché questa soltanto addolcisce lo spirito.
Baba

Avrei potuto continuare gli studi; mi ero anche iscritta alla Facoltà di giurisprudenza, ritirandomi subito dopo, perché in cuor mio sentivo di non poter perdere tempo. Volevo farmi una famiglia, avevo trovato il mio compagno, e per me era importante rendermi economicamente indipendente.
La convivenza con Papà e Mamma incominciava a pesarmi. La casa dove abitavo era, per me, una prigione. Mi sentivo ormai adulta e pronta per la mia nuova vita.
Donato era partito per fare il servizio militare: si trovava a Bolzano, negli Alpini, ma la lontananza era ammorbidita da uno scambio continuo di bellissime e commoventi lettere.

Lavorare mi piaceva, anche se ero completamente inesperta. Tutto era per me una sfida da accogliere; mi dedicai, quindi, con entusiasmo a quella mia nuova attività.
I rapporti interpersonali non erano facili. Mi rendevo conto di dover passare otto ore al giorno con colleghi dalle personalità più disparate, tentando di armonizzare con loro. C'erano persone che lavoravano da anni, e che non avevano più l'entusiasmo, l'ingenuità e la gioia di una ragazzina al primo impiego. Il primo contatto con la realtà lavorativa non è mai semplice: chi più, chi meno, si ritrova a dover fare i conti con una dimensione prima sconosciuta, un "cocktail" di competizione, arrivismo, invidia, insoddisfazione… ecc.
Tutto sembrava andar bene, finché, nella primavera del 1984, la mia salute precipitò e, con essa, anche il rapporto con i colleghi. Con alcuni di loro non ero stata capace di creare relazioni basate su vero rispetto e vero amore.
Iniziai ad avere una febbriciattola che non passava mai e tutta una serie di malesseri: tachicardia, insonnia, astenia, caldo e sudore esagerati, fame e sete continue… ecc.
In quelle condizioni volli comunque sostenere gli esami di 2° DAN, istruttore ed arbitro di Karatè, per i quali mi ero preparata per due

anni. Non volevo rinunciare al frutto della mia dedizione, e superai la prova. Intanto, incominciavo a stare sempre peggio; era ormai arrivata l'estate ed ancora non era stata accertata la causa del mio malessere. Le analisi del sangue, in un primo momento, non segnalavano niente di particolare, ed il mio medico pensò si trattasse di esaurimento nervoso.

Passai l'estate in una condizione pietosa. Per riuscire ad addormentarmi dovevo avvolgermi in un lenzuolo bagnato, con un ventilatore acceso per rinfrescare, così, il mio corpo surriscaldato. Gocciolavo letteralmente di sudore. In piedi, le mie gambe tremavano come quelle di certi anziani afflitti dal morbo di Parkinson. Mi vergognavo quando, in mensa, per bere, dovevo tenere il bicchiere con mano tremante, come fanno talvolta gli alcolizzati, facendo gocciolare l'acqua sul tavolo.

Quando ero seduta sulla sedia, il mio tronco si muoveva ritmicamente, per il pulsare esagerato del cuore. Non avevo pace, né di giorno, né di notte. Non una cellula del corpo riusciva a rilassarsi! Neanche la mente aveva pace. Tornavano a galla antiche angosce infantili: guardavo sotto il letto e dentro l'armadio, prima di coricarmi, per assicurarmi che nessuna presenza malefica, nessun "orco cattivo", vi si nascondesse. Mi tornò, esagerata, la paura dei cani: un pomeriggio aspettai chiusa in macchina per molto tempo, perché sullo zerbino di casa c'erano tre cani randagi, che avevano pensato di riposarsi proprio lì.

Mi sentivo completamente impotente, in balia delle mie paure.

In pochi mesi avevo perso tutta la mia forza, la mia sicurezza, la mia gaiezza e la mia bellezza. Passavo una settimana a casa ed una in ufficio ma, ormai, non riuscivo più a lavorare; non c'erano più né la memoria, né la concentrazione; tuttavia non volevo arrendermi all'evidenza, non volevo dare ascolto al mio corpo che cercava a tutti i costi di farmi fermare.

Incominciarono a verificarsi dei malintesi con alcuni colleghi, i quali, non comprendendo la precarietà della mia situazione fisica, presero a biasimarmi e a giudicarmi come una "fannullona", che non aveva voglia di lavorare, e che non si sforzava per superare qualche disagio.

In quella mia condizione di debolezza era stato facile, per alcuni di loro, dar voce a malcontenti, incomprensioni e invidie, che avevano celato prima nel loro cuore.

Mi sentivo completamente impotente e incompresa. Il mio orgoglio era ferito, ma non potevo affrontare alcun discorso perché scoppiavo subito in lacrime, come una bambina sgridata. E questo non migliorava la mia situazione! Le accuse che mi erano state rivolte, di non aver voglia di lavorare, di essere superficiale e menefreghista, in quel momento di grande malessere fisico, arrivavano dritte al cuore come pugnalate, svelando la mia grave vulnerabilità. Il mio corpo non funzionava, non aveva più risorse né energie, ma nessuno se ne accorgeva. Del resto io stessa non volevo piegarmi all'evidenza e cercavo di sminuire i miei disturbi, per non ammetterne la gravità: come avrei potuto, quindi, pretendere che gli altri mi capissero? Che cosa avevo fatto io per farmi capire?

Però io mi sentivo così male, da non riuscire ad essere al di sopra degli screzi e delle incomprensioni.

Mi sentivo tradita da alcuni che prima consideravo amici.

Emotivamente ero come una leonessa ferita, ormai a terra; e gli avvoltoi, che prima non osavano neppure avvicinarsi, incominciavano ad attaccarmi, sebbene fossi ancora viva.

Volevo correre e ruggire come prima, per difendermi, ma non ce la facevo.

Era, per me, già in atto il meraviglioso processo di annichilimento dell'ego, che più tardi compresi perfettamente; ma allora non mi rendevo conto di come la vita, pur con le sue durezze, sia tanto generosa e pronta a darci in ogni istante una lezione, se la sappiamo capire ed accettare.

Alla fine di settembre, il mio medico intuì che la tiroide non funzionava bene; mi prescrisse delle analisi e, per sicurezza, anche una visita da un neurologo.

Il neurologo mi diagnosticò immediatamente una forte forma di ipertiroidismo e mi consigliò un'immediata visita da parte di un esperto endocrinologo, che ottenni due o tre giorni dopo.

La mattina dell'appuntamento andai prima in ufficio, poi, alle undici, lasciai tutte le carte sulla scrivania, dicendo che sarei rientrata al

lavoro dopo la pausa di mezzogiorno; invece... ritornai dopo tre mesi!
L'endocrinologo mi visitò e immediatamente procurò che fossi sistemata in un letto libero, per un ricovero d'urgenza. "Dov'era questa mattina prima di venire qui da me?" mi chiese, "Al lavoro", risposi io, "Ma come faceva a lavorare e ad andare in giro? Lo sa che ha rischiato un infarto, con un battito cardiaco così accelerato?". Mi disse, in seguito, che avrei dovuto ringraziare gli anni di karatè, che avevano allenato il mio cuore a sostenere ritmi accelerati per lungo tempo.
Nel frattempo furono pronte le analisi del sangue: la tiroide produceva ormoni, cinque volte oltre i valori normali. Rimasi in ospedale quindici giorni: mi venivano somministrati Valium, cortisone e un'infinità di altre pillole.
Il professore di endocrinologia che mi stava curando, portò alcuni suoi studenti ad esaminare i miei sintomi, che caratterizzavano il "morbo di Basedow", e che in me erano evidentissimi.
Ritornai a casa ingrassata di sette chili, "gonfiata" dal cortisone e dal cambio repentino del metabolismo, dovuto ai medicinali. Gli occhi avevano assunto ormai il classico aspetto degli ipertiroidei: l'esoftalmo, cioè la protrusione dei bulbi oculari dalle orbite, li rendeva simili a quelli di una rana! Le gambe erano gonfie ed i piedi non entravano più nelle scarpe. Le unghie erano cresciute velocemente e presentavano una superficie irregolare, con tanti affossamenti. Anche quando il gonfiore ai piedi rientrò, io rimasi con un numero di scarpe in più, perché il mio piede si era letteralmente allungato, come se avessi terminato, in quel momento, la mia adolescenza.

Quella fu la prima occasione in cui verificai l'amore di Donato per me. Io ero imbruttita notevolmente e non ero più brillante come quando mi aveva conosciuto. Avrebbe potuto lasciarmi e cercarsi un'altra ragazza, più carina e con meno problemi, ma rimase vicino a me con affetto, con pazienza, con amore. Che dono mandatomi dal cielo!

Gli scrissi queste parole:

Io ti ho Donato il mio cuore.
Tu mi hai Donato tutto il tuo amore.
Donato... Donato ... sempre Donato.
Caro Dolce Donato
sei proprio il dono più bello
che il Signore mi ha dato!

Dopo la convalescenza ripresi a lavorare, ma dentro di me c'era una grossa ferita da guarire. Rimasi per un anno senza parlare e senza sorridere alle persone dalle quali mi ero sentita offesa. Non ero ancora pronta per la comprensione profonda e per il perdono. Mi ero chiusa nel mio dolore e non volevo contatti finché non avessi smaltito ogni rancore. Avevo, sì, altri amici in altri uffici, ma come potevo stare così a lungo, con il cuore chiuso, senza donare più i miei sorrisi ed il mio amore alle persone con le quali vivevo tutto il giorno?

La mancanza del perdono era un grosso peso da trasportare e, quindi, non durò oltre il mio disagio. Il tempo mi ammorbidì e una consapevolezza maggiore delle mie capacità, di un cambiamento interiore, di una nuova forza, che era nata sopra il dolore, mi spinsero a scrivere queste parole:

AMO LA VITA
Amo la vita.
Amo anche le cose brutte e noiose
perché mi insegnano
quanto siano splendide
quelle belle.

RINASCITA
Dietro le spalle
tante ferite mi lascio.
Più forte e più viva
rinasco.
Solo la morte un giorno
mi porterà via.
Ma fino all'ultimo istante
questa vita sarà mia!

Non sapevo, allora, che avevo passato soltanto un "round", che avevo raggiunto un altro pianerottolo e che la mia vera rinascita, sarebbe dovuta ancora arrivare.

Avevo provato l'umiliazione, il senso di impotenza, il dolore fisico ed emotivo, ma non erano stati ancora abbastanza. La vita stava trasformando la mia personalità ed il mio carattere, così come uno scalpello, nelle mani esperte di uno scultore, trasforma un ciocco di legno in un'opera d'arte. Ma quanti altri colpi sarebbero occorsi, affinché tutti gli angoli pungenti e spigolosi fossero smussati?

Alcune lezioni, che la vita premurosamente mi aveva offerto, non erano state da me ancora apprese; ero ancora giovane, avrei avuto altre possibilità, altre occasioni di crescita: ce ne sono sempre, fino all'ultimo respiro.

CAP. 4 - LA MIA NUOVA FAMIGLIA

> *Considerate tutto ciò che possedete*
> *come un prestito affidatovi dal Signore.*
> *La vostra famiglia è un sacro pegno:*
> *sono le persone che il Signore vi ha affidate*
> *perché le amiate, le proteggiate e le guidiate.*
> *In questo modo di vedere, il vostro attaccamento*
> *a loro diventa adorazione a Dio e uno*
> *strumento per il vostro progresso spirituale.*
> Baba

La mia situazione fisica rendeva più pesante la convivenza con i miei genitori. Non sopportavo nulla, ero diventata irascibile (l'ira è infatti uno dei sintomi del morbo di Basedow); ero anche estremamente ansiosa e non riuscivo, quindi, ad avere la tolleranza e la pazienza necessarie per una felice convivenza.

Mio padre aveva, nel frattempo, acquistato un appartamento, e mi disse che, se mi fosse piaciuto, me l'avrebbe donato. Egli, che da ragazzo aveva sofferto per le ristrettezze economiche nelle quali era cresciuto, ha voluto evitare a noi figli le stesse sue difficoltà. Io non potevo fare altro che ringraziarlo con tutto il cuore per il dono splendido che mi stava facendo. L'appartamento era davvero meraviglioso! Il pavimento era rivestito di parquet, c'era un bel caminetto nel salotto, tante porte-finestre, che rendevano luminosissimi gli ambienti e si aprivano su grandi balconi. C'era anche una comoda mansarda sopra l'appartamento. Cosa potevo chiedere di più? Io e Donato lavoravamo entrambi, l'amore c'era ed ora c'era anche la casa; così decidemmo di fare tutti i preparativi per il matrimonio.

Nell'estate dell'85 iniziammo a lavorare nella nostra futura abitazione: togliemmo la tappezzeria, imbiancammo le pareti, dipingemmo gli infissi, ...ecc. Passavamo così i nostri fine-settimana; che gioia lavorare insieme per preparare il nostro "nido"! Sentivo che il nostro amore stava diventando sempre più saldo, sempre più profondo. Così descrissi le mie sensazioni:

LA QUERCIA DELL'AMORE
Come le radici,
nella terra umida e scura,
così il nostro amore
si insinua, si avvinghia
sempre più ai nostri cuori
perché una quercia secolare
possa poi creare.

Ci sposammo a giugno dell'anno successivo. Eravamo felici ed affrontavamo con entusiasmo la nostra nuova vita, anche se la mia salute era sempre un po' critica.
Donato lavorava in un'industria chimica come operaio; faceva anche il turno di notte. L'ambiente era malsano ed il lavoro duro, ma ci permise di pagare l'arredamento della casa. Comunque, dopo un anno, cambiammo entrambi il posto di lavoro.
Donato vinse un concorso all'Ufficio ecologia di un comune a pochi chilometri da casa, ed io ne vinsi un altro per gli uffici demografici di un altro comune, limitrofo di quello dove lavoravo. Il livello economico era uguale a quello che già avevo, ma quello che mi interessava, ed aveva motivato il trasferimento, era l'orario di lavoro: dalle otto alle quattordici, tutti i giorni, compreso il sabato. Desiderando avere dei figli, questo era, per me, un ottimo orario.

La mia salute, dopo tre anni di medicine assunte quotidianamente per tenere a bada l'ipertiroidismo, era migliorata. Mi dedicai con slancio ed entusiasmo alla mia nuova attività; il lavoro mi piaceva ed anche l'ambiente. Non riuscii, comunque, a lavorare a lungo perché nell'estate di quell'anno mi accorsi che un bambino era in arrivo.
Che gioia! Finalmente si sarebbe avverato il sogno che coltivavo fin dall'infanzia di diventare mamma! Il Signore mi aveva concesso un periodo di relativo benessere, affinché potessimo attendere serenamente il nostro "principino".
Parlavo con lui, accarezzandolo attraverso la mia pancia. Lo coccolavo, lo aspettavo con amore e gli auguravo tanta forza e tanto coraggio, per affrontare le prove della vita che lo attendevano.
Gli dedicai questa prima poesia:

TU E GLI ALTRI
Sarai la roccia
perché ti schiacceranno.
Sarai il coraggio
perché ti spaventeranno.
Sarai il sole
perché ti spegneranno.
Sarai la roccia
perché li sosterrai
Sarai il coraggio
perché li rincuorerai.
Sarai il sole
perché li illuminerai.
Sarai grande
figlio mio
se così tu li amerai!

Ero appena uscita da una dura prova a cui la vita mi aveva sottoposto e volevo augurare a quell'Anima, che aveva scelto il mio corpo per scendere in questo piano terrestre, di avere tutte le qualità per superare brillantemente ogni prova. Soprattutto, il mio messaggio di buon augurio era questo: riuscirai ad amare, incoraggiare, aiutare, anche coloro che ti faranno del male, perché è questo che ti verrà chiesto dalla vita.
Amare chi ci ama, non è un merito, è soltanto uno scambio; ma amare chi ci fa del male è ... divino!
Passammo gioiosi, io e Donato, quei mesi di attesa. Sentivo che tutto il mio Essere era pronto per quella preziosa esperienza, che ci avrebbe molto arricchiti.
La nascita era prevista per il 22 o 23 aprile; invece, nella notte del giorno 14, persi le acque.
Durante il travaglio Davide soffrì molto perché il cordone ombelicale lo soffocava.
Chiamai d'urgenza l'infermiera, quando dal monitor non sentii più il battito del suo cuoricino. Mi venne somministrato l'ossigeno con la mascherina, poi cambiai posizione e finalmente il cuore riprese, anche se lentamente, a pulsare.

Mi prepararono per un taglio cesareo d'urgenza.
Io, tutta impegnata a superare, nel migliore dei modi, i dolori delle fortissime e innaturali contrazioni, causate dall'ossitocina che mi era stata iniettata, non mi rendevo conto che il mio piccolo era stato vicino alla morte; o forse, la parte più profonda di me aveva totale fiducia nel piano divino. Sapevo in cuor mio che tutto sarebbe andato bene e, per questo, non mi allarmai; mi concentrai solo sulla parte che io dovevo svolgere e mi affidai completamente alla vita.
I battiti del "Principino" si normalizzarono, al punto da poter tentare il parto naturale.
In poco tempo, con l'aiuto di una ventosa, Davide nacque.
Purtroppo Donato non poté starmi vicino, perché il rischio di un improvviso cesareo, gli precluse di assistere alla nascita.
Sentii, dopo qualche secondo, un pianto roco e molto basso: mi sembrava il pianto di un bimbo sofferente. Non lo vidi neppure, perché lo portarono di corsa nell'altra stanza dove la pediatra lo attendeva. Con un po' d'ansia nella voce chiesi: "Ma è normale questo pianto?"
La gentile ostetrica subito mi tranquillizzò: "Certo che è normale, stia tranquilla, va tutto bene!".
Mi resi conto più tardi della ragione della loro fretta: il bambino aveva sofferto e rischiato molto.
Avrei voluto toccarlo, dargli il benvenuto, accarezzarlo, rassicurarlo. Avrei voluto dirgli: "Non ti preoccupare, ci sono io, qui con te, ad accoglierti!". Provai un senso di impotenza, ma subito mi calmai ed accettai gli eventi. Lo vidi, per la prima volta, il giorno seguente.

E' difficile descrivere le mie sensazioni, le mie emozioni, quando finalmente fu tra le mie braccia! C'era stato un distacco di più di 24 ore tra noi (lunghissimo!) ed ora, finalmente, potevo anche vederlo, dopo averlo a lungo sentito muoversi dentro di me.
Rimasi a bocca aperta per qualche istante, incantata dalla sua bellezza. Non avevo mai immaginato che potesse essere tanto bello! Dormiva, ed il suo piccolo viso appariva ai miei occhi letteralmente angelico. Mi trovai ad adorarlo come fosse Gesù Bambino; non osavo, quasi, nemmeno toccarlo, per non disturbare il suo sonno ristoratore. Capivo che si stava riposando dopo la dura battaglia della nascita.

Avrei voluto tenerlo con me, ma allora l'ospedale non era ancora attrezzato per questo.
Quando andavo a guardarlo, dal vetro della nursery, lo trovavo sempre mentre piangeva a squarciagola, si ciucciava le dita e si graffiava tutto il viso dalla disperazione. Mi riprendeva così, il senso di impotenza. Le lacrime scendevano, mentre guardavo quella Creatura che dal mio corpo era appena uscita, la quale non aveva pace ed era in balìa di altri, mentre io non potevo confortarla.

La seconda mattina un'infermiera, con poco tatto, domandò ad alta voce: "Di chi è il 180?", quasi fosse un pacco postale; "E' mio!", risposi io; anche le mie parole erano senz'altro inadeguate, visto che si trattava di un'anima che il Signore mi aveva affidato affinché la amassi, e non un bambolotto di mia proprietà!
L'infermiera, che voleva essere spiritosa, anche se mi ferì un po', continuò: "Mamma mia, ha urlato tutta la notte!" Quindi me lo lasciò, come per dire: "Non ne possiamo più di sentire le sue urla, se lo tenga lei!" Ma perché allora non me lo avevano portato prima, anziché lasciarlo disperare?
Per tenerlo buono gli davano un po' di latte artificiale, così, quando arrivava l'orario della poppata, egli dormiva, ormai esausto, e di attaccarsi al seno non se ne parlava nemmeno! Il mio cuore di giovane mamma era spezzato!
Davide era nato traumatizzato, spaventato; era agitato e nervoso ed io non ero lì, con lui, nei momenti in cui aveva più bisogno di me. Era con altre persone che non sopportavano il suo pianto, e che, non sapendo che altro fare, visto che in un ospedale ci sono delle regole da seguire, placavano la sua disperazione con un po' di latte artificiale, cosicché al mio prezioso appuntamento con lui, Davide dormiva. Come poteva il mio seno produrre abbastanza latte, se non veniva stimolato?
Allora non avevo il coraggio di oppormi alle consuetudini, alle regole comuni, ma le accettavo passivamente, senza nemmeno rendermi conto del potere che avevo in me. Avrei potuto andare subito a casa, ma non avevo l'esperienza necessaria per prendere quella importante decisione.

Mi dimisero dall'ospedale il 18 aprile, dopo avermi dato un foglio con i suggerimenti per l'allattamento, che avrebbe dovuto essere misto, in quanto il mio latte era poco.

Ero una mamma giovane e inesperta come tante, e non sapevo fare altro che affidarmi ciecamente alla coscienza medica vigente.

Dentro di me soffrivo, intuivo che stavamo sbagliando, che non era così che si doveva accogliere il "Figlio dell'Uomo", ma non avevo le risorse necessarie per prendere di petto la situazione. Ero in balìa di "esperti" che credevano di sapere cosa fosse bene per me e per il mio bambino; per di più erano uomini, che quindi non avevano mai partorito. Avevo messo da parte l'istinto, che solo una mamma ha tanto sviluppato, per seguire invece i "dotti" e i "sapienti". Non mi rendevo conto che io sarei stata abbastanza per me stessa e per il bambino, il quale era stato in comunione spirituale e fisica con me per nove mesi.

Ognuno agisce in base alle capacità del momento. Credo proprio che nel piano divino siamo esattamente al posto giusto nel momento giusto; viviamo esattamente quello che è giusto per la nostra crescita, e finché non ci ricordiamo di questo piano, finché il motivo per il quale siamo giunti in questa dimensione terrestre non riaffiora alla coscienza, non riusciamo ad evitare gli errori. Così ogni tanto usciamo fuori strada. La sofferenza che proviamo quando siamo "persi nel bosco", serve a ricordarci che non è quello il sentiero giusto. Il problema è che, il più delle volte, non vogliamo nemmeno ascoltare il nostro dolore, ed andiamo oltre, finché questo diventa insopportabile; allora e solo allora, ci arrendiamo alla voce della nostra coscienza, e ritorniamo sui nostri passi.

Ad ogni modo nulla è inutile e improduttivo: viviamo esattamente ciò che è giusto per la nostra crescita a meno che diventiamo dei recidivi, che rifiutano di cogliere le lezioni che la vita ci propone.

Come io avevo scelto i miei genitori, per nascere attraverso loro in quel particolare loro stato di coscienza, così anche Davide, per la legge del karma o per altro, aveva scelto di nascere in quel momento, da me e Donato, che allora non eravamo in grado di andare anche "controcorrente", per seguire l'impulso dell'Anima, che non avevamo ancora imparato bene ad ascoltare.

So, oggi, che tutto è perfetto e armonioso, e quando non vediamo perfezione ed armonia in ciò che accade, è solamente perché non siamo ancora in grado di capire tutte le leggi dell'universo.
Finché non arriviamo a quel livello di coscienza, che ci permetta di avere tale comprensione totale, solo la fede nella perfezione del Piano Divino ci aiuta ad accettare, con il sorriso, la sofferenza, e tutti gli elementi che noi reputiamo negativi. Ma per chi è spiritualmente alle vette più alte, non esiste più nemmeno il male, non c'è più brutto o bello, buono o cattivo.
Solo adesso, sapendo che ogni anima, prima di incarnarsi, sceglie le esperienze che l'aiuteranno nella sua evoluzione, accetto anche la sofferenza che Davide ha sperimentato durante la sua nascita e i suoi primi giorni di vita, sciogliendo, così, i miei malcelati sensi di colpa per non essere stata capace di evitare al mio piccolo tanto dolore.

Vedere crescere il nostro bambino era meraviglioso e ci ripagava di tutte le difficoltà, le stanchezze e le insonnie.
Era vispo e allegro; quando voleva qualcosa si faceva capire molto bene, perché urlava a pieni polmoni. Dormiva pochissimo, quasi avesse preso alla lettera il detto "Chi dorme non piglia pesci"; infatti egli non voleva perdere tempo, come se dalla sua esperienza di nascita, dal rischio della morte, fosse nata in lui la paura di non avere l'opportunità e il tempo, di sperimentare tutto quello che si era prefissato.
Percepivo una grande forza che animava quel corpicino, dentro il quale si sentiva imprigionata e limitata.
Ma Davide faceva di tutto per superare i limiti del suo fisico da neonato. A volte le sue richieste di attenzione superavano la mia resistenza. Dormivo pochissimo, e provai persino ad addormentarmi e a sognare di dormire: tanto grande era il mio desiderio di riposo!

Io e Donato, messi a dura prova di resistenza fisica, di pazienza, di tolleranza, incominciammo a scaricare, l'uno sull'altro, le tensioni che accumulavamo. Incominciammo quindi a litigare, spinti dall'esasperazione di certe situazioni, a scoprire le nostre falle, i nostri nei, le reciproche debolezze, e soprattutto, incominciammo a crescere, insieme al nostro bambino.

Quando Davide aveva cinque mesi lo lasciai per una settimana da solo con il papà. Dopo un'intera vita con il naso chiuso, avevo finalmente trovato un otorino disposto ad operarmi al setto nasale, per migliorare un po' il mio respiro. Non posso dimenticare il viso di Davide al mio ritorno dall'ospedale: impietrito, in un'espressione di meraviglioso stupore. Doveva essere stata lunga, per lui, quella settimana senza di me! Aveva forse temuto di non rivedermi più, si era quasi rassegnato a non avere più la mia attenzione continua: ora mi guardava come se stesse guardando un miraggio.
Scoppiai in un pianto di gioia, quando lo strinsi di nuovo fra le braccia! Avevamo superato entrambi la prima prova di separazione, ed ora era più bello ritrovarci.

Mi rendo conto che Dio ci dà sempre la forza necessaria, nei momenti in cui gli altri hanno davvero bisogno di noi. L'energia che richiedeva da me il bambino era davvero molta, ma i sorrisi che da lui ricevevo in cambio, erano più di quello che io davo.
Se avevo provato qualche volta, in passato, la sensazione di non essere accettata, adesso provavo la sensazione di essere assolutamente desiderata ed amata; questo mi aiutava a guarire le mie antiche ferite, ad accrescere la sicurezza in me e l'amore per me stessa e quindi anche per gli altri.

Davide aveva 14 mesi, quando scoprii che era in arrivo un fratellino per lui.
Io e Donato non dormivamo ancora una notte tutta intera, eravamo fisicamente molto stanchi; per questo la notizia fu per Donato un duro colpo. Aveva paura di non essere in grado di sopportare altro stress. Io, invece, ero felicissima; sembrerebbe per incoscienza, ma ora mi rendo conto del contrario: stavo aspettando l'arrivo di quest'altra anima, si stava attuando un piano che conoscevo; dentro di me sentivo che tutto andava per il verso giusto.
Questa volta la gravidanza non fu semplice come la prima. La tiroide aveva ripreso a fare capricci e non potevo assumere alcuna

medicina, in quanto avrebbe compromesso il corpicino di quell'Angelo, dentro di me, che si stava formando.
Avrei potuto soltanto stare a riposo... ma quale riposo? Con un bimbo di un anno e mezzo che ha "l'argento vivo" addosso non è facile riposare!
Ero al sesto mese di gravidanza e Davide aveva 19 mesi, quando, al risveglio, lo trovammo tutto gonfio. Lo portammo di corsa al pronto soccorso: si trattava di un'orticaria gigante. Ricordo che per somministrargli del cortisone per endovena, dovettero tenerlo in quattro. Opponeva resistenza con una forza incredibile!
Pianse per due giorni e due notti. Rimasi con lui in ospedale per una settimana.
In quei giorni di grande stress anche Stefano, dentro me, ne risentì. Dall'ecografia che feci dopo qualche giorno, risultò che la sua crescita aveva subìto un arresto. Il ginecologo volle tenere la situazione sotto controllo; dopo un po', da un'altra ecografia, vedemmo che aveva ripreso a crescere. "Non sarà un bambino grosso", predisse il ginecologo; ma a me interessava solo la sua salute, non le sue misure!

Stefano nacque alle 10 di una domenica mattina, anch'egli in anticipo di dieci giorni rispetto alla data prevista. Questa volta il parto fu molto facile. Fu molto più difficile trattenerlo, quando stava per nascere in sala travaglio, che spingere. L'ostetrica non era pronta e quindi mi diceva: "Aspetti un attimo, lo trattenga! Respiri a bocca aperta e velocemente!" Appena arrivata in sala travaglio potei spingere, e subito la sua piccola testolina sgusciò e scivolò fuori, come un pesciolino.
Donato, che questa volta poté rimanere al mio fianco, era felicissimo! Poté accogliere insieme a me il nostro nuovo principe.
"E' come Davide!", esclamammo all'unisono. Sembrava infatti la copia del fratellino. Ero così felice che continuavo a ripetere: "Che bello! Che bello! Che bello!" "Cosa che bello?", mi chiese Donato, "Tutto!... il nostro bambino, il parto che è già concluso... tutto è bello!"
Ero preparata psicologicamente ad affrontare una dura prova, e rendermi conto di quanto fosse stato semplice, di come tutto fosse andato per il meglio, mi rendeva davvero gioiosa.

Mi rimase solo un forte dolore all'osso sacro, per il fatto di aver dovuto trattenere il bambino mentre ero in sala travaglio.

Ormai avevo già imparato ad essere madre: non provai più quel senso di muto stupore, che provai la prima volta, non ero impacciata ed incredula.
Mi sentivo sicura di me stessa e gustavo appieno ogni attimo di contatto con il mio piccolo.
La sua pelle morbida, i capelli come piume finissime, mi accarezzavano il viso ed io godevo di tanta tenerezza. Vivevo intensamente ogni attimo, ed ero più presente che nel passato.
Non era poi così piccolo come si pensava! Pesava tre chili esatti ed era lungo 48 centimetri. La sua testolina era grande come un'arancia, i suoi lineamenti erano fini e per me era meravigliosamente bello, come non potrebbe essere altrimenti il bimbo di ogni madre innamorata!
Tornata a casa cercai di descrivere il sentimento di tenerezza che la maternità aveva suscitato in me:

FIGLI
Cuccioli teneri
pezzetti di cuore
strappati dall'Anima
con dolore e tanto amore.
Ma il cuore rimasto
immenso è diventato!
Perché come adesso
non aveva mai amato.

Davide accolse molto bene il fratellino; non era geloso, anche perché non mi vedeva per molto tempo con Stefano in braccio. Si era già abituato, prima del suo arrivo, a stare all'asilo nido, dove aveva un buon rapporto con la sua educatrice e con gli altri bambini. Al pomeriggio andavo a prenderlo io, mentre Donato si occupava del piccolo, e quindi ero tutta per lui per un po' di tempo.
Stefano cresceva molto bene, era un bambino molto capace, come il fratello; l'unica differenza fra i due, che noi genitori apprezzavamo molto, era nel fatto che amava dormire come la media dei bambini,

e ci lasciava, quindi, dei momenti liberi... liberi si fa per dire! Infatti non potevo andare neanche in bagno senza avere uno dei due che mi seguisse come un anatroccolo! Ma questa è la vita di tutte le mamme con figli piccoli, e tutto va bene se alla base c'è una buona salute e tanta energia fisica.

Invece, la mia situazione fisica stava peggiorando e peggiorava con essa anche il rapporto con Donato, che ogni volta che sperava di avere un po' della mia attenzione, mi trovava addormentata, esausta, ai piedi del lettino di Davide, mentre tentavo, con le mie carezze, di farlo addormentare; ma tutte le volte mi addormentavo io prima di lui. Il mio sposo, quindi, si sentiva sempre più trascurato da me e sempre più solo. Ma io non avevo per lui né tempo né energia. Le tensioni e la stanchezza sfociavano spesso in urla e litigi; ma ci amavamo, e fiduciosamente aspettavamo che quelle nuvole tempestose se ne andassero e che tornasse presto il sereno.

IN FAMIGLIA
Pianti, urla, risa, affanni,
giochi, scherzi e notti insonni;
e pian pianino passeranno questi anni
per ritrovarci, poi, quasi nonni.
Sopra ogni ostacolo
senza timore.
Ogni contrasto
senza rancore,
e poi, in ogni cosa,
tutto l'amore.

L'esperienza della maternità e della paternità ci aveva arricchiti molto. Quanto si impara dai bambini! Vengono ad insegnarci la tolleranza, la pazienza, l'amore altruistico e incondizionato. Vengono a ricordarci che la vita è gioco, è sorriso, è gioia! Con loro riscopriamo il bambino che è in noi e possiamo conoscerlo, farlo parlare, farlo giocare insieme ai nostri figli. La coscienza ritorna a quando avevamo la loro età, e noi abbiamo l'opportunità di riportare alla luce ciò che ci piaceva, oppure ciò che ci feriva e ci umiliava.

Possiamo così guarire le nostre ferite interiori che risalgono a quella età.
Guardavo questi angeli che Dio mi aveva affidato, e l'amore al quale il mio cuore si apriva era grandissimo! Non c'è amore più grande, fra i legami umani, di quello fra madre e figlio. Quando tutto il mondo ci è contro, abbiamo pur sempre una madre che ci accoglie, così come siamo, con tutti i nostri difetti e le nostre virtù segrete che, spesso, solo lei conosce.
Oggi mi accorgo della grande opportunità che ci è stata data, con la maternità, di imparare ad accogliere e ad amare tutto il mondo.
Quel sentimento d'amore così forte, che si sviluppa fra le mura domestiche, possiamo imparare ad estenderlo dovunque intorno a noi e vedere, in ognuno, un nostro figlio che ha bisogno di essere accettato, amato, perdonato, accolto. Possiamo diventare, allora, tutti delle madri e dei padri divini; se vogliamo, possiamo essere tutti come Madre Teresa di Calcutta con un grande cuore che tutti accoglie.

Quando ripresi il lavoro, Davide era all'asilo nido e Stefano da una baby sitter, una mia amica con la quale Davide, prima di iniziare l'asilo nido, si era trovato molto bene.
Durante il congedo per maternità mi ero abituata a vivere insieme ai miei figli ogni istante. Il distacco da loro, anche se da un lato mi donava un senso di libertà, dall'altro mi aveva creato un vuoto affettivo, al quale non ero più abituata. Non vedevo l'ora quindi di tornare a casa, dopo il lavoro, per stringere i miei bambini.

> Quel viso paffutello
> quella manina calda,
> quando son lontana,
> Dio mio quanto mi manca!
> Ma poi mi corri incontro
> col dolce tuo sorriso
> ti stringo forte forte
> e voliamo in Paradiso!

Nella vita matrimoniale c'era però qualcosa che non riuscivo a definire, e che accresceva il mio senso di inquietudine, e di nascosta tristezza. Pur amandoci molto, Donato ed io, spesso mi sentivo sola.

Desideravo condividere qualcosa di più profondo della solita routine quotidiana; mi mancavano la lettura di un libro insieme, un interesse comune, un collegamento intellettuale e spirituale che non percepivo, ma che intimamente aspettavo con fiducia.

C'era dentro noi un celato malcontento, che non osavamo portare a galla, che preferivamo non prendere nemmeno in considerazione. Forse perché dovevamo ancora crescere e intimamente sapevamo che non era arrivato il momento, per definire e risolvere quegli aspetti reconditi del nostro rapporto coniugale.

Ogni sera in cui avvertivo in Donato il bisogno di una carezza, di un contatto fisico, soffrivo. Sentivo che mi veniva richiesto qualcosa che non riuscivo a dare. Avevo dato la mia energia tutto il giorno ai bambini, ed ora il sonno prendeva il sopravvento. Questo faceva nascere in me un senso di colpa nei confronti del mio sposo, perché Donato soffriva e si sentiva solo, a causa della mia stanchezza.

Questa situazione risvegliava la mia atavica ferita di non sentirmi accettata così com'ero, un senso di colpa, quasi, per essere nata, un senso di indegnità alla vita. Fino ad allora avevo sempre fatto di tutto, perché gli altri fossero contenti di me, perché mi accettassero ed amassero; adesso, invece, non riuscivo a rispondere alle aspettative del mio compagno.

A quell'epoca, tutti questi sentimenti, erano, per lo più, a livello inconscio.

Alcune sere piangevo, prima di addormentarmi esausta, ma non osavo ammettere che qualcosa andasse male; mi aspettavo che lo stress di quei mesi si sarebbe presto attenuato.

I conflitti maggiori erano nati con la nascita del nostro primo figlio. La situazione nuova e difficile aveva portato a galla tutti i nostri limiti e difetti.

Avvertivo un'inconscia competizione fra padre e figlio per ottenere la mia disponibilità, la mia attenzione, il mio amore. Questo sentimento non mi permetteva di occuparmi del bambino come avrei voluto, in tutta la mia spontaneità, perché mi sentivo, a volte, fra "l'incudine e il martello". Raramente avevo il coraggio di oppormi a Donato, perché temevo che, contrastandolo, avrei in qualche

modo perso il suo affetto; inoltre non avrei avuto sufficiente energia per reggere uno scontro.
Non mi rendevo conto, però, che, così facendo, non esprimendomi totalmente, la mia forza vitale si spegneva sempre un po' di più. Non mi sentivo in grado di far bene né la mamma, né la moglie. Così, dentro me cresceva, insieme al senso di colpa, anche la rabbia verso il mio sposo, che nello stato di coscienza di allora, percepivo come responsabile di quei miei disagi profondi.
Non sapevo che il rapporto con gli altri riflette la nostra situazione interna. Nel mio inconscio avevo molti conflitti che "scaricavo" sul mio compagno.
Ogni volta che si creava una situazione conflittuale fra noi, ci passavo sopra, andavo oltre, e non affrontavo l'argomento. Non era ancora arrivato, per noi, il momento dell'autoconoscenza, del cambiamento.
Mi capitava di parlare, con le colleghe dell'ufficio, del rapporto matrimoniale. Queste ultime soffrivano, come me, per una mancanza di sintonia, di un interesse comune con il proprio compagno. Vedendo che quello che io vivevo era molto comune lo accettavo, quasi fosse la regola, senza rendermi conto che stavo accettando un modello fallimentare.
Per fortuna la vita ci viene sempre in aiuto e ci costringe, prima o poi, in un modo o nell'altro (a volte anche in modo doloroso) a rivedere tutte le nostre abitudini, a fare una cernita fra ciò che ci è utile e ciò che ci danneggia. Ed io dovevo aspettare ancora un po', per un cambio di coscienza che mi avrebbe rimesso sulla strada della felicità.
Intanto l'amore, che comunque non era mai venuto meno fra noi, ci permetteva di andare avanti, pur tra molte difficoltà.

CAP. 5 - IL PRECIPIZIO E LA SVOLTA

Iddio attrae a Sé l'individuo;
questa attrazione è naturale nell'esser umano,
perché Dio e la Sua creatura sono la stessa cosa.
Sono come il ferro e la calamita; se però il ferro è
Arrugginito e incrostato di scorie non può attaccarsi
Al magnete: tutto ciò che avete da fare è togliere
l'impedimento. Fate che la vostra vera natura risplenda
ed il Signore Vi accoglierà nel Suo seno.
I guai e le tribolazioni sono i mezzi
con i quali avviene la ripulitura.
Baba

In quel periodo, il mio corpo aveva ripreso a farsi sentire con i suoi problemi. Ripresi le cure per l'ipertiroidismo, la sinusite tornava ciclicamente, passai diversi mesi con una follicolite che non accennava ad andarsene, e che potei debellare con fortissime dosi di antibiotici. C'era una grave forma di "all'erta", in questo corpo, che lanciava continui S.O.S..
Nel periodo di Pasqua del 1993, le mie ghiandole linfatiche si gonfiarono spaventosamente. I test per la toxoplasmosi e la mononucleosi furono negativi e, dopo circa un mese, le ghiandole ritornarono alle dimensioni normali. Dopo di che, ebbi tutta una serie di altre malattie: cistite, candidosi, ecc. Così, fra medicine per la tiroide, antibiotici, antinfiammatori, gocce nasali, pillola anticoncezionale (che il ginecologo mi aveva vivamente consigliato), stress quotidiano, ansia… ecc., questo mio sacro tempio corporeo, incominciò a cedere. Era come una macchina che va avanti per un po', a singhiozzo, avendo terminato la benzina, ma che desidera essere lasciata al più presto a riposo, per essere revisionata in ogni sua parte, fino al più piccolo bullone.

Con i primi caldi di giugno la situazione precipitò. Un pomeriggio, dopo che mi ero arrabbiata con i bambini, la mia pressione si abbassò di colpo, lasciandomi bloccata nel letto per alcune ore.

Come se non bastasse, proprio in quei giorni si verificò in ufficio un episodio spiacevole, che arrivò come "l'ultima goccia a far traboccare il vaso".
Una signora, dispiaciuta ed arrabbiata per come suo padre aveva perso la vita, quindi in una condizione di stress peggiore della mia, scaricò su di me la sua rabbia contro le istituzioni pubbliche. Io purtroppo non ero in grado di reggere un ulteriore shock; l'irritazione, la rabbia, la mancanza di distacco, mi spinsero a sporgere, contro di lei, denuncia per "oltraggio a pubblico ufficiale" (In seguito ritirai la denuncia e diventammo amiche).

La mia pressione rimaneva sempre molto bassa. Trascorsi l'estate in una condizione molto penosa. Per poter essere curata, andai con tutta la famiglia a Fano, a casa di mia madre. A nulla servirono le iniezioni suggerite dalla guardia medica, per aumentare la pressione, né le bustine di sali minerali; non riuscivo proprio a stare in piedi! Avevo sudore freddo, nausea, bruciori alle braccia e al petto... ecc.
Non volevo rimanere sola. La paura della morte, che mi aveva accompagnata per tutta la vita, anche se a livello inconscio, ora si faceva sentire con prepotenza.
A settembre rientrai a casa, pensando di stare un po' meglio, ma avvertivo sempre un'incredibile spossatezza.
L'endocrinologo mi sospese immediatamente le medicine per l'ipertiroidismo, intuendo che avevano inibito anche troppo la tiroide, ma per il resto, non riscontrò nulla di particolare. Mi rivolsi ad un neurologo, lo stesso che mi visitò dieci anni prima, quando ero in pieno ipertiroidismo, il quale pensò ad un tipo di depressione ben mascherata e mi suggerì un antidepressivo.
Dopo averne assunto la prima dose, passai una notte d'inferno, accusando quasi tutti i disturbi degli effetti collaterali: vomito, diarrea, palpitazioni, sudore, bruciore al petto e alle braccia, tachicardia, secchezza delle fauci...ecc. Sospesi immediatamente il trattamento parlandone con il neurologo, il quale si premunì di mettere al corrente la casa farmaceutica produttrice del medicinale.
Io, che ancora non avevo alcuna conoscenza della guarigione naturale, non mi rendevo conto che, con tutte quelle medicine, il mio corpo, già troppo avvelenato, stava precipitando sempre più.

A settembre ebbi nuovamente la sinusite e una forte tensione ai nervi del collo, con bruciore all'altezza della nuca.

Il sei ottobre venni ricoverata in ospedale, con le analisi chimiche del sangue tutte nella norma, tranne i valori tiroidei, che ripresentavano una situazione di ipertiroidismo. Fui dimessa dopo dodici giorni; la cura suggerita dal neurologo consisteva in un calmante antidepressivo, che avrei dovuto assumere per almeno tre mesi.

In ospedale avevo accusato i sintomi più disparati. Quando la tensione alla nuca diventava forte, oltre al bruciore, sentivo un ronzio alle orecchie e avvertivo meno i rumori esterni; a volte mi sembrava di aver ricevuto una bastonata in testa. Avevo avuto dei dolori strani in vari punti del corpo, una febbriciattola costante, momenti di pressione alta, con capogiri e nausea, alternati a momenti di pressione troppo bassa ...ecc.

Avevo chiesto se fosse il caso di fare una TAC, considerando i miei disturbi alla nuca, ma i medici non ne avevano ravvisato la necessità.

Tornai a casa, con l'idea che la mente può farci dei brutti scherzi senza che nemmeno ce ne accorgiamo. Chi l'avrebbe mai detto che avrei potuto soffrire di depressione? Ero sempre stata un'ottimista allegra; è possibile che stavo nascondendomi così tanto, da non riconoscermi? Che fossi stressata, non c'erano dubbi, ansiosa... anche, ma depressa... proprio non riuscivo a crederlo! E tantomeno lo credeva mio marito, che mi conosceva più di tanti altri.

Andai qualche giorno a Bergamo, da mia sorella, per cambiare ambiente; mi sentii un po' meglio. Decisi di sospendere la pillola anticoncezionale; anche se in ospedale mi era stato detto che non mi danneggiava, io intuivo che era comunque un veleno in più, fra i tanti che stavo assumendo.

A dicembre ci fu anche un importante cambiamento: il trasloco nella villetta a schiera che avevamo acquistato.

Infatti, proprio a Pasqua, prima di stare molto male, mi era venuta una "smania" di cambiare casa, di avere un piccolo giardino, tutto nostro. Capii più tardi che mi ero scelta il "nido" per la mia nuova

"rinascita". Come fa mamma gatta quando si sente in procinto di partorire, anch'io mi ero scelta la mia "cuccia".
Ricordo che la notte di Natale avevo avuto degli strani giramenti di testa, ma ormai ero così abituata ai malesseri, da non farci troppo caso.

Ero felice di quel cambio di abitazione, che però mi stancò ulteriormente.
A gennaio tornai ancora dal neurologo, il quale, trovandomi più rilassata, mi fece continuare la cura, anziché interromperla.
Volli fare un tentativo di riprendere il lavoro, che avevo lasciato ormai da luglio, ma il mio corpo non ce la faceva assolutamente.
Incominciarono a darmi fastidio le pastiglie prescrittemi dal neurologo; senza assumerle mi sembrava di stare peggio, allora le tagliai a metà e le presi in due momenti diversi.
Man mano che il tempo passava, la mia situazione peggiorava.
Verso la metà di febbraio tornai dal neurologo, chiedendogli di cambiare cura, perché mi accorgevo che, quando prendevo i farmaci prescritti, sentivo il bisogno di muovermi, per combattere una sensazione di adagiamento, di assopimento. Mi prescrisse, allora, una dose minima di un altro ansiolitico-antidepressivo.
Alla prima somministrazione il mio corpo reagì, ancora una volta, in maniera esagerata: dormii per tutto il giorno! Il neurologo, non sapendo più che "pesci prendere", mi consigliò allora una visita da uno psicologo.

Ormai stavo sempre peggio, e perdevo sempre più la mia capacità di discriminazione. Ero andata da uno specialista all'altro: endocrinologo, ginecologo, neurologo, psicologo; ero anche andata da un pranoterapeuta. Se mi avessero detto: "Dobbiamo amputarti una gamba perché tu guarisca!", non avrei avuto la forza di fare opposizione, talmente ero stordita ed in balìa degli altri!
Mi feci persino portare dal medico di famiglia dei miei suoceri, che era specializzato in psichiatria: mi suggerì di passare ad un farmaco ancora più forte!
Ero precipitata in un baratro, dove la mia coscienza e la mia forza di volontà erano diventate sempre più deboli, quasi annichilite. Mi

trascinavo dal letto alla poltrona e dalla poltrona al letto, non riuscendo quasi più a camminare.

Trascorsi alcuni giorni a casa dei miei suoceri perché avevo paura di rimanere da sola. Essi mi spronavano ad agire, a muovermi, ma io non ero più in grado di farlo. Avevo la pressione minima a sessanta e la massima a novanta. E, come se non bastasse, non sapendo allora della mia allergia agli zuccheri, mi veniva somministrata, a volte, una zolletta di zucchero nella speranza di aiutare la pressione a salire; invece andavo sempre più giù.

Era molto penoso per i miei cari, vedermi precipitare sempre più.

Dovetti toccare il fondo, prima di conoscere l'angelo mandatomi dal Signore per ripescarmi dalle sabbie mobili, nelle quali stavo annaspando.

Finalmente, una sera, una bella notizia! Donato aveva avuto da un suo amico medico, il numero di telefono di un collega, che operava nel campo della medicina naturale. Disse a Donato: "Porta tua moglie da lui! Lo chiamano scherzosamente "lo stregone" perché ne sa una più del diavolo! E poi, se proprio non potrà fare nulla per lei, per lo meno non l'avvelenerà con altri farmaci! Non aggraverà la sua situazione perché non prescrive medicine."

La stessa sera telefonai ad Angelo, così si chiamava quel medico, e fissai un appuntamento per la mattina seguente.

Ebbi con lui un approccio completamente diverso, rispetto agli altri medici che avevo conosciuto in passato. Sentivo che voleva veramente conoscere la causa della mia malattia, per estirparla alla radice.

Ma soprattutto, percepivo il sentimento di amore e solidarietà, che da lui emanava, e che mi infondeva un senso di fiducia, di sicurezza e di ottimismo.

Mi fece parlare per un'ora e mezza. Mi sentii immediatamente in sintonia con lui. Pensai: "Finalmente qualcuno che mi capisce! Finalmente qualcuno che comprende che non sono una depressa, ma che questo corpo, come una macchina con la batteria scarica, non riesce più a partire; questo corpo meraviglioso che ora non risponde più ai comandi e che ha bisogno di essere riparato, curato con amore e tanta pazienza".

Durante quella prima visita, ricordo di aver detto questa frase, che sarebbe stata compresa chiaramente in seguito: "Non so perché, ma sento che tutti i miei problemi fisici dipendono in qualche modo dal naso!"
Mi fissò un altro appuntamento per l'indomani, per poter avere un quadro completo della mia situazione prima di suggerirmi una cura, ma io intanto, quello stesso giorno ero uscita dal suo studio col sorriso sulle labbra e tanta speranza; pensavo: "Angelo, ti chiami Angelo, sarai il mio Angelo!" E così fu.

L'indomani, alla fine del colloquio, mi disse di aver inquadrato abbastanza bene la mia situazione: "Le surrenali, non lavorano come dovrebbero, sono proprio come la batteria scarica di un'auto. Anche la tiroide ora lavora troppo poco. Il tuo cuore è colmo di ferite che devono rimarginarsi, ed il corpo è completamente intossicato dalle innumerevoli medicine che gli sono state somministrate negli ultimi anni".
Per prima cosa mi suggerì di smettere in tre giorni, non di più, di prendere psicofarmaci, che non avevano fatto altro che dare il "colpo di grazia" alle surrenali, già da troppo tempo in situazione critica.
Mi consigliò di farmi strofinare tutto il corpo con uno straccio ruvido, bagnato e freddo, almeno tre volte al giorno.
Mi suggerì anche quello che egli chiama "l'esercizio del perdono", da fare ogni sera prima di addormentarmi: dovevo visualizzare, una ad una, tutte le persone a causa delle quali io mi ero sentita ferita ripetendo: "Io ti perdono!"
Mia suocera, iniziò con tanta pazienza a farmi la "terapia dello strofinaccio", ma dopo due soli giorni, la mia situazione fisica precipitò. La pressione era sempre più bassa ed i malesseri sempre più evidenti
Mi misi a letto. Non sapevo, allora, che ci sarei rimasta per tanto tempo.
Angelo mi tranquillizzò dicendo che, comunque, quello per me era il momento della "svolta". Fu molto chiaro con questa allegoria: "Per mettere ordine e ripulire a fondo una stanza, occorre spostare tutti i mobili, fare prima un gran disordine, per poi rimettere tutto meglio di prima". Questo stava succedendo al mio corpo, che reagiva alle

terapie naturali suggeritemi. Quasi tutte le terapie naturali, come ad esempio le cure omeopatiche, hanno la caratteristica di acutizzare un po', all'inizio, i sintomi della malattia, prima di guarirla.

Ormai ero ferma a letto, immobile, non riuscivo neanche a trascinarmi da una sedia all'altra, come avevo fatto negli ultimi otto mesi.
Una parte di me si compiangeva, ma un'altra parte era contenta di poter finalmente arrendersi all'evidenza, alla vita.
Gli ultimi tempi era stato molto penoso, per me, dover agire e dimostrare agli altri, che proprio questo si aspettavano da me, che non mi lasciavo andare. Quando le persone a me vicine mi spronavano a muovermi, io mi sentivo davvero incompresa. Non c'è niente di più penoso, di più triste e di più umiliante del sentirsi dire: "Reagisci! Dai...muoviti! Dai...su...datti da fare!", quando si è consapevoli di non avere le risorse per farlo, quando ci si accorge che gli strumenti a nostra disposizione, non rispondono più ai nostri comandi!
Ora finalmente ero ferma, e mi era riconosciuto il diritto di essere ammalata!
Come un pilota d'aereo, che con gli strumenti rotti, non vede l'ora di atterrare, per non precipitare, così io, finalmente, ero a terra! (in tutti i sensi). Il mio motore era da riparare, parcheggiato in officina, mentre ero in attesa di riprendere il volo.
Nessuno si diverte ad essere ammalato, ma la vita, tramite la malattia, vuole insegnarci una lezione che non impareremmo diversamente.
Un grande aiuto che si può dare ad un ammalato è proprio un sorriso colmo d'amore, di solidarietà, di ottimismo e, soprattutto, d'accettazione della situazione.

In quei primi giorni, bloccata a letto, mi sentivo persa perché Angelo era fuori città. Egli, comunque, mi telefonò e, dopo aver ascoltato le mie difficoltà e la descrizione dei miei malesseri, mi disse: "Mi segua almeno per tre giorni, mi ascolti! Non si perda d'animo! Tenga sempre alto l'umore e continui con i suggerimenti che le ho dato!"
Mi bastava sentirlo al telefono, per rinfrancarmi e riavere il sorriso.

Mia madre, in quel periodo, non era in grado di accudirmi. Il caso volle che avesse anch'ella la labirintite (che presto scoprii di avere anch'io da diversi mesi). Toccò, quindi, a mia suocera il delicato compito di assistermi nel mio primo periodo di immobilizzazione. Per fortuna aveva smesso da pochi giorni di lavorare e poteva dedicarsi interamente a me. Come sempre, Egli, l'Altissimo, "vede e provvede".
Ricevetti dall'America, in quei primi giorni a letto, il risultato del mineralogramma eseguito sui miei capelli. La dottoressa alla quale mi ero rivolta prima di conoscere Angelo, avendo saputo della mia situazione, venne direttamente a casa per consegnarmelo, per commentare il risultato e spiegarmi la cura omeopatica che aveva previsto per me: un numero incredibile di pillole, di tutti i colori e di tutte le forme! La situazione fisica che risultava dal mineralogramma, era davvero disastrosa! Non un solo valore era nella norma! Il metabolismo era completamente fuori fase, le surrenali, come pure la tiroide, erano quasi del tutto bloccate, come aveva già diagnosticato Angelo.
Risultava una chiara e spiccata intolleranza agli zuccheri, in tutte le forme; mi veniva suggerito, pertanto, di assumere pochissimi carboidrati, e solamente integrali.
Il sistema osseo era provato da un'evidente mancanza di calcio, il quale, a causa del cattivo metabolismo, non veniva assorbito, e si depositava in abbondanza nei capelli e nelle unghie. Risultava anche un'intossicazione da alluminio e da altri metalli tossici, che il corpo non era più riuscito ad espellere. Il titolo per quella "brutta favola", che veniva raccontata in quelle pagine, sarebbe potuto essere: "La bella avvelenata nel bosco".
Si parlava anche di una situazione di stress portata a livelli limite.
E' vero che due bimbi piccoli, il lavoro, la casa, sono fattori di stress, ma poteva essere un motivo sufficiente per precipitare a quel modo? Il mondo sarebbe pieno di madri bloccate nei letti, se la normale routine familiare le portasse a livelli di stress così alti. E poi io avevo sempre superato brillantemente, in passato, le prove più dure.
Che cosa stressava così tanto il mio corpo? Perché non fluiva la mia energia vitale?

Diedi ad Angelo il plico arrivato dall'America (un vero e proprio libro), ma egli non era molto interessato alle parole che vi erano scritte, in quanto i suoi metodi di diagnosi erano su altre basi. Comunque lo lesse per accontentarmi. Non era per lui una novità ciò che vi era scritto. Mi accorsi che era riuscito a capire quasi tutto ciò che veniva lì enunciato, solo parlando con me durante il primo appuntamento.

Non si allarmò, ma continuò a trasmettermi calma e fiducia. Io non volli mai più rileggere quel terribile resoconto, per non creare nella mente un solco ancora più profondo di cattivi pensieri, che mi avrebbero precluso ogni possibilità di guarigione. Non volevo piangermi addosso. Intuivo, ed Angelo me lo confermava, che l'unica "chance" era di riuscire ad avere il mio corpo emotivo ad alti livelli. La situazione futura, prospettata da quelle pagine, era terribile. In altre parole, sarei andata incontro alla morte se non avessi iniziato al più presto la cura suggeritami.

Angelo lasciò a me la decisione di iniziare o meno la cura, anche se i suoi metodi di guarigione erano diversi. Provai ad ingurgitare quel numero esagerato di pillole, ma subito il mio corpo reagì così violentemente, con malesseri talmente forti, che accantonai l'idea di proseguire, o di riprovare in un secondo momento.

Questo corpo era diventato talmente ipersensibile, era stato talmente avvelenato, che rifiutava tutto, persino il cibo! Presto mi resi conto che dovevo guarire da sola; nessuna sostanza, né farmaceutica, né naturale, poteva essermi d'aiuto. La mia sola ancora di salvezza erano gli insegnamenti di Angelo sull'auto-guarigione e così mi affidai completamente a lui.

Anche il mio medico di famiglia, che era un amico, mi disse, con amore, che non era più in grado di aiutarmi e che mi conveniva seguire i consigli di Angelo, per almeno tre mesi.

Ad ogni modo il mineralogramma al capello si dimostrò utile, non tanto a me, quanto ai miei familiari, in quanto incominciarono a riporre maggior fiducia nelle capacità di Angelo e quindi si prepararono, così, ad affrontare una dura prova e ad essere più tranquilli. Capirono che non ci si poteva fidare solamente delle analisi chimiche del sangue, in base alle quali io risultavo "nella

norma" (ad esempio la tiroide sembrava in gran forma dalle sole analisi chimiche).
Per la medicina ufficiale io ero sana, talmente sana...che non riuscivo nemmeno a stare seduta!

CAP. 6 - ASPETTANDO IL VOLO

*Dolori e sventure sono come nuvole
che svolazzano nel cielo: non possono
danneggiare le azzurre profondità dello spazio.
Baba*

Aspettavo tutto il giorno il ritorno di Donato. Avevo bisogno di essere toccata e accarezzata, come ne ha bisogno un neonato prematuro, affinché non si lasci andare, non si lasci morire.
Rosa faceva già tanto! Non potevo chiederle di più; per questo aspettavo Donato, come la bimba aspetta il papà. Mi lavava con un asciugamano bagnato e riusciva anche a farmi lo shampoo, mentre io restavo sdraiata.
Proprio durante quei giorni egli cambiò lavoro. Aveva avuto una buona proposta da una ditta e inizialmente non sapeva se accettarla, temendo di non avere abbastanza tempo da dedicare a me. Io lo incoraggiai: "Non perdere l'occasione, il treno passa una volta...prendilo se è quello che desideri!"
Questo nuovo lavoro si rivelò una benedizione divina. Allora non potevamo sapere che io non avrei più lavorato e che il nuovo stipendio di Donato avrebbe dovuto sostituire i nostri due precedenti.
Iniziò il nuovo incarico con lo stress fisico ed emotivo che aveva in atto, con il dolore che gli riempiva il cuore, ma il Signore gli diede l'energia per superare quei momenti difficili. Tornava dall'ufficio e accudiva me. Mangiava la sua cena accanto a me, per non lasciarmi sola. Sapeva che lo aspettavo dal mattino, perciò non si allontanava da me.
Alcuni giorni il mio livello di energia era così basso che non riuscivo a muovere un muscolo né a parlare. In alcuni momenti percepii di essere davvero al limite della sopravvivenza. Ricordo che una mattina, quando Donato aveva appena iniziato il nuovo lavoro, mi sentivo così vicina "all'altra condizione" che cercai di dire a Rosa, con la flebilissima voce che ormai mi era rimasta, di chiamare Donato. Avevo bisogno di lui e forse era arrivato il momento di lasciarlo; volevo almeno salutarlo!

Rosa, pur con l'orecchio vicino alla mia bocca, fece molta fatica a capire le mie parole pronunciate a bassissima voce e quando alla fine comprese, probabilmente per lo spavento o per non voler credere alla gravità della situazione, cercò di sdrammatizzare rispondendomi: "Ma no...lasciamolo stare...non disturbiamolo...non spaventiamolo per nulla!".

Davide e Stefano, quando la mia situazione si fece più critica, andarono a casa di mia madre ad Albino. Nessuno qui poteva badare a loro; io non ero in grado di sopportare rumori, e per me era una grande pena non poter rispondere alle loro richieste. Sentivo che avevano bisogno di rassicurazioni, perché ormai tutti piangevano intorno a me. E venivano proprio da me per sentirsi dire che non stava succedendo nulla di grave, ma io non riuscivo nemmeno ad accarezzarli! Era quindi, per me, una situazione insostenibile. Mia madre, che nel frattempo era migliorata dalla labirintite, cercava di trasmettere loro serenità e di farli divertire.
Più tardi, quando sentii il bisogno di mia madre, i bambini rimasero a casa dei nonni paterni. Venivano a trovarmi ogni tanto ed ogni volta li sentivo più irrequieti. I loro pianti mi spezzavano il cuore e mi ricordavano tutta la mia impotenza, tutti i miei limiti, perché non potevo alzarmi e consolarli.
I bambini, a volte più degli adulti, fanno da parafulmine e assorbono le vibrazioni dell'ambiente in cui vivono. Negli ultimi due mesi intorno a loro tutti erano ormai stanchi e tristi, come potevano, quindi, essere sereni?
Chiesi di non portarli più a casa finché non fossi stata meglio; non era bene che mi vedessero in quello stato.
Prima che prendessi questa decisione, Davide un giorno mi inflisse una "lancia nel cuore" quando, con gli occhi lucidi, mi si avvicinò e mi disse: "Mamma, dicevi che stavi guarendo, ma tu non guarisci mai!"
Percepii per la prima volta la disperazione, lo scoraggiamento nella sua voce tremula e nei suoi occhi colmi di lacrime. Gli sorrisi, nonostante il dolore, gli tenni la manina nella mia e risposi: "Ci vuole ancora un po' di tempo, Amore, ma vedrai che Mamma ritornerà a giocare insieme a te e Stefano... non ti preoccupare, sto guarendo!"

Cercai di trasmettergli tutta la fiducia nella vita di cui aveva bisogno. Seppi in seguito dalla maestra della scuola materna, che piangeva in continuazione: bastava un niente per far uscire da lui tutto lo stress che aveva accumulato.

Giorno dopo giorno incominciai ad osservare meglio il mio corpo. Non potevo assolutamente voltarmi sul lato destro; anche solo girare gli occhi mi procurava grandi malesseri. Avevo spesso la pelle d'oca sul gluteo e sulla coscia sinistra ed anche il piede di quel lato non aveva la stessa sensibilità del destro. Mi ricordai che nei giorni precedenti la mia immobilizzazione a letto, vedevo il piano della cucina e del bagno inclinati e le righe delle piastrelle storte. Sentivo esageratamente i rumori: una semplice porta chiusa rimbombava dentro di me violentemente. Nella testa, al livello del midollo allungato, sentivo un rumore come di centrale elettrica. Spesso, pur essendo sdraiata ed immobile, mi sembrava di trovarmi a testa in giù o mi sentivo cadere da un lato. C'erano dei punti, nel corpo, in cui la pelle era diventata completamente insensibile al tatto. Spesso dopo aver mangiato un solo boccone i miei malesseri si acutizzavano, e tutto girava intorno a me.
Dissi ad Angelo: "Mi sembra di essere in travaglio, un travaglio lunghissimo, ma non per far nascere un'altra anima, bensì me stessa!"

Angelo incominciava a rendersi conto che tutti i miei sintomi erano ricollegati ad una causa comune: il sistema nervoso centrale; ma non volle esprimersi finché non ebbe la sicurezza totale della diagnosi. Mi chiese di far scrivere a mio padre un resoconto della mia salute, dalla nascita fino ad allora, con l'aiuto dei miei ricordi e di quelli di Mamma.
Con grande difficoltà cercai di dettare a Papà ciò che ricordavo, un po' per volta, perché mi affaticava moltissimo parlare e concentrarmi.
Alla fine mio padre batté a macchina e consegnò ad Angelo la "Storia d'Italia", come intitolò umoristicamente quel "papiro" di tante pagine che ne era derivato.
Non mi ero mai resa conto, prima, di quanto fossi stata ammalata fin dall'inizio di questa mia vita.

Angelo portò quei fogli in montagna, dove passò il week-end, ed io aspettai impazientemente il suo ritorno ed il suo responso.
Quando tornò suonò il campanello, ma non salì subito da me, al piano di sopra; restò invece a parlare sottovoce con Donato per più di mezz'ora. Che attesa angosciante! La mia mente riportava a galla la paura di un brutto male al cervello; perché altrimenti Angelo avrebbe dovuto adottare tanta discrezione? Stava forse preparando i miei familiari a quella brutta notizia?
Incominciai a piangere per l'ansia che quell'attesa mi procurava e per la paura di dover lasciare i miei figli, che erano ancora tanto piccoli.
Finalmente mi raggiunse e mi trovò in lacrime.
Incominciò a dirmi ciò di cui ormai era sicuro: "Le medicine che per anni hai messo nel naso hanno intossicato e degenerato il sistema nervoso centrale, il midollo allungato, che si trova dietro le fosse paranasali (mi ricordai della frase che gli dissi la prima volta che parlai con lui nel suo studio: "Non so perché, ma sento che tutti i miei guai derivano dal naso!"). Hai come tanti tubi arrugginiti che non inviano più i giusti messaggi a tutto l'organismo, a tutte le ghiandole endocrine. Tutti i sintomi, tutti i malesseri, sono da collegare a questo; anche l'ipertiroidismo che hai avuto dieci anni fa. Già da un po' di tempo avevo intuito che c'era una causa comune a tutti i tuoi malanni, ma ora con il tuo racconto, non ho avuto più dubbi".
Io esplosi in una risata liberatoria: "Ma allora non ho un tumore al cervello!"
In un attimo vidi il volto di Angelo cambiare: "Non pensare che la tua situazione sia meno seria!", mi rispose, smorzando il mio riso. Poi continuò: "Se tu fossi mia figlia, mia madre o mia moglie, ti consiglierei di fare un lungo digiuno, per aiutare il corpo a disintossicarsi e a rigenerare tutte le cellule malate. Con il digiuno tu potrai guarire. Ti ho portato questo libro (parlava della terapia del digiuno), leggilo e fallo leggere ai tuoi familiari! Se sarai convinta e sicura potrai iniziare a digiunare."
Donato mi ha confessato da poco che Angelo, in quella mezz'ora in cui parlò con lui, prima di salire, gli aveva riferito che era quasi sicuro della sua diagnosi, diciamo al 95%, ma che non escludeva

totalmente la possibilità di un tumore al cervello; ecco perché alla mia risata e alle mie parole vidi Angelo diventare così serio!
Ma sapendo che la mia emotività sarebbe precipitata, se avessi saputo di quel suo, anche se pur minimo, dubbio, risparmiò a me ciò che non aveva risparmiato a Donato.
Angelo disse che sarebbe stata utile una TAC, dalla quale sarebbero risultati i centri nervosi degenerati.

Incominciai, per la prima volta, ad avere paura. Capivo che la mia situazione era grave e che anche gli altri ne erano coscienti.
Donato mi portò in braccio fino alla macchina, diretti al Pronto Soccorso dell'Ospedale dove speravamo in una TAC. Vedevo la pena negli occhi dei miei genitori e dei vicini di casa che, dalla scena, avevano anch'essi intuito la gravità della mia situazione fisica.
Il neurologo, dopo avermi esaminata per quindici minuti con i soliti test, che ben conoscevo, sui riflessi del corpo, e aver parlato telefonicamente con Angelo, non ravvisò la necessità di un ricovero e tantomeno un accertamento con una TAC. Ad ogni modo, capii in seguito che fu un bene, per il mio corpo, evitare una bombardata di radiazioni.
Ancora una volta provai l'umiliante esperienza di non essere capita. Per la medicina ufficiale non avevo nulla di grave, il mio corpo era sano ed ero soltanto esaurita e depressa. La conoscevo bene questa canzone!
Ho provato più volte, sulla mia pelle, i limiti e la presunzione della medicina ufficiale. Quante malattie non comprese erano state bollate come semplici esaurimenti nervosi? A quante persone, gli psicofarmaci avevano dato il colpo di grazia, come a me? Finché il medico esaminerà lo stato di salute solo attraverso l'esame chimico del sangue, od altri test stereotipati, limitandosi a quella branca della medicina in cui è specializzato, anziché esaminare l'individuo in tutto il suo essere, sarà come un uomo bendato che tocca la coda di un elefante e dice: "Com'è stretto e magro questo animale!"
E' vero che io ero ansiosa e spaventata, ma chiunque lo sarebbe stato con un corpo come il mio e dopo aver saputo di avere una degenerazione delle cellule cerebrali, con il timore poi di un tumore al cervello!

In quei giorni emotivamente toccai il fondo. Comprendendo la gravità della situazione, temevo per la mia vita: pensavo ai bambini e a Donato ed avevo paura di doverli lasciare.
Ora capivo chiaramente che non potevo più aspettarmi aiuti dall'esterno. Infatti ero ad un punto in cui una semplice iniezione avrebbe potuto anche essermi letale, essendo ormai diventata allergica un po' a tutto; quindi era stato un bene non rimanere in ospedale.
Solo Angelo era il mio rifugio, la mia ancora di salvezza.

Donato e Papà mi lessero, poco per volta, per non stancarmi troppo, il libro sul digiuno ed il 29 aprile avvisai Angelo che ero pronta ad iniziarlo dal giorno successivo.
Dopo il secondo giorno mi sentii già meglio.
Il digiuno fu un'esperienza incredibile: tutti i miei sensi vennero acuiti. L'olfatto divenne sensibilissimo; sapevo tutto ciò che veniva cucinato al piano di sotto o i prodotti che venivano usati per pulire e percepivo la presenza delle persone, riconoscendole dall'odore, prima che salissero. Non riuscivo a sopportare il minimo rumore: tutto era esageratamente forte, una vera violenza! Avevo un assoluto bisogno di silenzio; non volli quindi più visite, né telefonate, e in camera poteva entrare solo una persona per volta. La memoria divenne lucidissima: mi tornavano in mente ricordi di quando avevo due o tre anni, freschi come se fossero del giorno prima!

In quei giorni in cui "non avevo più il corpo", vivevo nella mia mente in un mondo meraviglioso. Trascorrevo le mie ore, le mie giornate, tra una visualizzazione e l'altra. Correvo nei prati, galleggiavo sull'acqua limpida del mare, mi rotolavo sulla sabbia e sul fieno, mi dondolavo sull'altalena, ridevo con gli amici, volavo con gli uccelli sopra le nuvole, ero un ruscello che scorreva allegro, ero un fiore profumato...
Sentivo nel cuore un fiume d'amore che da me stessa sgorgava e avvolgeva tutto e tutti: era amore puro, era amore per Dio!
Vivevo nel mondo creato dalla mia mente, e in questo modo tenevo alto l'umore e sotto controllo il corpo. Dentro di me c'era felicità... ma non era lo stesso fuori di me.

Negli occhi dei familiari, che salivano per accudirmi, io mi rispecchiavo, e rivedevo bruscamente il mio corpo con i suoi limiti. Quegli occhi tristi mi facevano scendere dall'altalena e dalle nuvole sopra le quali volavo e mi vedevo, così, anch'io, come loro mi vedevano.
Anche se avevo tanto bisogno di contatto, in quei giorni critici preferivo star sola, per non specchiarmi in loro. Volevo vivere nella mia mente, nella mia gioia, nel mio amore, nel mio Sé.

Quando Angelo veniva a trovarmi era per me come mettere una batteria nuova. Egli capiva i miei limiti e le mie difficoltà, consigliava alle persone a me vicine come dovevano comportarsi per aiutarmi, o per lo meno, per non essermi di ostacolo. Mi teneva la mano e mi sussurrava all'orecchio parole bellissime che mi davano forza, coraggio e fiducia nelle mie capacità. Lo aspettavo come il neonato aspetta la madre. Era luce, ossigeno, amore, vita. Mi aiutava, mi guidava, mi proteggeva, mi difendeva.
Giorni dopo riuscii a consegnargli un foglio con queste parole che scrissi per lui:

> La tua forza
> la tua capacità
> la tua calma
> la tua disponibilità
> la tua amicizia
> la tua umanità
> la tua dolcezza
> la tua profondità
> sono doni meravigliosi
> per chi ti incontra.
> **Non fermarti mai!**

Angelo mi insegnava ad essere al di sopra del corpo, a rimanere presente e calma nel malessere, a rimanere sempre "a galla".
Mi faceva capire che potevo guarire da sola, con la mia forza di volontà, con la mia presenza, con la fiducia in me stessa.
Stavo riprendendo in mano le redini del mio corpo. Ora sapevo che tutto dipendeva da me, che avevo, celate dentro di me, tutte le

qualità per superare la mia malattia. Mi ripetevo continuamente: "Sto guarendo! Sto guarendo!", così non permettevo mai all'umore di scendere. Avevo sempre il sorriso e la sicurezza che ce l'avrei fatta. Le mie armi erano proprio queste: la fede e la fiducia nel piano divino e nel Dio che è in me e fuori di me, l'entusiasmo, la voglia di vivere, il sorriso, il pensiero positivo e, soprattutto, l'amore per me stessa e per gli altri.
Queste armi, con le quali avrei sconfitto la malattia, appartenevano a me, erano dentro di me. Non dovevo chiederle in prestito a nessuno.
Questa era la scoperta più sensazionale: la scoperta del potere che è in me, della forza che Io sono!
La gioia che questa nuova consapevolezza mi donava è paragonabile alla gioia che proverebbe un uomo che usa la sedia a rotelle e che, cadendo dalla sedia, si rialza e si accorge che le sue gambe lo sostengono, che non ha più bisogno di nient'altro che di sé stesso, di ritornare al contatto con quella parte di sé che è onnipotente e onnisciente: l'Atma.
Mi ero aggrappata agli altri, come fossero le mie stampelle, per anni. Ma così facendo, gli altri mi avevano sempre condotto per la loro strada. Ora basta! Questa esperienza era finita. Non potevo più sopportare di non percorrere la mia strada, nel mio modo! Dovevo solo andare dove il Cuore (non quello emotivo, ma quello spirituale) mi portava e ci dovevo andare con le mie forze; l'alternativa era di abbandonare questo corpo e ritornare con uno nuovo più tardi, se avessi fallito.
Non avevo scelta, l'anima aveva messo la mia mente davanti a un bivio: "O mi segui, o troverò un altro veicolo per continuare il mio viaggio!"
Recepii forte e chiaro questo messaggio: "O di qui o di là!" Scelsi di stare qui e per questo dovevo rimboccarmi le maniche e darmi da fare a ricostruire tutto ciò che era andato distrutto dentro di me.
Io l'ingegnere, io il geometra, io il muratore e...miei i mattoni. Avrei ricostruito questa mia nuova casa corporea più luminosa, più colorata e più bella di prima!

Prima di iniziare il digiuno, mi venne a trovare un'amica che non vedevo da sette anni. Si chiama Salvatrice ed era stata una collega

di lavoro. Mi disse che aveva saputo della mia malattia e che aveva pensato di portare una mia fotografia ad un frate, che aiuta molte persone a guarire. Mi sorprese e mi commosse il suo interessamento per me.
Le diedi la fotografia e dopo qualche giorno ritornò, riferendomi quello che aveva detto il frate: "Ho paura che il digiuno che vuole fare la sua amica sia un po' troppo lungo per lei, comunque ce la farà, guarirà!" Diede per me a Salvatrice una medaglietta ed un'immagine benedetta della Madonna.
Ora mi rendo conto che non è un caso che sia stata proprio un'amica che si chiama Salvatrice, ad aiutarmi a risvegliare la cosa più importante: la devozione per Dio. Questa sarebbe stata la mia unica salvezza: Dio!
Incominciai a chiamarLo e a pregarLo mentalmente. Quella fede che sonnecchiava dentro di me si rafforzò al punto che cominciai a percepire la presenza della Madre Divina vicino a me. Non ero più angosciata per la mia vita; la serenità incominciò a tornare nel mio cuore. Mi sentivo presa in braccio dalla Madonna e da Lei accudita, protetta e coccolata.

Nei momenti più difficili mi capitava di vedere sul soffitto delle sfere luminose colorate: una verde, una rosa, una gialla. Allora non mi rendevo conto di cosa fossero. Ma ora credo che si trattasse dei miei "angeli custodi".
Li vedevo soltanto quando stavo malissimo, quando la situazione fisica era davvero critica. Ora so che mi hanno sostenuta ed aiutata sempre, ma soprattutto quando ne avevo più bisogno. Ora so che Dio ci invia sempre i Suoi angeli, sia terreni che astrali.
Chiedevo aiuto a Lui e solo adesso mi rendo conto che mi aveva presa in braccio ancor prima che io Gli mandassi il primo pensiero d'amore.
Mi ricordavo che Rosa, all'inizio della mia degenza a letto, mi aveva portato un rosario: "Tieni, è per te, prega!" Ma io non avevo la forza per pregare. Non riuscivo né a tenere in mano quel rosario, né a parlare.
Ora aspettavo Donato e chiedevo a lui di leggere, per me, la preghiera scritta sull'immaginetta della Madonna, che mi aveva portato Salvatrice. Avevo capito che quello che avrei sempre dovuto

fare, era ormai l'unica cosa che mi restava da fare per risalire in superficie, dall'abisso nel quale ero caduta.
Non avevo mai compreso, prima di allora, il valore della preghiera!
Mi sentivo un po' vigliacca: mandavo il mio amore a Colui che mi aveva creata solo ora che avevo paura e un disperato bisogno di Lui.
"Perdonami, Signore, se non Ti ho chiamato, se non Ti ho pensato, se non Ti ho mandato il mio amore quando stavo bene e mi rivolgo a Te solo ora, che non ho nemmeno la forza di pregare!"
Ma purtroppo l'uomo raramente, quando tutto va bene, pensa alla cosa più preziosa che ha, l'Amore del suo Amico più caro: Dio.

Prima che io affrontassi il digiuno, i miei genitori vennero a dare il cambio ai miei suoceri, ormai esausti. Finalmente Mamma, stava bene ed io non l'avevo mai desiderata tanto come allora. Avevo proprio bisogno di lei, volevo farmi coccolare da lei, volevo "rinascere" da lei.
Avevano capito, lei e Papà, la delicatezza della situazione e, cosa che non era mai successo prima, avevano messo da parte i battibecchi fra loro per concentrarsi entrambi sulla mia salute, alla quale diedero la priorità assoluta.
La sintonia che ha un figlio con la propria madre è unica e irripetibile (anche con la suocera più dolce e amorevole).
Mia madre sapeva ciò di cui avevo bisogno senza che glielo chiedessi. Mi massaggiava e mi versava l'acqua senza che io dovessi parlare. Risparmiavo fiato e non mi sentivo umiliata a dover chiedere in continuazione.
Era carica di ottimismo, non si avviliva. Si sdraiava accanto a me, nei momenti di riposo, e non mi stancava, come spesso faceva in altre occasioni, con un mare di parole. Stava in silenzio, un silenzio positivo, di solidarietà e di rispetto. Non mi sentivo sola e la amavo con tanta tenerezza come non era mai successo prima.
Che occasione splendida ci stava offrendo la vita per riconciliarci con il passato! Non mi ero mai sentita, prima, così vicina a lei, così in sintonia.
Papà le dava il cambio per non lasciarmi mai da sola. Egli capiva che avevo sempre bisogno di una presenza. Mi massaggiava i piedi, quando glielo chiedevo.

Dovevo urinare molto spesso ed egli mi aiutava e mi accudiva. Non avevo alcun imbarazzo; la situazione di bisogno aveva fatto superare, da parte di entrambi, il comune senso di pudore.
Non avevo mai visto mio padre tanto dolce e tanto paziente, con il tono di voce sempre pacato e calmo. Mi sembrava un'altra persona; ed invece era proprio lui, che si rivelava nella sua vera natura, quella che copriva con le abitudini sbagliate e con la corazza che si era costruito per affrontare la durezza della vita. Ora lo vedevo nudo, senza corazza, vero e pulito. Era lui mio padre, non quello che ricordavo con gli scatti di rabbia, frutto di una distorsione dentro di lui. Ed io in quel momento lo comprendevo, m'immedesimavo in lui, capivo ed accettavo quei suoi limiti, perché ne percepivo la natura e la causa.
Papà non pianse mai in mia presenza, ma mi confidò, quando ormai il peggio era passato, di aver pianto e di aver chiesto a Dio di prendere il suo corpo con Sé, pur di lasciare in vita il mio.
Che i miei genitori avessero vissuto tutta la vita per noi figli, lo capii ancora di più in quei giorni in cui mi vidi, come un tempo, neonata fra le loro braccia, completamente dipendente da loro e in sintonia con loro, forse più di allora. Ero nata di nuovo da loro, e questa volta mi sentivo completamente accettata ed amata!
La vita mi aveva dato così l'opportunità di guarire una mia vecchia ferita.

Con i miei genitori trascorsi i giorni più delicati: quelli precedenti alla diagnosi, quelli del digiuno, dello svezzamento, della mia ripresa a star seduta, in piedi e infine quelli dei primi passi; proprio come una bimba dalla nascita al suo primo compleanno.
Quando Angelo aveva affermato che un digiuno mi avrebbe salvata, mio padre dovette combattere contro il suo forte istinto di protezione nei miei confronti. Già non avevo la minima energia, chissà col digiuno come sarei diventata! Sarei morta?
Era combattuto tra il porre fiducia in questo medico, al quale io mi ero completamente affidata, e l'intervenire per evitare il peggio. Mio suocero era nella stessa situazione.
Non fu facile per Donato tranquillizzarli e convincerli che tutto sarebbe andato per il meglio. Io, Mamma, Rosa e Donato eravamo convinti di doverci affidare ad Angelo, visto che anche il medico

condotto ce lo aveva suggerito, non sapendo in quale altro modo aiutarmi.
Non potevo certo rifiutare la mia unica ancora di salvezza! Inoltre, non riuscendo più a mangiare il minimo boccone senza star male, capivo che il corpo stesso mi stava chiedendo insistentemente di digiunare. Per fortuna la lettura del libro sulla digiunoterapia aiutò Papà a cambiare atteggiamento mentale e ad unirsi a noi nella fiducia che avevamo riposto in Angelo.
Avrei dovuto proseguire la terapia del digiuno per almeno tre settimane, per dare la possibilità al corpo di smaltire tutte le tossine, ma abbandonai questa idea al dodicesimo giorno, sentendo che non avrei resistito oltre. Incominciai a sorseggiare una spremuta d'arancia. Com'era forte il suo sapore! Era dolcissima, era squisita!
Dopo diversi giorni di soli liquidi: spremute e centrifugati di frutta e verdura, durante i quali ripresi subito tre chili degli otto che avevo perso, iniziai a masticare piccoli bocconi, sempre di frutta o verdura. Dopo quindici giorni di questa dieta iniziai ad introdurre le creme di cereali, come quelle che davo ai miei bambini di sei mesi; poi passai ai cereali in chicchi: orzo, riso integrale, miglio, farro; dopodiché introdussi anche i legumi. A questo punto la mia dieta era completa: vitamine, carboidrati, proteine. Per ultimi inserii i latticini freschi: yogurt, ricotta o mozzarella.

A metà maggio, quando ripresi a nutrirmi di succhi e centrifugati di frutta e verdura, ripresi anche a muovermi, poco per volta.
Dovevo riabituarmi a girare gli occhi, visto che la labirintite mi aveva costretta a guardare un punto fisso dell'armadio di fronte a me, per tanto tempo. Angelo mi aveva suggerito un esercizio con un grosso tabellone da attaccare all'armadio, dove erano disegnati tre cerchi concentrici, il maggiore dei quali era di oltre un metro di diametro. Dovevo seguire con gli occhi i cerchi, senza muovere la testa.
Sempre per rieducare una funzione che era andata persa a causa della labirintite, quella dell'equilibrio, rotolavo su me stessa molto lentamente, sopra il letto. Tutto il mondo girava insieme a me e la nausea mi accompagnava, ma con la calma, il respiro cosciente, la mia presenza dentro il malessere, riuscii a muovermi sempre più

velocemente. Inoltre, seduta, giravo la testa in tutte le direzioni, prima a destra e sinistra, poi in su e giù, poi in circolo.
Con i suggerimenti di Angelo riuscii a superare quella fastidiosissima labirintite in una decina di giorni.

La prima volta che mi misi in piedi, Donato mi sostenne perché non cadessi. Appoggiata a lui, incominciai col fare due passi soltanto. In seguito proseguii fino al cassettone, poi fino alla porta della stanza.
Non avevo più muscoli, tutto il corpo era completamente atonico, le mie gambe erano come quelle di una bambina, ma dovevo esercitarle perché fossero in grado di sorreggermi.
Ogni giorno con Mamma, con Papà o con Donato, provavo a camminare un po' di più, finché una mattina, tenendomi al braccio di Donato, raggiunsi la finestra del bagno e potei guardare lo spettacolo più bello che avessi mai visto: i campi erano verdissimi, gli alberi erano nuvole di fiori rosa e bianchi ed il cielo era di un blu intenso. La luce mi accecava, ma quanta bellezza, quanta gioia quei colori erano riusciti a donarmi! Ero rimasta immobilizzata a letto in pieno inverno, quindi era di buon auspicio, per me, potermi alzare proprio quando gli alberi erano nuvole fiorite! Anche il mio inverno era ormai alle spalle e la vita stava pulsando di nuovo dentro il mio corpo.

Angelo era felice quanto i miei cari di vedermi muovere i primi passi. Mi suggeriva alcuni esercizi: dovevo battere i piedi sul pavimento come un soldatino in parata e contemporaneamente anche le mani. Mi sentivo così buffa! Come fossi un pupazzetto a batteria. Ma che gioia scoprire che funzionava! Battendo la pianta dei piedi nudi sul pavimento, tutto il mio sistema nervoso era stimolato e tonificato, permettendomi così di camminare sempre meglio. Altri esercizi mi aiutarono a tonificare i polpacci ed i muscoli della schiena, e così incominciai anche a salire le scale.
Ricordo la commozione che mi colse quando per la prima volta riuscii a raggiungere la mansarda, incitata da Davide: "Dai Mamma che ce la fai!...Sei quasi arrivata!...Dai Mamma... Mamma ce l'hai fatta!"
Mio figlio di sei anni insegnava a me, ora, a camminare ed usava la stessa espressione e lo stesso entusiasmo che usavo io con lui,

quando aveva un anno e lo incoraggiavo a raggiungere il divano o un'altra stanza, senza tenerlo per mano.

In quei giorni ero radiosa e felice come non mai! Ero passata dall'angoscia di quando ancora non conoscevo la causa della mia malattia, alla speranza di quando seppi che con un digiuno avrei potuto farcela, alla calma di quei giorni in cui vivevo nella mia mente soltanto; ed infine ero giunta all'entusiasmo ed alla gioia di vivere!
Sentivo sempre più uscire dal mio cuore un'onda d'amore che raggiungeva tutto ciò che i miei sensi percepivano e tutto ciò che riuscivo a immaginare.
Udivo le voci dei ragazzi che si dirigevano alla stazione per andare a scuola, il cigolio delle biciclette dei nonni che andavano a far la spesa. Non li conoscevo, ma li amavo tutti.
Ero grata alla vita, che mi stava facendo riscoprire come tutto fosse armonioso e meraviglioso. Sapevo che avrei avuto ancora tutta la vita davanti a me e che, questa volta, l'avrei vissuta con un'altra consapevolezza, gustandola attimo per attimo, apprezzando ogni cosa, e cogliendo un insegnamento da ogni cosa. Non volevo più sprecare il mio tempo e farmi sfuggire la preziosità di ogni istante vissuto con attenzione.
Aspettavo di poter finalmente spiccare il volo e, nell'attesa, scrissi queste parole, durante quei meravigliosi giorni di vita nuova:

APETTANDO IL VOLO
Quei giorni
di dolore,
di angoscia,
di paura,
di sofferenza.
Quei giorni
di speranza,
di lotta,
di forza,
di infinita pazienza.
Quei giorni
di calma,

di luce,
di limpidezza,
di coscienza.
Quei giorni
ero crisalide,
e, nascosta nel mio bozzolo,
pulsavo di vita
anima e corpo.
Oggi sono all'aperto.
Le mie ali sono tutte stropicciate,
ma presto,
si distenderanno al sole
forti e lucenti.
Allora
sarò finalmente libera:
libera di volare,
libera di amare!

VORREI AMARVI COSI'
Vorrei conoscervi tutti.
Vorrei
ascoltarvi,
parlarvi,
abbracciarvi,
accarezzarvi
e, così,
amarvi.

MERAVIGLIOSO
Meraviglioso
il vento fra gli alberi,
il colore dell'erba,
il sole,
il cielo.
Meraviglioso
il profumo delle rose,
il sapore del pane,
l'odore della pioggia sulla terra.

> Meraviglioso
> il sorriso dei miei bambini,
> l'abbraccio del mio compagno,
> il calore degli amici.
> Meraviglioso
> è tutto il mondo intorno a me,
> perché in ogni cosa
> si nasconde Dio.

Decisi di dedicare le mie prime energie ad Angelo, dipingendo un quadro per lui. Mi sembrava il minimo che potessi fare per esprimergli la mia gratitudine ed il mio amore.

Mi alzavo dal letto, andavo nella camera attigua alla mia, dipingevo per cinque minuti e poi tornavo a sdraiarmi. Così, cinque minuti per volta, in qualche giorno il quadro fu terminato. Finalmente avevo fatto io qualcosa per lui!

Avevo ripreso a mangiare in modo del tutto naturale. C'era in me una forma di ansia legata al cibo. Credevo che l'aumento dell'energia sarebbe stata proporzionale ai chili che avrei ripreso, ma mi sbagliavo!

Dovevo mangiare poco e spesso, ed un alimento per volta. Era ormai dalla fine di febbraio che non mangiavo carne, perché, fin dall'inizo, Angelo mi aveva assicurato che nelle mie precarie condizioni era assolutamente sconsigliabile mangiarne, in quanto la sua lunga digestione avrebbe richiesto più energia di quella che mi avrebbe fornito.

Il mio cibo era costituito prevalentemente di verdura, quasi tutta cruda, poca frutta, a causa dell'allergia agli zuccheri, legumi e cereali in chicchi. Inserii per ultimi i latticini freschi e il pesce; ma ben presto il mio corpo mi fece capire chiaramente che anche quest'ultimo non faceva più per me: ogni volta che ne assaggiavo un po', mi tornava la labirintite.

Il mio corpo, insomma, parlava chiaro: niente carne, né uova, né pesce.

Dovevo nutrirmi di cibi vivi, poiché "la vita viene dalla vita e dalla morte viene sempre la morte", queste furono le parole di Gesù che lessi più tardi nel "Vangelo Esseno della pace", e che corrispondono

esattamente all'insegnamento del Maestro che avrei riconosciuto nei mesi seguenti.
Allora non mi rendevo conto di come le allergie e la mia ipersensibilità, fossero state un mezzo per costringermi a cambiare totalmente alimentazione, che diventava così, via via, sempre più "satvica" (pura).
Non sapevo ancora che il cibo puro è la base per una mente pura, e che senza la purificazione della mente, la mia vita non sarebbe molto cambiata, considerato che ciò che viviamo è il risultato dei nostri pensieri.

Tutto, come compresi più tardi, era un dono per me, un preziosissimo aiuto che la vita mi offriva perché raggiungessi uno stadio di pace e felicità permanenti.
Il mio corpo, con le sue difficoltà, mi stava indicando la strada maestra per raggiungere la "Città della salute e della gioia".

CAP. 7 - AD ALBINO

Abbiate fede in Lui.
Siate liberi da paure, ansie e agitazioni!
Arrendetevi a Lui:
la Sua grazia può salvarvi,
la Sua saggezza può illuminarvi,
il Suo potere può farvi superare tutti gli ostacoli.
Baba

Verso il 10 giugno mi trasferii a casa dei miei genitori ad Albino, vicino Bergamo. Non ero ancora in grado di stare con i miei figli e, nello stesso tempo, desideravo che questi ultimi tornassero nella loro casa con i loro giochi e il loro padre; per questo decisi di spostarmi.

I miei genitori continuarono a dedicarsi a me con tanta pazienza per tutta l'estate.
Ogni mattina, dietro suggerimento di Angelo, Papà mi portava in campagna, nei boschi, perché stessi sotto gli alberi ad assorbire la loro energia, nelle ore in cui questa raggiungeva la massima intensità. Camminavo un po' e poi mi sdraiavo sopra una piccola trapunta. Mentre riposavo distesa, Papà leggeva il giornale seduto su un cuscino, vicino a me. Era diventato il mio autista personale, mi portava dove volevo: era a mia completa disposizione. Mamma a volte rimaneva a casa a cucinare le verdure o i legumi di cui avevo bisogno, a volte si aggiungeva a noi.
Spesso andavamo in riva ad un fiume poco distante e ci portavamo il necessario per il pranzo. Potevo fare alcuni esercizi consigliatimi da Angelo: mi sedevo dove l'acqua era bassa permettendo a quest'ultima di massaggiarmi la zona delle surrenali. In altri momenti facevo un po' di ginnastica, in altri me ne stavo semplicemente sdraiata ad ascoltare il rumore dell'acqua.
Tutto il tempo e le forze dei miei genitori erano impiegati per aiutarmi nella guarigione.

Seppi che lì ad Albino c'era un frate francescano che riceveva ogni giorno molte persone per aiutarle. Chiesi subito a Papà di accompagnarmi da lui.

Andammo un pomeriggio in cui, per grazia di Dio, c'erano soltanto tre persone prima di me. Infatti non avrei resistito ad aspettare seduta per tanto tempo. C'era una panca completamente libera che mi permise di sdraiarmi in attesa del mio turno. Ringraziai mentalmente il Signore, perché sapevo che solitamente non si trovavano meno di dieci persone nella sala d'attesa.

Sentivo proprio il bisogno di una grande anima, di qualcuno che potesse aiutarmi ad accrescere la fiducia in me stessa.

Appena entrai nella stanza rimasi per un attimo senza fiato ad osservare una statua della Madonna a grandezza naturale: era la stessa dell'immaginetta che mi aveva portato la mia amica Salvatrice!

Mi sentii letteralmente catturata dal Suo sguardo dolce; era per me una potente calamita... sembrava così vera! Fu talmente forte il Suo richiamo, che chiesi il permesso al frate di abbracciare quella statua. Ero commossa e le lacrime mi rigavano il volto.

"Ti capisco", mi disse il frate, e proseguì: "Qualche tempo fa sono entrati in questa stanza due coniugi con una bambina di un anno e mezzo in braccio al Papà. La bambina, appena vide la statua, incominciò a gridare: "Mamma! Mamma!" con le braccia protese verso la statua, dando degli strattoni al padre affinché si avvicinasse e le permettesse di buttarsi al collo della Madonna. Restarono tutti esterrefatti! Nessuno aveva mai parlato a quella piccola bimba della Madonna e, prima di allora, non aveva mai chiamato "mamma" nessun'altra persona, all'infuori di sua madre!"

Capii immediatamente cosa aveva provato quella bambina. Io mi sentivo nella sua stessa identica situazione: ero una piccola bimba che finalmente poteva abbracciare la Madre ritrovata!

Dopo aver ascoltato la mia storia, il frate mi strinse le mani nelle sue e mi disse che sentiva che sarei stata bene, come non lo ero mai stata!

Io gli riferii che in occasione di questa mia malattia avevo ritrovato la fede in Dio, con tanto vigore, e chiesi a lui cosa avrei dovuto fare per continuare sulla strada che avevo appena intrapreso. "Niente!",

mi rispose, "Devi soltanto ringraziare Dio ogni giorno, per tutti i Suoi doni per te".
Io comunque percepii che per me non era abbastanza, dovevo fare di più, molto di più.
Prima di congedarmi, egli benedì dell'acqua per me, mettendo dentro la bottiglia un pizzico di cenere.
Il giorno dopo avevo la febbre e la diarrea. Rimasi in quella condizione per tre dì. Subito intuii che i miei malesseri erano collegati all'acqua benedetta che avevo bevuto, ma non capii, allora, che si trattava di una ulteriore purificazione. Con quella benedizione il corpo aveva espulso altre tossine. Non capendo, allora, questi meccanismi, non volli più bere quell'acqua, sospettando della sua igiene. Non volli neppure prendere nessuna delle medicine che mi erano state consigliate dal medico dei miei genitori. Telefonai ad Angelo, ma era fuori città per qualche giorno; mi arrangiai, quindi, da sola in quei tre giorni di marcia indietro. Digiunai per 48 ore, ed al quarto giorno ripresi a fare qualche passo.

Stando con Mamma e Papà per tanto tempo, incominciai a rendermi conto, in modo molto chiaro, della funzione di "parafulmine" che avevo sempre avuto in famiglia. I miei genitori, che erano riusciti a non litigare mentre mi accudivano a casa mia, una volta ritornati nel loro ambiente, fra le pareti intrise delle loro vibrazioni mentali, ripresero a rimbeccarsi.
Cercavano di non farsi sentire, ma anche se io ero in camera da letto a dormire, e loro giù in taverna, mi svegliavo di soprassalto con la tachicardia, non per il rumore, ma per le onde vibrazionali che dal loro litigio si sprigionavano, alle quali il mio corpo era ormai diventato allergico, come a tutte le altre vibrazioni antivitali.
Un pomeriggio ero in cucina con mia madre, che stava buttando fuori della rabbia contro mio padre. Le dissi: "Aspetta un attimo Mamma, preparo il mio piatto e vado a mangiare in camera!" Ma ormai era in una fase in cui non riusciva ad interrompere il flusso di energia negativa che da lei usciva.
Lei buttava fuori, ed io letteralmente prendevo.
Percepivo che il vuoto (il mio corpo scarico d'energia) attirava il pieno.

Ebbi quella volta una splendida opportunità di prendere coscienza, di vedere chiaramente, quei dannosi "giochi" di forze, per giungere alla consapevolezza di come sia essenziale, per ciascuno di noi, imparare a dominarli.

Pur rimanendo me stessa, pur osservandomi coscientemente dall'esterno, ebbi uno scatto d'ira improvviso, anche se qualche attimo prima ero assolutamente serena e tranquilla. Scaricai poi quella rabbia, che avevo assorbito come un aspirapolvere: ruppi un piatto con la forchetta! Alla fine la mia mano sanguinava perché mi ero tagliata con il piatto rotto ed io, Papà e Mamma, rimanemmo sgomenti, ma anche un po' più saggi.

Era chiaro che mi aveva letteralmente investita una forza che avevo dovuto immediatamente scaricare. Avevo fatto da "massa a terra", come spesso mi era capitato in passato, anche da bambina, ma mai come in quel momento di grande debolezza, di estrema vulnerabilità.

Mi sentivo come una spugna secca, che assorbe tutta l'umidità presente nell'aria. Una cosa di cui adesso ero consapevole è che, se un tempo riuscivo ad "incassare" e a scaricare magari più tardi, nello sport, nel gioco, ecc., ora questo meccanismo scattava in modo immediato. Il mio corpo non era più in grado di trattenere alcun tipo di veleno.

La mia presenza fisica in un luogo era come una "cartina tornasole" per constatare la salubrità di quell'ambiente, visto che il mio corpo metteva immediatamente in atto un meccanismo di purificazione.

Parlai un giorno con il medico dei miei genitori. Dalle sue parole schiette capii che alcune mie cellule cerebrali avrebbero potuto essere morte e che tali cellule non si rigenerano più.

In un primo momento prese piede, in me, un po' di sconforto, ma poi mi dissi: "Non importa, anche se davvero alcune cellule fossero morte, quelle rimaste in vita, faranno il lavoro anche delle altre! Io comunque ritornerò sana, ce la farò a guarire totalmente, a non rimanere viva a metà!"

Riuscii a mettermi in contatto telefonico con Angelo, gli riferii i miei dubbi e le mie paure ed egli, come al solito, con una frase ben indovinata e una voce carica di ottimismo, riuscì a farmi tornare il sorriso pieno: "Ma no... le tue cellule non sono morte, sono solo

rimbambite! Sono come un ubriaco che non sa lavorare finché non ha smaltito la sbornia!"
Mi suggerì di continuare a stare il più possibile sotto gli alberi, per aiutare la rigenerazione del mio corpo con l'energia vitale da essi emanata, di sedermi in un catino pieno di acqua fredda, rimanendo immersa nell'acqua fino all'altezza delle surrenali, oppure di andare al fiume, per lo stesso esercizio.
Spesso mi facevo portare al Santuario della Forcella, sopra il paese di Pradalunga. Percepivo che stavo meglio lì, che in tanti altri posti. In quel luogo riuscivo a raggiungere uno stato di calma, di pace, di comunione con Dio molto intensa ed ogni volta tornavo a casa più serena.

I giorni passavano ed io, che ormai da molti mesi non potevo accudire i miei bambini, pregavo per loro che erano lontani, e piangendo scrissi:

DOLCISSIMA MARIA
Ogni figlio
quando non basta più a sé stesso,
quando ha bisogno di forza
per superare gli scogli più aspri,
per raggiungere le vette più alte,
torna fra le braccia della mamma
per rinascere da lei ancora una volta.
Io sono tornata da mia madre
e sono tornata da Te,
Dolcissima Maria,
che sei la Madre di tutte le madri.
Stringimi forte!
Perché anch'io possa stringere i miei figli.
E se ancora mi dovranno aspettare
abbracciali Tu per me!

Quante volte, negli ultimi due anni, i miei angioletti si erano avvicinati a me per giocare, per avere un po' d'amore, un po' d'attenzione, ed io avevo dovuto rispondere loro: "No, adesso la mamma deve riposare!" Si erano abituati a poco a poco a fare a

meno di me. Ma solo chi è stata madre può capire la pena che avevo nel cuore!
Io che avevo dedicato loro ogni mio istante della giornata, quando erano molto piccoli, non ero più stata capace, da quasi un anno e mezzo ormai, di vestirli o di sopportare le loro grida durante il gioco, i loro movimenti veloci, come quelli degli scoiattoli. Non mi restava altro che affidarli alla Madonna, con tanta fiducia ed abbandono.

Quando ero a riposare nel letto, spesso ascoltavo "Radio Maria". Mi piaceva sentire i canti devozionali e le telefonate dei bambini che dedicano una preghiera a qualcuno e la recitano in diretta.
Una sera mi telefonò Donato, raccomandandomi di non perdermi la trasmissione di quella sera perché ci sarebbe stata una sorpresa per me.
Accesi la radio... che gioia! Sentii subito la vocina di Davide: "Voglio dedicare un'Ave Maria alla mia mamma perché guarisca presto!", ed incominciò a recitarla.
Mi commossi: io avevo appena scritto una preghiera alla Madonna affidando a Lei i miei bambini che non potevo accudire. Le avevo chiesto di prendersi cura di loro, ed ora mio figlio si rivolgeva a Lei, con la stessa premura, affinché si prendesse cura di me.
Non c'è che dire... eravamo tutti in buone mani!

I primi di luglio ritornai a casa per un paio di giorni. Dovevo firmare il rogito della nuova casa e così colsi l'occasione di incontrare Angelo, che non vedevo da più di un mese, per fare con lui il punto della situazione.
Avevo saputo che organizzava dei seminari di una settimana; volli saperne di più, perché sentivo dentro di me che era un'esperienza da fare, in quanto mi avrebbe aiutata nel processo di guarigione.
"Non te ne ho parlato, perché pensavo che nelle tue condizioni non te la saresti sentita di allontanarti da casa per una settimana", mi disse Angelo, ma nello stesso tempo era contento del mio interessamento. Mi diede tutte le informazioni, dicendomi che il primo seminario sarebbe stato proprio l'ultima settimana di quel mese. Mancavano pochi giorni a quella data ed io tornai ad Albino con un motivo in più per mantenere l'umore in alto, con una nuova carica di entusiasmo e di fiducia nella vita.

Chiesi ad Emilia se avesse voluto accompagnarmi. Anche se sarei stata con Angelo, avrei avuto bisogno di molto aiuto, anche nelle piccole cose. Sentivo che mia sorella sarebbe stata la persona più adatta per condividere con me quell'esperienza. C'era solo un problema: sarebbe stata accettata la presenza di suo figlio Giovanni, che aveva solo cinque mesi, e non poteva quindi staccarsi dalla madre che lo allattava amorevolmente?
Ne parlai telefonicamente con Angelo, il quale mi chiese due giorni di tempo per rispondermi, per verificare se si fossero presentati dei problemi logistici relativi alla presenza di un bambino così piccolo. Mi ritelefonò dopo essersi consultato con sua moglie, la quale lo tranquillizzò e lo incoraggiò in quanto, secondo lei, i problemi ci sarebbero stati con un bimbo più grande, ma non con un neonato che passa gran parte del suo tempo a dormire o a ciucciare.

Ero felice più che mai, ed anche Emilia era felice di potersi concedere una sosta, uno spazio tutto per lei fra i suoi duri impegni familiari.
Volevo giocare tutte le mie carte per tornare a fare il mio compito di moglie e madre e per darmi forza scrissi queste parole:

SEMPRE SAMURAI
Con ogni forza
voglio lottare.
Con tutta la fede
voglio credere.
Con tutta l'Anima
mi voglio aiutare.
Ho sempre addosso
la mia cintura nera
e non voglio toglierla mai.
Assolutamente
devo vincere questa gara.
Il premio, impagabile,
è troppo importante,
è troppo grande:
essere di nuovo moglie
essere di nuovo madre.

Riguardavo il volantino che mi aveva dato Angelo: c'erano disegnati degli "omini" che si alzavano in volo attaccati a dei palloncini. Parlava di ritmi di tamburi, di falò, di colori, di giochi e di amicizia. Volevo anch'io prendere il volo come quegli "omini" disegnati, ed aspettavo con curiosità ed impazienza il giorno della partenza.

CAP. 8 - AL GAVER

*Per vedere la bellezza del Signore
nella bellezza dello scenario che vi circonda
non occorre l'occhio fisico, ma l'occhio interiore.
Se riuscirete a formarvelo, ogni viaggio
per terra o per acqua sarà sempre un
pellegrinaggio su terra santa, con la
visione di Dio in ogni piccola nuvola ed ogni
macchia verde.*
Baba

Finalmente arrivò il 23 luglio, il giorno della partenza.
Avevamo appuntamento alla stazione di Bergamo. Io ed Emilia, con il piccolo Giovanni, aspettavamo con gioia di rivedere Angelo e conoscere coloro che sarebbero stati, per una settimana, i nostri compagni d'avventura.
Ero piena d'entusiasmo. Finalmente sarei stata lontano dalla malattia, dalla tristezza. Mi sentivo liberata da una gabbia. La vita aveva ripreso a pulsare dentro di me ed ora, più che mai, la desideravo, come desideravo giocare, ridere e cantare. Ero riemersa dagli abissi del mare ed ero pronta per la mia nuova avventura.

Ho letto da poco le parole del Maestro di Verità (che allora non conoscevo), che pronunciò il 17.7.1994. Quello era il primo dei sei giorni in cui i 21 frammenti della Cometa Shumeker andarono ad investire il pianeta Giove. Così lessi sul libro "Sathya Sai Baba la rivelazione continua..." di Maria Luisa Donà: Sai Baba disse che quell'evento astronomico inaugurava l'era dello Shakti Yuga, un'era interna al Kali Yuga (la nostra era). In quei giorni, dal 17 al 22 luglio, Egli ammonì, qualunque cosa fosse stata pensata, in bene o in male si sarebbe avverata. *"Perciò, per favore, abbiate solo pensieri buoni e puri"*.
Solo ora mi rendo conto di quale importante data fosse stata scelta per quell'esperienza: il primo giorno di una nuova era! Ed io percepivo veramente dentro di me un passaggio ad una nuova vita. Sentivo che un'epoca di sofferenza per me si stava chiudendo e se

ne apriva un'altra, che aspettavo con fiducioso ottimismo. In quei sei giorni appena trascorsi, io avevo pensato con gioia alla mia guarigione.

Non avevo paura di allontanarmi di casa, anzi! Angelo era con me ed anche Emilia e gli altri Amici. Sapevo che avrei avuto tutto l'aiuto necessario nei miei momenti di bassa energia.
Giovanni divenne la mascotte del gruppo; non intralciò le nostre attività, non pianse mai, anzi rideva a tutti coloro che lo prendevano in braccio. Quello che in un primo momento sembrava un ostacolo alla realizzazione di questa vacanza tanto attesa, si rivelò una benedizione di Dio perché il piccolo Giovanni, con la sua purezza, con i suoi sorrisi, con la sua beatitudine mentre ciucciava dal seno di Emilia o dormiva, ci faceva tornare come lui. Era un "putto" in mezzo a noi. Ero molto più di intralcio io, con i miei problemi di salute, ma gli amici non me lo fecero mai pesare.

Durante il viaggio in macchina, man mano che ci avvicinavamo alla meta, lo spettacolo della natura si faceva sempre più bello: i pini maestosi, il fiume, le montagne verdissime, la cascata, i fiori, il cielo terso... che meraviglia! Stavo andando in Paradiso!
Dopo tanti mesi di spoglie pareti, mi accorgevo quanto meraviglioso fosse questo nostro Pianeta. Non avevo mai visto tanta bellezza! Ovvero, i miei occhi, prima di allora, non l'avevano percepita con quest'intensità. Era come se fossi stata sempre cieca e all'improvviso avessi riacquistato la vista. Di fatto i miei occhi non erano più quelli di prima. Vedevo molto di più, ogni particolare, ogni fiore, ogni sasso e tutto era meraviglioso.
Quando fui di fronte al Blumone, una montagna di roccia, la sua imponenza mi bloccò il respiro. Percepivo una grande forza solo guardandola, per questo rimanevo spesso rapita, a contemplarne la bellezza.

La casa era molto accogliente: una tipica casa di montagna con sei piccoli appartamenti. Eravamo in mansarda. Quando pioveva, le goccioline che cadevano sul tetto ci cantavano la ninna nanna.

Mi sentii subito in una grande famiglia. Condividevamo ogni ora della giornata. Usavamo i colori, la voce, la danza, per portare alla luce ciò che nel nostro inconscio si celava.
Durante un lavoro con gli acquerelli dipinsi, in pochi secondi, un Essere di Luce che mi veniva incontro a braccia aperte, con una grande chioma colma di riccioli. "Ma che testa hai fatto a quel poverino?!" mi disse scherzando un'amica. "Non so... mi è venuta così!" risposi io. Dentro di me sapevo di aver dipinto me stessa, il mio Vero Essere. Ero luce, venivo dalla luce e alla luce tornavo (infatti la figura poteva essere vista sia di fronte che di spalle); ma non sapevo allora il perché di quel dipinto. Mi fu chiaro solo sei mesi più tardi, e solo ora ho capito l'importanza di quel particolare momento in cui il dipinto venne eseguito: l'inizio, per me, di un'era di luce.

L'amore del gruppo mi aiutava, e com'ero felice quando mi accorgevo che potevo camminare, che potevo persino ballare!
Il Signore aveva ascoltato le mie preghiere, e riuscivo a fare cose che per mesi avevo soltanto potuto visualizzare nella mente.
Angelo ci insegnava alcune tecniche per sciogliere vecchie tensioni: il respiro cosciente, la scrittura spontanea, ecc..
Io piangevo in continuazione. Riportavo a galla le mie paure, le mie tristezze, come pure la mia gioia e la mia commozione.
Avevo sempre gli occhi rossi, ma ero felice, felice come non mai! Sentivo che si era aperta la bocca del mio "vulcano" e la lava e i lapilli spruzzavano in alto. Mi stavo liberando di tanti pesi che schiacciavano il mio cuore. Mi stavo liberando da tutto ciò che era nascosto dentro di me e che prima rifiutavo di vedere.
Tutte le attività e i giochi che facevamo aumentavano sempre più, tra noi, il senso di intimità, di conoscenza e di solidarietà. Mi accorgevo che eravamo tutti uguali di fronte ai dolori, alle paure. Ogni giorno di più amavo quei miei fratelli, mi sembrava di averli sempre conosciuti. Tra noi non c'era critica, né giudizio, ma solo disponibilità, accoglienza, Amore. Era una favola?... No, era la realtà! Allora si può vivere così!

Era stato molto bello, condividere tutto ciò con mia sorella Emilia. Erano anni che non si creava più quel clima di solidarietà e di

complicità tra noi. Mi accorgevo di amarla come non mai. Apprezzavo la sua dolcezza, la sua calma, la sua infinita pazienza, la sua bellezza.
Non potei fare altro che ringraziare mentalmente Mamma e Papà che, pur nelle loro difficoltà, erano riusciti nel grandissimo compito di far crescere noi tre figli senza invidia, né gelosia, né antagonismo.

Dopo questa prima meravigliosa esperienza, tornai ad Albino da Papà e Mamma.
Avevo capito come mai ero stata spinta così fortemente a chiedere ad Angelo di poter partecipare ai suoi seminari. Ora lo conoscevo di più e lo apprezzavo ancora di più. Capivo che dava anche quando era in silenzio ed immobile. Era l'energia d'amore che lui emanava, oltre ai suoi insegnamenti, ad avere un forte impatto sulla mia salute. Sapevo che presto non avrei avuto così tanto bisogno del suo aiuto, ma allora mi sentivo ancora dipendente da lui come un bimbo dalla madre. Avevo ancora paura ad allontanarmi da lui. Temevo che mi mancasse il suo sostegno, seppur meno che in passato, perché egli mi stava insegnando a camminare da sola. Non volli quindi perdere gli altri due seminari che si sarebbero tenuti a fine agosto e a fine settembre.

Nelle tre settimane di agosto, mentre aspettavo impazientemente di ritornare al Gaver, la mia salute cadde ancora in una buca. Mi tornò la labirintite, anche se meno forte del passato. C'era un movimento, credo di purificazione, dentro di me, che però mi creava dei malesseri. Ma non mi persi d'animo. Ero piena di ottimismo anche se il mio corpo soffriva. Aspettando di tornare in montagna scrissi queste poesie:

TI PREGO
Dio! Dio! Dio!
Ti cerco! Ti cerco! Ti cerco Padre mio!
Ti cerco nell'azzurro del cielo,
nel rumore del fiume,
negli occhi veri dei bimbi.
Ti cerco dentro di me

e scavo... scavo... scavo per scoprirTi.
E quando lacrime di commozione e di gioia
mi rigano il viso
io Ti sento
allora prego... prego... Ti prego Padre mio:
illumina la mia mente,
rafforza la mia volontà.
Fa' che io sia degna di Te
e quindi capace di guarirmi.
Ti amo! Ti desidero! Ti voglio!
Fatti sentire! Fatti scoprire!
Senza Te non ce la farei
non vivrei
non sarei.

IO GUARIRO'

Con la mia volontà
io guarirò.
Con la mia presenza
io guarirò.
Con la mia costanza
io guarirò.
Con la mia perseveranza
io guarirò,
Con la mia fede
io guarirò.
Con il mio entusiasmo
io guarirò.
Con la mia calma
io guarirò.
Con il mi sorriso
io guarirò.
Con la mia gioia
io guarirò
Con il vostro Amore
io guarirò.
Con il Suo Amore
io guarirò.

Considerato che il pensiero è creativo, sarebbe forse stato meglio che avessi scritto questa poesia, non con il verbo al futuro, ma al presente. Che avessi cioè scritto: "io sto guarendo" al posto di "io guarirò"; perché infatti questa era la verità: giorno per giorno, stavo guarendo, espellendo ogni veleno, sia dal corpo che dalla mente.

Ad agosto ritornai al Gaver; questa volta con Donato, che non vedevo da un paio di mesi.
Non fu facile per lui assistere ai miei "lapilli", alla lava che usciva dal mio "vulcano", anche se meno intensamente della prima volta.
Percepivo a volte il suo disagio nei miei confronti. Non sapeva come comportarsi. Ma condividere quella settimana fu comunque molto utile per avvicinare la mia nuova realtà alla sua. Capii che ci si poteva conoscere molto più in pochi giorni trascorsi in quel modo, che in anni di routine familiare.
Quella fu per noi l'occasione per poter riprendere la nostra vita insieme; infatti dopo quella settimana ritornai in famiglia. Che gioia poter riabbracciare i miei figli! Che gioia poter cucinare per loro! Che gioia poter essere ancora moglie e madre! Avevo, sì, i miei limiti, le mie difficoltà; dovevo ancora sdraiarmi molto spesso, ma ero presente e potevo dispensare il mio amore.

A fine settembre ripartii per il Gaver con mio fratello Enzo, e così avemmo l'opportunità di condividere delle bellissime esperienze e di conoscerci meglio.

Furono molti i momenti indimenticabili di queste tre diverse esperienze al Gaver.
Dopo pranzo andavo a riposare con una coperta nel prato morbido sotto i bellissimi abeti. Mi sentivo accolta e coccolata da Madre Terra.
Furono importanti per me i riti del fuoco, dell'acqua e della terra.
Per il rito del fuoco ci eravamo incamminati, nel buio della sera, con la sola luce delle candele, verso una radura meravigliosa, un vero anfiteatro naturale, ognuno con una fascina di legna sotto il braccio e con un foglio dove avevamo scritto tutto ciò che volevamo affidare al fuoco, al grande trasformatore.

Il falò era altissimo; illuminava tutta la radura. Che potenza! Che luce! Avevo affidato a quelle fiamme le mie tristezze, i miei limiti fisici, tutte le mie macchie nere, tutti i miei difetti. Ero estasiata da quella Forza che sapevo avrebbe ascoltato la mia preghiera e trasformato tutto ciò che avevo a Lei affidato.
Per il rito della terra avevamo costruito, con sassi, cortecce, foglie, pigne, ecc. quello che volevamo far invece crescere dentro di noi. Avevamo poi affidato alla terra il nostro prezioso tesoro, sotterrandolo in un punto a nostra scelta, chiedendole di far germogliare quel prezioso seme, che per me era la fede, la capacità di stare sulla strada della Verità.
Vissi molto intensamente il rito dell'acqua. Sempre con materiale ricavato dalla natura, avevamo rappresentato, questa volta, ciò che volevamo si spegnesse in noi, ciò che volevamo sciogliere, per rimanere puliti.
Il tempo, quel giorno, non poteva essere più adatto! Sotto una pioggia scrosciante, con impermeabili, stivali e ombrelli, raggiungemmo il fiume ed uno per volta gettammo nell'acqua ciò che riconoscevamo in noi di impuro, la nostra "immondizia".
C'era acqua da tutte le parti, sopra e sotto di noi. C'era solo il suo canto, c'era solo il suo odore.
Avevo cercato di rappresentare tutto ciò che era entrato di sporco dentro di me, fin dalla nascita e ancor prima. Tutto ciò che avevo visto, sentito, toccato, annusato, sperimentato e che aveva lasciato in me un senso di nausea, in più tutti i miei pensieri negativi e le mie azioni errate. Che voglia di pulizia! Che voglia di bianco! La pioggia che mi bagnava il viso e l'acqua trasparente del fiume mi commuovevano, e dentro di me dicevo: "Grazie, sorella acqua per l'aiuto che mi stai dando!"

Tutte le volte che, durante un particolare esercizio, mi rivedevo bimba, scoppiavo in lacrime. Il mio "bambino interiore", ferito, si risvegliava, si faceva sentire e singhiozzava, proprio come allora.

In quell'ultimo seminario di settembre vissi un'altra esperienza molto toccante: io, Angelo, Enzo ed un'altra amica, sfidammo le nostre paure tuffandoci nell'acqua ghiacciata del fiume. Era meraviglioso lasciarsi trasportare dalla corrente, abbandonarsi ad

essa come al fiume della vita; sentire il corpo quasi anestetizzato e poi correre nel prato all'impazzata come cavalli liberi e selvaggi. Proprio così, riuscivo a correre! Stavo correndo e piangendo di gioia. Che forza mi aveva dato quell'acqua frizzante e pura!
Angelo mi diceva, in tono ironico e scherzoso: "Prendi la vitamina, prendi il ricostituente!" Altro che vitamine sintetiche e inutili ricostituenti! Avevo appena sperimentato l'esercizio più energizzante che avessi mai potuto immaginare! Ero persino riuscita ad eseguire alcune tecniche di karatè, dopo tanti anni.
Mi rendevo conto che le mie visualizzazioni si stavano avverando. Le mie preghiere avevano una risposta.

Per i nostri esercizi usavamo spesso la voce. Mi ero sorpresa a sentire il mio canto, la mia voce acuta, limpida e possente. Era stata per troppi anni soffocata dalla malattia, dal "mattone" che opprimeva il plesso solare e la gola. Sentii dapprima la mia voce roca e sorda, poi una forte vibrazione a spirale dentro il petto, come se un'enorme vite fosse risalita dallo stomaco alla gola e fosse uscita dalla bocca.
Da quel momento sentii la mia vera voce: forte e squillante. Con lo sciogliersi di tante vecchie tensioni anche quest'ultima si era liberata, come una "sirenetta che da un intrigo di alghe in un fondale melmoso", fosse riemersa in superficie, pulita e splendente.

Con le esperienze avute al Gaver avevo ricominciato a vivere. Mi sentivo "nuova", un'altra persona. Ero morta e rinata ed ero più pulita, più felice e più bella di prima. Mi ero tolta ormai la vecchia pelle, come un serpente in muta, ma la nuova non era ancora del tutto formata. Ero una bimba appena nata e sapevo di dovermi proteggere e difendere. Ero, infatti, come un giovane alberello che ha bisogno di un'aiuola affinché gli animali non lo calpestino, con la consapevolezza, però, che quello stesso alberello sarebbe poi diventato una grande quercia, sotto le cui fronde, anche gli animali, prima pericolosi, avrebbero potuto trovare rifugio.
Quanto amore, quanta tenerezza sento ora per questo corpo che mi è stato dato! Avevo sperimentato il desiderio di proteggerlo, amarlo, rispettarlo, come mai avevo fatto prima.

Quanti nuovi amici avevo ricevuto in dono! Ad essere sincera non so se davvero si trattasse di "nuovi" amici. Infatti ho avuto la sensazione che ci fossimo conosciuti in altre vite precedenti e che ci fossimo dati appuntamento in quel posto splendido per ricordarci cosa fossimo venuti a fare su questa terra, in questa vita. Angelo era la calamita, il polo di attrazione, che ci permise di ritrovarci, come se fosse un vecchio maestro di scuola che riunisce gli alunni di una vecchia classe o come se fossimo stati tutti membri di una antica tribù e che ci fossimo dati appuntamento in questa vita, per proseguire un lavoro lasciato in sospeso.
Non si spiega, altrimenti, l'immediata sintonia e l'amore profondo che avevo sperimentato con alcuni di loro. Angelo forse era stato il capo tribù e come tale era spettato a lui il compito di organizzare l'incontro.
Questa bella favola mi sembrava sempre più vera; ad ogni modo non aveva importanza ciò che eravamo stati: era l'amicizia la cosa più importante perché è il sentimento più nobile che esista. Gli amici non hanno vincoli, non hanno obblighi, né aspettative. Sono liberi, si amano e basta! Potremmo e dovremmo riuscire a trasformare ogni rapporto in un rapporto di amicizia. Non solo padre e figlio, non solo marito e moglie, non solo fratello e sorella, non solo colleghi di lavoro, ma soprattutto amici, anzi... amici soltanto! Allora nessun legame ci peserebbe, perché nulla sarebbe un dovere, ma soltanto un piacere.

Con l'esperienza di questi seminari, iniziò la mia auto-guarigione. Compresi che si guarisce molto di più giocando come bambini, che rivolgendosi a qualche "dottore" esterno a noi. Si guarisce molto di più sentendosi amati ed accettati per quello che si è, che rivolgendosi a qualcuno che ci dice come "dobbiamo" essere. Si guarisce quando si ha la possibilità di conoscersi.
Ma ciò che guarisce in assoluto, più di tutto il resto, è sempre e solo l'Amore: l'Energia Divina che permea e sostiene tutto il Cosmo. L'Amore per noi stessi, l'Amore per gli altri, l'Amore che riceviamo dagli altri e che ci fa sentire un tutt'uno, come davvero siamo. Quest'Energia creatrice e guaritrice è Dio: e per Dio tutto è possibile.
Io stavo guarendo con l'Amore, stavo guarendo con Dio!

Al ritorno a casa volli fare un regalo a quel luogo meraviglioso che mi aveva permesso di sperimentare tante verità. Feci un quadro con i fiori e le foglie d'autunno, da appendere nella casa del Gaver. Con questo dono volli ringraziare per tutto quello che là avevo ricevuto. Dietro al quadro attaccai un foglio dove scrissi questa mia poesia:

GRAZIE GAVER,
per gli amici che mi hai dato, per le mani gli abbracci e l'amore che ho vissuto;
perché con le tue danze ho sentito il mio corpo ancora vivo;
perché ho riascoltato la mia voce ed il mio canto;
perché ho riempito dei miei colori tutto il bianco;
perché ho conosciuto le mie paure, la mia tristezza ed ho sciolto nel pianto la mia disperazione;
perché ho ritrovato la piccola Italia e finalmente l'ho accarezzata e coccolata con tutta la tenerezza che lei voleva;
perché ho potuto urlare la mia rabbia e la mia colpa;
perché ho potuto giocare, raccontar favole, ridere e scherzare;
perché il tuo fiume è scorso in me ed ha acceso il mio corpo, il mio entusiasmo e la mia gioia;
perché la tua roccia magnetica è entrata in me attraverso gli occhi, regalandomi tutta la sua forza;
perché il tuo prato morbido ha accolto i miei riposi come una culla;
perché i tuoi pini maestosi e bellissimi hanno nutrito e protetto il mio corpo stanco;
perché nel tuo cielo stellato io ho volato e nel rumore della tua pioggia io ho sognato;
perché la tua terra ha accolto le mie lacrime e là, dove sono cadute, sono nati i fiori;
perché la potenza del tuo fuoco mi ha estasiata e la sua luce mi ha irradiata;
perché la purezza della tua acqua mi ha permeata ed ha lavato i detriti della mia anima;
perché il tuo silenzio mi ha riempita e nell'infinito mi sono sentita;

perché nella tua bellezza splendida ho visto Dio, vicino a me, che mi aspettava;
per la sicurezza che mi hai dato che non morirò mai e la coscienza che ho avuto della forza che è in me;
perché ho visto che la vita è semplice e bella come un bimbo;
perché sono stata libera di essere Io, di essere vera, libera di parlare, urlare, piangere, accarezzare, baciare, amare come avrei sempre voluto fare;
perché nell'estasi Io in te mi sono sciolta e sono terra, pietra, fiori, fiume e cielo.
Caro Gaver, nella tua terra io sono rinata e finalmente, questa volta, mi sono sentita accettata.
Grazie Gaver, questo è per Te, un piccolo dono in cambio di così tanto.

Ottobre 1994

CAP. 9 - YOGANANDA

*Come la nebbia si dissolve al Sole,
così l'ignoranza si dissolve alla conoscenza.
Baba*

Mentre ero al Gaver, a fine luglio, sentii nominare "Yogananda" da un'amica che parlava con Angelo. Non sapevo chi o cosa fosse, ma anche a costo di sembrare invadente e ficcanaso, sentivo che dovevo saperne di più e quindi mi avvicinai e chiesi, interrompendo il loro dialogo: "Scusate, ma di cosa state parlando?"
Mi accolsero gentilmente e mi dissero che stavano parlando di due splendidi libri di un Grande Santo indiano, Paramahansa Yogananda: "Autobiografia di uno Yogi", scritto dallo stesso Yogananda, e "L'Eterna ricerca dell'Uomo", una raccolta dei Suoi discorsi.
Angelo mi disse che furono proprio questi due libri a cambiare la sua vita.
Mi consigliarono di leggere prima la storia della Sua vita, per conoscere il Personaggio, e poi i Suoi discorsi.

Appena tornai ad Albino, mi feci accompagnare da mio padre in biblioteca perché volevo immediatamente comprendere come mai questi libri mi avevano letteralmente attratta, come una calamita.
C'era soltanto "L'Eterna ricerca dell'uomo". Iniziai a bere dalle parole di questo Santo, il cui viso, sulla copertina del libro, era di un'indicibile dolcezza e serenità.
Proprio in quei giorni, in cui la labirintite era tornata in agguato e le mie energie avevano subìto un altro calo, quel libro arrivava come "la manna dal cielo". La serenità e la sicurezza che poche parole di Yogananda erano riuscite a donarmi, mi avevano fatto comprendere la mia attrazione verso di Lui, e mi aiutarono a superare, con il sorriso, quei giorni difficili.
A settembre ricevetti in regalo i due libri da una cara amica: furono il mio tonico per diversi mesi.

Potrebbe sembrare una bellissima favola, la vita di Yogananda, ma io percepivo che quanto Egli diceva era la verità, tanto ovvia, tanto semplice, da non doverne nemmeno discutere. Il Suo linguaggio mi era familiare, come se avessi sempre saputo dentro di me ciò che leggevo: quel libro mi serviva soltanto per riportare alla luce quello che in me si celava.

Parlava di santi e di miracoli, del rapporto stretto con Dio, di come sentirLo, di come vederLo, di come raggiungerLo. Spiegava con chiarezza scientifica le leggi sottili per mezzo delle quali gli yogi, i santi, fanno i miracoli. Parlava di come tutto sia energia, di come siamo fatti, dell'importanza della forza-pensiero che crea la realtà, di come poter raggiungere l'estasi, il samadhi, il nirvana; insomma: l'unione con Dio.

Mi parlava non di un Dio trascendente, ma immanente, che è quella scintilla divina che ha formato, fa muovere ed abita il nostro corpo, come il resto del creato.

Leggevo che la reincarnazione può essere dimostrata scientificamente (Yogananda riportava alcuni casi documentati di persone che ricordavano particolari molto dettagliati della loro precedente incarnazione, e che è stato possibile verificare la veridicità dei loro ricordi). L'anima progredisce attraverso molte vite sul piano terrestre, come fossero tante classi di una scuola, prima di "laurearsi" nella perfezione immortale della fusione con Dio.

Yogananda mi parlava anche del Karma: la legge equilibratrice di azione e reazione, causa ed effetto, semina e raccolto, gli effetti delle azioni passate di questa o di altre vite. Secondo il corso della giustizia naturale ogni uomo, mediante i suoi pensieri e le sue azioni diventa il plasmatore del proprio destino. Quali che siano le energie che egli, saggiamente o stoltamente, ha messo in moto, esse ritorneranno a lui quale punto di avvio, come un circolo che inesorabilmente completa sé stesso. Il Karma di un uomo lo segue da un'incarnazione all'altra, finché non sarà soddisfatto o trasceso spiritualmente.

Incominciavo quindi a capire che tutto quello che avevo vissuto, in male o in bene, dipendeva dalle mie azioni passate, le quali erano dipese a loro volta dai miei pensieri; non potevo, quindi, in alcun modo incolpare gli altri dei miei dolori, né tantomeno Dio, che mi aveva dato la facoltà di discriminazione e di scelta.

Avevo imparato che cos'è un Avatar, cioè un'Incarnazione Divina. Avatar significa "discesa", ed indica la discesa di Dio nella forma umana.
Le anime che hanno raggiunto l'unione con lo Spirito e poi ritornano per aiutare l'umanità sono chiamate Avatar. Leggevo come Gesù e Krishna fossero stati due Avatar della Stessa Verità perché la Verità è una e ogni Avatar, ogni Vero Maestro, aveva detto la medesima Verità, con le parole adatte al luogo e al tempo in cui era venuto, affinché gli uomini potessero capire.
Incominciavano a diventarmi familiari i concetti di prana: l'energia vitale che pervade l'universo; di coscienza cosmica; di coscienza cristica, cioè l'unità con Dio manifestata da Gesù, Krishna ed altri Avatar; di maya: il potere della creazione, il manifestarsi delle forme, il velo di ignoranza che impedisce di cogliere l'Uno nei molti, l'illusione che fa apparire reale il mondo fenomenico.
Capivo sempre più l'importanza dei suggerimenti di Angelo, e tutto ciò che mi aveva insegnato finora; il perché delle mie sensazioni, delle mie esperienze.
Con la comprensione aumentava l'amore per tutto e tutti, perché mi accorgevo che eravamo come tante cellule di un unico grande corpo, con un unico respiro; eravamo fatti tutti della medesima sostanza: l'energia cosmica intelligente che tutto pervade.
Alla luce della legge del Karma, comprendevo ora che esisteva davvero la Giustizia Divina. Come potevo altrimenti credere in un Dio buono, giusto e misericordioso, vedendo un bambino nato storpio e cieco vicino ad un'altro bello, pieno di salute e nato, magari, in una famiglia ricca? Alla luce della legge del karma tutto poteva essere compreso e quindi accettato.

Le parole di Yogananda mi fecero innamorare di Gesù, più di qualunque altro discorso ascoltato in precedenza. Mi avevano tolto tanti dubbi, e avevano risposto ai miei interrogativi di sempre.
Ora tutto si chiariva, diventava semplice. La vita era una bella avventura ed io incominciavo a ricordarmi perché ero scesa e cosa dovevo raggiungere in questa vita.
La serenità, la gioia e la sicurezza che mi diedero la lettura di quei libri, non le avevo mai provate prima. Mi stavo riappropriando della

coscienza di essere un "Essere Divino", il Figlio di Dio, fatto a Sua immagine e somiglianza; una scintilla del "Grande Fuoco".
Ma la cosa più importante che mi aveva donato Yogananda, era il consolidamento del mio amore per l'Altissimo, in tutta la sua potenza.
Come un diapason posto vicino ad un altro che vibra, inizia a vibrare con la stessa frequenza, così il mio cuore prese a vibrare nelle "frequenze divine".
Yogananda mi aveva dato le basi per prepararmi al grande appuntamento con il "Maestro dei Maestri", il "Purna Avatar", cioè l'Avatar con i pieni poteri divini, il Dio Vivente che avrei riconosciuto da lì a poco.

CAP. 10 - AL SANTUARIO DELLA MADONNA D'ERBIA

Pensate a Lui, chiamateLo ad alta voce:
Egli si intenerisce. In qualunque forma
possa risplendere questa intensità ve
lo farà riconoscere.
Baba

Ad agosto, mentre ero ancora a casa dei miei genitori, Emilia aveva pensato di portarmi a visitare un piccolo santuario poco distante da Albino. Alcuni parenti di una sua amica ne erano i custodi.
Conobbi questa amica di Emilia, e mentre le parlavo di me e della mia storia, mi riferì di aver visto Angelo in una trasmissione televisiva sul significato della malattia.
Le era così piaciuto il suo modo di esprimersi, che aveva annotato il numero di telefono dato dalla televisione, per potersi mettere in contatto con lui. Com'è piccolo il mondo!
Ad ogni modo, per un contrattempo, quel giorno non riuscii ad andare al santuario.

Alla fine di settembre, mentre leggevo "Autobiografia di uno Yogi", ebbi l'idea di cercare un luogo sacro, pieno di energia, dove trascorrere qualche giorno in ritiro, in preghiera.
Mi venne in mente il Santuario di Lourdes, ma per le mie esigenze era un luogo troppo affollato.
Ne parlai ad Angelo che subito esclamò: "So io dov'è il posto adatto a te! Si trova in Val Seriana. In mezzo alle colline c'è un piccolo santuario, si chiama Santuario della Madonna d'Erbia; lì sono avvenuti diversi miracoli. Non so però se ci potrai stare per qualche giorno... non c'è niente lì intorno! Ci sono soltanto i custodi del Santuario, comunque puoi sempre chiedere a loro".
Subito mi venne in mente l'amica di mia sorella, i suoi parenti e il santuario dove voleva portarmi Emilia. Ne parlai ad Angelo ed esclamai: "Pensa che bello se fosse proprio lo stesso!"
Andai a Bergamo per parlarne con Emilia: era proprio così, si trattava del santuario dove lei voleva condurmi due mesi prima.
Andammo a chiedere informazioni ai custodi, i quali, dopo aver chiesto l'autorizzazione al Parroco, acconsentirono alla mia

permanenza. Io, dissi loro, mi sarei accontentata di un piccolo angolo in uno scantinato, con il mio sacco a pelo; invece fui ospitata nell'appartamentino a loro assegnato.
La gentile signora, mi disse: "Non so come ho fatto a dirti di sì. Pensa... qui non ha mai pernottato nessuno oltre a noi! Tu sei la nostra prima ospite".

Avevo deciso di trascorrere tre giorni in assoluto raccoglimento, tre giorni di preghiera e di depurazione. Mi ero portata da casa frutta e verdura cruda, che sono state il mio unico cibo.
Di giorno, nei rari momenti in cui non pioveva, stavo con il sacco a pelo, vicino a delle grandi betulle, sulla collinetta accanto alla chiesa. La sera, insieme alla custode, mi sedevo in chiesa, per qualche preghiera, presso una bella statua della Madonna, che mi guardava con occhi dolci.
In verità ero in preghiera tutto il giorno, considerando che la contemplazione è preghiera, che la gioia che la bellezza della natura risveglia, è preghiera, se si percepisce, dietro ad ogni spettacolo, la Maestosità del Regista del Cosmo.

Il tempo non era dei migliori. Proprio in quei giorni c'erano state delle brutte inondazioni in tutto il nord d'Italia. Il paesaggio tipicamente autunnale, i nuvoloni gonfi e neri, la nebbia, che a volte copriva tutta la valle, mi donavano una sensazione di potenza, di forza, che non so ben descrivere. Sentivo di far parte di quel luogo e percepivo dentro di me la forza dei violenti scrosci di pioggia, delle nuvole cariche di elettricità; la terra profumava di umido, e gli alberi autunnali, vestiti a festa prima di spogliarsi, mi offrivano lo spettacolo di macchie di colore giallo oro, arancione e rosso.
Nei momenti di tregua, fra uno scroscio e l'altro, camminavo sulla cima della collina e mi riempivo di silenzio: c'era solo il vento, qualche tuono lontano, qualche cinguettio.
Ero sola, a tu per tu con Dio. Quanta bellezza! Che senso di pienezza! Ancora un passo.... e sarei passata in cielo!
Parlavo con la mia "Dolcissima Maria" e cantavo per Lei. Nessuno all'infuori di Lei, poteva sentirmi. Eravamo solo io e Lei: la Madre Divina.

Mi piaceva rivolgermi a Dio nella figura femminile, e l'unica che allora conoscevo era proprio la Madre di Gesù, che per me era il simbolo della Grande Madre dell'Universo.
Le chiedevo: "Dove sei! Rispondimi! Rivelati! Ti voglio sentire!"

Ogni giorno andavo poco lontano a prendere l'acqua in un fontanile, vicino ad un altarino con l'immagine della Madonna d'Erbia. Era un'occasione per muovermi un po' e rafforzare le mie gambe.
Il primo giorno, mentre tornavo indietro con la bottiglia d'acqua nello zaino e cantavo felice, un raggio di sole improvviso, che era riuscito a farsi spazio fra i nuvoloni neri, illuminò per circa tre metri il tratto di strada dove io mi trovavo. Era proprio come il raggio di luce che al cinema fende l'aria, per fermarsi sullo schermo. E questa volta lo schermo ero proprio io, solo io! Mi fermai estasiata ad ammirare quello splendido spettacolo che Madre Natura mi stava regalando.

Il giorno dopo, sempre tornando con l'acqua in spalla, assistetti ad un altro spettacolo che il vento aveva allestito per me. Saliva improvvisamente dalla valle e muoveva soltanto due alberi a me vicini, lasciando completamente immobili quelli prima e quelli dopo di me. Tante piccole foglioline giallo oro, come tanti coriandoli, mi accarezzavano cadendo sul mio viso. Intenta a godermi lo spettacolo e le carezze, non mi accorsi, in un primo momento, che tutti gli altri alberi lungo la strada erano immobili.
Furono due signore ad interrompere il mio idillio con il vento, e ad indurmi a guardare intorno. Sentii una di loro esclamare ad alta voce: "Guarda lì, il vento!" Mi accorsi così, con immensa gratitudine, che era solo per me, tutto per me!

Il terzo giorno, questa volta scendendo verso la fontanella, ebbi un altro splendido regalo. Chiesi alla Madre Divina: "Maria, dammi un segno della Tua presenza, fammi trovare qualcosa che sia per me un Tuo messaggio!"
Dopo qualche passo mi chinai a raccogliere un sasso abbastanza grosso. Non sapevo per quale motivo lo stessi raccogliendo, perché non sembrava avere nulla di particolare. Ma con gioia e sorpresa, quando lo girai, trovai che aveva la forma di un cuore perfetto.
"Oh, Maria Dolcissima, quanto sei generosa!" dissi ad alta voce.

Una sera, verso il tramonto, mi trovavo dentro la chiesa a guardare la statua che rappresentava per me quell'Energia Dolcissima che volevo ringraziare. All'improvviso un altro raggio di sole squarciò le nuvole ed entrò dalla piccola finestra in fondo alla chiesa, per illuminarmi il viso.
Come potevo non percepire la Presenza Divina?
Ma soltanto al mio ritorno a casa mi resi pienamente conto di aver ricevuto, in risposta alle mie insistenti preghiere, questi segni tangibili della Sua Onnipresenza, del Suo Amore.
Oh mio Dio! Quante attenzioni, quanta dolcezza per questa Tua figlia di Te assetata!

Un pomeriggio mi ero trovata sotto gli alberi a pregare con queste parole: "Signore, fa' che io possa portare la gioia, la fede, la pace nei cuori che incontrerò! Signore fammi essere un Tuo strumento. Fa' che io sia degna di servirti!"
Quando ritornai in camera, chinandomi a slacciare le scarpe, mi accorsi che sotto il letto c'era un'immagine di San Francesco. La girai e vi lessi la Sua ormai famosa "Preghiera semplice" che io, però, ancora non conoscevo:

Oh! Signore, fa' di me un istrumento della tua pace
Dove è odio, fa' ch'io porti l'Amore
Dove è offesa ch'io porti il perdono
Dove è discordia ch'io porti l'unione
Dove è dubbio ch'io porti la fede
Dove è errore ch'io porti la verità
Dove è disperazione ch'io porti la speranza
Dove è tristezza ch'io porti la gioia
Dove sono le tenebre, ch'io porti la luce
Oh! Maestro, fa' che io non cerchi tanto:
ad essere consolato, quanto a consolare
ad essere compreso, quanto a comprendere
ad essere amato, quanto ad amare.
Poiché
Si è: dando, che si riceve;
perdonando, che si è perdonati;
morendo, che si risuscita a vita eterna.

Che bello! Avevo ora le parole più complete per la mia preghiera che proprio così voleva essere.

I custodi del santuario erano state per me due anime semplici, buone, disponibili, amiche.
Non mi era mancato nulla. Avevo ricevuto tutto ciò di cui avevo bisogno: pace, serenità, sorrisi, silenzio.
Avevo avuto la conferma che Dio ascolta e risponde alle preghiere di un cuore colmo d'Amore e assetato di Lui. La mia fede si era rafforzata, come pure la mia gioia di vivere e la sicurezza di riuscire a guarire totalmente. Non ero più sola. Senza ombra di dubbio Dio esisteva e, quando voleva, si faceva sentire!
Quando me ne andai da quel luogo di pace, regalai ai custodi questa poesia che scrissi nell'ultimo giorno di permanenza:

SANTUARIO DELLA MADONNA D'ERBIA
In cima al Tuo prato
Oh Madonna d'Erbia
ho aspettato la Tua nebbia
che saliva lentamente, lentamente
e, dolcissima,
avvolgeva ogni cosa:
monti, alberi, case e mucche.
L'ho aspettata per farmi avvolgere anch'io
e confondermi con il Tutto.
Con il Tutto che è in me.
Con il Tutto che ha me.

CAP. 11 - LA SCOPERTA DELL'ENERGIA

> *Cercate nell'invisibile le basi del visibile;*
> *il grattacielo ha la sua base nelle profondità*
> *del terreno, e questo mondo visibile*
> *ha come base l'invisibile Spirito dell'Universo.*
> Baba

Passando molto tempo sotto gli alberi mi si era aperto un mondo con il quale, prima, non ero in contatto, anzi sarebbe meglio dire, con il quale non mi rendevo conto di essere in contatto.
Sentivo le vibrazioni dell'albero, della terra, del vento. Quando coscientemente mi mettevo in sintonia con un'energia, di fatto di essa mi nutrivo, il respiro si faceva molto leggero e lento, ponendomi in una condizione spesso molto vicina all'apnea, quasi non avessi più bisogno di ossigeno.
Mettermi in sintonia significava, ad esempio, guardare la montagna di roccia; in quel momento la mia attenzione, come il selettore di una radio, era focalizzata su quel "programma" ed io, di fatto, percepivo la forza che quella roccia magnetica emanava. Se coscientemente chiudevo gli occhi ed ascoltavo con attenzione il rumore del vento, oppure appoggiavo le palme delle mani per terra, immediatamente il mio respiro calava, quasi fino a sparire del tutto. La stessa cosa succedeva se, rilassandomi profondamente, cercavo di mettermi in contatto con il mio Sé, cioè la Divinità che è dentro di me.
Questi nuovi esperimenti fugavano le mie paure degli improvvisi cali energetici: come potevo rimanere senza energia, quando io stessa ero fonte di energia e quando tutto intorno a me vibrava?
Guardavo con amore l'albero sotto il quale ero sdraiata, ne ammiravo la bellezza, appoggiavo la mano sul suo tronco e subito percepivo la sua forza. Dopo qualche secondo, mentre il respiro diventava quasi impercettibile, sentivo un calore proveniente dal tronco, e se staccavo la mano e la tenevo a cinque o dieci centimetri di distanza, potevo percepire quel flusso di calore che continuava ad uscire per qualche secondo, come da un piccolo phon. A volte appoggiavo la mano sinistra sul tronco dell'albero e la destra sulla testa e, se inizialmente dovevo tenere la mano in quella

posizione con un atto volontario, utilizzando la forza dei muscoli del braccio, mi accorsi ben presto che potevo anche addormentarmi, ma la mano non si staccava! Infatti, il passaggio del flusso di energia dal tronco dell'albero alla mia testa, faceva sì che la mia mano vi rimanesse quasi incollata senza che dovessi utilizzare la forza muscolare per tenerla in quella posizione. Il mio corpo diventava un conduttore elettrico e, finché non toglievo la "spina dalla presa", si alimentava con quella batteria. Era sorprendente!
Ma la stessa cosa succedeva, come ho già detto, se in perfetto silenzio sprofondavo nella mia Luce.
Se inizialmente avevo bisogno di cercare sicurezza all'esterno, più il tempo passava, più diventavo consapevole della "centrale elettrica" che era in me. Mi bastava allora chiudere gli occhi in profondo rilassamento per vedere affiorare la mia luce interiore, come una stella luminosa, in mezzo alle sopracciglia.
Poi mentalmente facevo scivolare questa luce nelle varie parti del corpo affinché venissero, da questa, purificate ed energizzate.

Nei miei lunghi mesi di convalescenza, restando molto tempo col naso all'insù sotto gli alberi, in stato di rilassamento, incominciai a vedere l'aura delle piante, delle rondini in volo, del tetto di una casa... ecc.. Ogni cosa emanava luce ed in modo differente. Delle rondini, ad esempio, vedevo tre aure: una che usciva dal corpo di pochi centimetri, una di 20 o 30 centimetri di diametro, ed una di più di un metro di diametro. A volte la rondine si alzava così in alto che con i miei occhi miopi, nonostante gli occhiali, non vedevo più il puntino nero contro il cielo blu, ma continuavo a vedere la sua aura più grande, come un cerchio di azzurro più chiaro in mezzo al cielo, e potevo quindi continuare a seguirne i movimenti in questo modo.
Mi accorgevo che ogni albero aveva la sua aura, ma che un boschetto intero ne aveva una unica e più grande. Allo stesso modo, capivo quindi, l'aura di un quartiere o di una intera città; comprendevo anche perché, passando ad esempio in autostrada, vicino ad un grosso centro urbano, il mio corpo soffriva, come avvolto da una nebbia di inquietudine, di tristezza, di nervosismo che entrava in me e che, come era arrivata, così si dileguava non appena la strada si snodava fra colline alberate e campi fioriti.

Vedevo dei fili di luce che legavano un albero all'altro e mi rendevo conto che stando lì, in mezzo a loro, anch'io entravo a far parte del loro gioco di intrecci di luce; c'era uno scambio d'amore fra noi, che si poteva anche vedere con gli occhi!

Una sera d'inverno, all'imbrunire andai nel boschetto di robinie vicino a casa. Mi appoggiai ad un tronco per una preghiera e rimasi ad ascoltare il silenzio.
Incominciai a notare che tutt'intorno ai tronchi ed ai rami, c'era una luce multicolore. A volte era blu, a volte arancione, poi verde, rosa, giallo, viola. Quegli alberi spogli, quei tronchi neri, celavano tutti i colori dell'arcobaleno! Ma soltanto se lo sguardo si posava leggero, quasi perso nell'orizzonte, nel profondo rilassamento, questo mondo multicolore e luminoso si schiudeva ai miei occhi. Se invece volevo vedere a tutti i costi, con intenzione, non vedevo niente, perché utilizzavo i miei sensi normali, quelli programmati per una percezione esteriore delle cose. Quando nulla chiedevo e mi lasciavo andare in una condizione di pace e di amore, l'invisibile diventava visibile.

Fin da bambina avevo notato, guardando il cielo quando questo era di colore uniforme, che la natura mi donava lo spettacolo di una danza straordinaria: innumerevoli puntini luminosi guizzavano, si rincorrevano come tanti piccoli spermatozoi. A volte si aggregavano in una luce più grande e sparivano in questa. Seguivano un proprio ritmo, un'armonia.
Avevo sempre creduto che si trattasse di minuscoli insetti, quasi microbi, che danzavano come fanno i moscerini in uno spiraglio di sole, prima del tramonto, per esprimere la loro gioia per un ultimo regalo di calore prima di affrontare il gelo della notte o, forse, prima di lasciare quel loro minuscolo corpicino e riunirsi al tutto.
Parlai con Angelo dei puntini luminosi che avevo sempre visto e mi spiegò che si trattava del prana, l'energia cosmica intelligente nella fase precedente la materializzazione, e mi assicurò che erano in molti a vederla.
Vidi in seguito come, a ritmo di musica, il prana si muova in veri e propri balletti armoniosi.

Una sera ascoltando la musica al buio, dopo aver raggiunto quello stadio di calma mentale che mi aveva già aperto, in altre occasioni, le finestre per accedere al mondo invisibile, incominciai a vedere un fascio di luce che si muoveva a ritmo di musica: infatti... era proprio la musica!
Che bella scoperta! La musica è luce danzante! Ora capivo appieno la validità della "musico-terapia", di cui Angelo ci aveva parlato e che ci suggeriva. Si tratta di far entrare coscientemente e con attenzione, l'energia della musica nel corpo, chiedendole di portare armonia là dove ci sia disarmonia, di sciogliere tensioni e blocchi energetici, di risvegliare zone "sonnachiose"... ecc..
Ora non solo ascoltavo la musica, ma la vedevo anche!

Incominciai a voler studiare meglio la mia aura. Mi mettevo in bagno vicino alla vasca e mi guardavo nello specchio di fronte. Dietro di me, le piastrelle bianche erano un buono sfondo.
Vidi per prima cosa l'aura fisica: che fuoriusciva di poco dal mio corpo. Poi vidi, come nelle rondini, un'altra aura che si espandeva per 20-50 centimetri dal contorno del corpo; non riuscivo a focalizzarla bene perché era in movimento.
Dal sommo della testa partiva un fascio di luce che andava diretto verso l'alto; lo specchio, pur essendo lontano, non riusciva a contenerlo tutto. Incominciai a capire l'importanza di una forma architettonica diversa da un basso soffitto, il quale taglia letteralmente questo fascio di luce. Mi resi conto della funzione che svolgono le cupole e gli archi; dell'importanza della forma di alcune chiese, e iniziai ad apprezzarla.
C'era una terza aura che mi sfuggiva, perché lo sfondo sul quale mi guardavo era troppo piccolo.
Provai una sera, in compagnia di Antonella, a ripetere l'esperimento. Ciascuna di noi vide la propria luce e quella dell'altra ed eravamo felici e stupite delle nostre scoperte, come accadde, forse, quando da piccole avevamo svelato il mistero dello specchio (avevamo capito che quello che ci vedevamo era il riflesso del nostro corpo).
Provai, sempre con Antonella, a massaggiarle la schiena, in penombra: vidi tutt'intorno alle mie mani una luce, che lasciava una scia là dove passava. Sembrava, come nelle favole, la scia

luminosa lasciata da una fatina o da un elfo quando volavano nel bosco.

Dopo la mia "rinascita" stavo prendendo coscienza delle capacità che abbiamo, ma che prima non riuscivo ad utilizzare coscientemente: ad esempio la telepatia, che si era notevolmente rafforzata.
Erano tanti gli episodi di telepatia dei quali mi accorgevo. Ad esempio, una mattina ero nello studio di Angelo e squillò il telefono; io prontamente esclamai: "E' Zia Donatina!" Ed infatti era proprio lei! Questi fenomeni, comunque, anche se in maniera meno evidente, si verificavano anche in precedenza; la novità consisteva nel sentire proprio sulla pelle, con le relative conseguenze positive o negative, i pensieri a me rivolti. Non solo avvertivo il tipo di vibrazione che mi investiva: ansia, tristezza, rabbia, amore, ottimismo... ecc., ma quando la trasmissione era molto intensa, visualizzavo il viso "dell'emittente", ed a volte anche il luogo e le persone con cui si trovava.
Finalmente mi era chiaro quello che diceva Yogananda sul fatto che siamo tutti "radio rice-trasmittenti". Sapevo che il nostro inconscio viene captato dall'inconscio degli altri, ma ora riuscivo a portare a livello cosciente molte sensazioni, sentivo e vedevo anche da lontano.
Ora capivo perfettamente perché Gesù esortava a non peccare in "pensieri", prima di tutto, poi in parole, opere e omissioni. Capivo le parole di Yogananda sul potere immenso del pensiero e della voce.
Nella nostra società non siamo stati istruiti abbastanza sull'energia-pensiero: essa è velocissima, raggiunge una persona ovunque si trovi, è creativa o distruttiva, ma è, in ogni caso, potentissima. Con i nostri pensieri abbiamo la facoltà di guarirci, come di distruggerci ed allo stesso modo di aiutare o disturbare gli altri. Era chiaro, ora, come fosse indispensabile scoprire e debellare i pensieri negativi che continuano a girare nella nostra testa, come un vecchio disco inciso, i cui solchi diventano sempre più profondi, precludendoci un futuro di salute e di gioia.
Era assolutamente indispensabile ora, per me, cambiare il "disco" e muovermi con un programma positivo e costruttivo.

Capivo anche in modo chiaro la legge del Karma, la quale stabilisce che ad ogni azione corrisponda una reazione, ad ogni suono una risonanza. Mi accorgevo, quando lanciavo un boomerang, di come questo mi tornasse diritto sulla testa. Sembrava, quasi, che adesso che avevo preso coscienza di questa legge, quest'ultima fosse ancora più ferrea e intransigente; o forse, la reazione era ora più immediata, come se volessi subito "pagare i miei debiti"; come se il mio corpo non volesse più "conti in sospeso".
Credo, più semplicemente, che il Signore abbia voluto in questo modo spingermi a rivedere velocemente tutte le mie vecchie abitudini e a sbarazzarmene.
Non mi era più permesso di sgarrare.
Un giorno indossai un vestito e mi guardai allo specchio con gli occhi della vanità.
Dopo la mia malattia, durante la quale avevo perso diversi chili, il corpo aveva acquistato la linea che avevo sempre desiderato. Ora guardavo il mio nuovo corpo in quel vestito e immaginavo gli sguardi che avrebbe attirato. Poi in un istante mi accorsi che stavo sbagliando: stavo peccando di vanità. Tolsi il vestito e un bottone, nonostante gli occhiali, mi colpì un occhio, facendolo lacrimare copiosamente!
Anche se qualcuno potrebbe pensare che si sia trattato di un modo inconscio di autopunizione, posso dire che in ogni caso io percepii, in quell'offesa al mio occhio, la legge del Karma in perfetta azione. Avevo peccato di vanità con gli occhi, e proprio negli occhi si era scaricata quella vibrazione negativa che da me era stata emanata.
Quotidianamente ricevevo la stessa lezione: ero destinata a raccogliere sempre i frutti delle mie azioni.
Non mi accorgevo solo del Karma immediato, che era per me un'efficiente arma di smantellamento delle cattive abitudini, ma anche di quello a più lunga scadenza.
"Semina un pensiero e otterrai un'abitudine, semina un'abitudine e otterrai un carattere, semina un carattere ed otterrai un destino..."
Erano chiare ora, per me, queste parole, che avevo letto su un foglio di Angelo e che, scoprii più tardi, erano state pronunciate dall'Essere Amorevole che avrei conosciuto più tardi.
Tutto il nostro futuro dipende dai nostri pensieri di oggi, come il nostro presente è dipeso dai pensieri di ieri. Per questo solo il

presente è veramente importante! Tutto: passato e futuro, è nel presente.
Volevo quindi imparare a vivere bene ogni attimo, pensando ed agendo bene; gustando ogni istante della mia vita come un dono prezioso, un'opportunità da non perdere, per avvicinarmi sempre più alla Meta.
Dovevo solo imparare a controllare la mente, a purificarla e a scartare i pensieri dannosi che affioravano ancora, come una pianta che ricresce finché non ne vengono estirpate le radici.
Dentro di me si faceva sentire sempre più forte la voglia di pulizia da tutte le immondizie inutili. Pulizia nella mente dai pensieri dannosi, nel cuore dai cattivi sentimenti, e nel corpo dalle tossine che il cibo sbagliato, le medicine del passato, insieme alle cattive emozioni ed ai cattivi pensieri ormai somatizzati, avevano lasciato.
Mi rendevo conto di quanto l'ego fosse il mio primo ostacolo al raggiungimento della pace e della gioia. Chiedevo al Signore di aiutarmi ad eliminarlo. Non volevo più ascoltare il mio piccolo egoico sé, che mi faceva dire "io" e "mio", ma soltanto il mio Sé Regale.
Solo a Lui avrei permesso d'ora in poi di comandare.

Un giorno volli dipingere, ad acquerelli, un bosco in fiamme ed una farfalla impavida che volava verso il fuoco.
Non era un dipinto triste, ma carico di forza. Esprimeva l'immensa potenza purificatrice del fuoco ed io ero la farfalla che, attratta dalla sua luce, vi si tuffava dentro, e in esso si trasformava.
Fra le fronde degli alberi in fiamme scrissi queste parole:

AMICO FUOCO
In Te mi voglio tuffare.
Da Te voglio farmi amare.
Per consumare e sciogliere
tutte le macchie nere
e restare Io sola,
bella e pura
come la cenere.

CAP. 12 - GUARIRE A MODO MIO

*Tutta l'Energia, la Forza e l'Intelligenza
sono in voi. Non occorre cercarle all'esterno.
Baba*

I giorni trascorsi al Gaver mi avevano lasciato una carica di ottimismo e di gioia, che mi permise di passare l'autunno e l'inverno vivendo "di rendita".
La mia situazione fisica, anche se lentamente, stava migliorando. Riuscivo ad allungare i tempi di attività, che continuavo comunque ad alternare al riposo. Ora stavo in piedi non più mezz'ora soltanto, ma anche un'ora, un'ora e mezza. Cucinavo, dipingevo, creavo: sentivo che la mia energia vitale si sarebbe sbloccata solo se avessi espresso il più possibile la mia creatività. Volevo usare i miei talenti ed il mio entusiasmo per sentirmi sempre più viva. Sarebbe dovuto passare ancora del tempo prima che io scoprissi come mai il mio corpo fosse ancora tanto debole.
La fede in Dio, il mio amore per Lui, e quindi per ogni cosa, erano la mia gioia, il mio nutrimento, la mia "batteria".
Avevo ormai deciso di riporre tutto ai Suoi piedi; avevo ormai scelto di volerLo conoscere: non potevo immaginare di vivere un giorno senza un contatto con Lui, senza dimostrarGli il mio Amore con il mio canto ed il mio sorriso.
Ora che finalmente mi sentivo una farfalla (anche se con le ali ancora un po' stropicciate), e non più una crisalide nel bozzolo, percepivo intensamente l'atavico desiderio di fondermi nel Divino, di tornare al punto di partenza, a Lui, per concludere il mio viaggio. Immaginavo la mia strada come un cerchio: avevo ormai percorso la metà del tragitto, l'avevo superata, e non vedevo l'ora di chiudere il cerchio per raggiungere quel Punto dal quale mi ero staccata.

La mia rigenerazione proseguiva. Usavo molto la visualizzazione per aiutare il mio corpo a ritrovare l'equilibrio. Ormai avevo saputo da Angelo e Yogananda, che noi creiamo tutto con il pensiero. Non è difficile capire questo concetto, se si pensa che nessuna opera artistica o architettonica avrebbe potuto avere inizio, se prima non fosse stata visualizzata nella mente del suo creatore. Allo stesso modo, anche la mia guarigione sarebbe susseguita alle mie visualizzazioni e, di fatto, potei sperimentare nella realtà, magari dopo mesi o dopo più di un anno, quello che prima facevo solo nella mente.

Avevo immaginato per mesi di correre in un bel prato, di ballare, di nuotare con forti bracciate. Quando visualizzavo, ero talmente immersa in quell'esperienza che, ad esempio, mentre pensavo di nuotare, percepivo l'odore salmastro del mare, l'indolenzimento dei muscoli, la sensazione dell'acqua che scivolava sulla pelle.

Nei momenti di riposo, quando il mio corpo mi faceva chiaramente capire di non volere più stare in piedi, io ero comunque, nella mia mente, un'audace sportiva.

In seguito ho corso realmente su un prato, ho nuotato davvero in piscina, e più tardi al mare, ripetendo i movimenti che la mente mi aveva suggerito durante le visualizzazioni, e che poi si rivelarono avere una ragione ben precisa.

Non mi restava che imparare ad avere sempre più fiducia nel mio intuito; l'esperienza mi stava insegnando che quest'ultimo non sbaglia.

Sapevo che era molto importante ripetermi in continuazione frasi positive, come per incidere un disco, e ad ogni frase ripetuta il solco diventava più profondo, fino a raggiungere l'inconscio. Il nostro corpo risponde e si adegua ai nostri pensieri profondi, ai nostri "dischi" nascosti. Io volevo cambiare musica e programma; non volevo continuare ad agire seguendo i vecchi pensieri negativi di impotenza e malattia che, anche se ben celati, mi avrebbero precluso la possibilità di guarire. Per questo mi ripetevo continuamente frasi positive che contrastavano i miei subdoli pensieri antivitali.

Avevo scoperto da poco, durante alcuni esercizi con Angelo, di avere sempre conservato in me un malcelato senso di colpa per essere nata, quasi un senso di indegnità alla vita, che mi aveva spinta, da una parte a sfidare le regole, i pericoli e la morte, dall'altra, ad essere il più possibile disponibile e compiacente con gli altri, andando anche contro me stessa, pur di sentirmi accettata, degna d'amore e di rispetto. Mi ero sforzata di essere sempre una buona scolara, studentessa, amica, lavoratrice, moglie, ecc.,

evitando il più possibile i contrasti, per paura di eventuali critiche nei miei confronti, che avrebbero riacceso quel mio pensiero recondito di non essere degna di vivere. Per questo mi ripetevo tante volte parole utili come: "Ogni istante scelgo la vita", "Sono una Scintilla Divina, sono Luce, sono Amore", ecc..
Avevo scoperto da poco anche l'altro pensiero negativo che spadroneggiava nel mio inconscio e che mi ripeteva, quasi senza che me ne rendessi conto, che ero debole, malata, con poche difese verso gli altri, con poca energia vitale. Io ora, per contrastarlo, mi ripetevo: "Sono sana! Sono forte! Sono viva! Sono guarita!"
Dicevo queste parole quasi come un mantra: "Sono sana! Sono forte! Sono viva!", ad ogni gradino, ad ogni passo.
Nella mia mente visualizzavo il punto d'arrivo della mia guarigione: io in cima ad una montagna correvo con le braccia verso il cielo, come il giocatore che segna il goal decisivo per il campionato. Mi vedevo sprizzare gioia, entusiasmo e salute da tutti i pori.
Continuavo mentalmente a ricreare questa "vignetta": io, forte, sana, libera, inattaccabile. Io, l'Anima Immortale che tutto può.

Cercavo il più possibile di mantenere alto l'umore. Angelo mi aveva insegnato che l'energia fisica, emotiva e mentale sono collegate, anzi sono un tutt'uno, seppur in forme diverse; come l'acqua, il vapore e il ghiaccio, sono forme diverse della stessa sostanza. Sapevo che agendo su una di queste, intervenivo anche sulle altre. I problemi del corpo fisico, quindi, potevano essere risolti lavorando su quello mentale ed emotivo, così come potevo usare movimenti fisici, per andare a modificare una situazione energetica mentale o emotiva.
Ho sperimentato più volte, durante alcuni malesseri, la validità dell'esercizio del "sorriso interiore", oltre che esteriore.
Quando sorridiamo mandiamo dei messaggi positivi al nostro corpo fisico.
Sono messaggi di rassicurazione; è come dire alle cellule che si trovano in stato di all'erta: "State tranquille, va tutto bene, il segnale d'allarme è terminato!"

Cercavo, quindi, di sorridere il più possibile, non come un bella statuina, ma sentendo la gioia dentro me; non creandola, ma cercandola, visto che noi siamo fondamentalmente Beatitudine.
Con la mia radio mentale mi spostavo su un altro canale, passando, con un atto di volontà, dalla stazione: "Sto male, ho paura", alla stazione: "Sono un'unica cosa con Dio, con tutto l'universo; non sono il corpo, non sono la mente né l'emotività, sono l'Anima Immortale!"
La mia arma, la chiave di tutto, era sempre la volontà rafforzata e la consapevolezza della mia Vera Natura, nonché la fede nello Spirito Infinito.
Quando avevo qualche malessere, non permettevo alla mente di vagare, ma la riconducevo là, dove sapevo che mi avrebbe dato gioia: a Dio.
Mi riempivo così di Luce, la mia stessa luce (con la visualizzazione) e di Gioia nella consapevolezza di essere "Quello".
In pochi minuti sentivo i battiti del cuore e la pressione tornare normali. Che bellezza! Funzionava sempre! Avevo scoperto "l'uovo di Colombo" che era sempre stato dentro di me.
Avendo imparato a superare, a gestire i miei momenti peggiori: ora non potevo più aver paura di niente.
Non mi servivano pillole, alle quali il corpo era ormai allergico, o altre persone, alle quali aggrapparmi con disperazione. Intervenivo, ora, dal di dentro, mettendomi in contatto con il mio vero "comandante": il Sé, e lasciavo fare a Lui che tutto sa, che tutto può.
Non mi spaventavo più, non mi ribellavo ai malesseri e, accettandoli, riuscivo a superarli con serenità.
La mente e il corpo fisico erano costretti a seguire la parte più profonda di me. Non erano più loro a comandare, a giostrarmi come una marionetta, ma tornavano al loro ruolo di servitori del Sé, a Lui sottomessi.

A volte visualizzavo dei colori con i quali mentalmente riempivo alcune parti del mio corpo, come l'intuito mi suggeriva. Aiutavo così i miei organi, sopperendo un po' all'abbassamento energetico che seguiva sempre alla digestione. A volte mandavo tanto verde nella zona del cuore, quando mi sentivo agitata o ansiosa, o mi avvolgevo in una nuvola rosa, quando avevo bisogno di sentirmi amata e protetta.

Altre volte mi mettevo in contatto energetico con la natura usando la vista, guardando cioè con amore le piante, la terra, il cielo, le montagne, ecc..

Sentivo che così facendo, io, la terra o l'albero sul quale avevo fermato la mia attenzione, ci compenetravamo. Io mi scioglievo in essi e loro in me.

Non so spiegare, con altre parole, il mio sentimento di unione, la mia sensazione di arricchimento; si può solo provare.

Per sperimentare sempre più profondamente lo scambio d'amore con Madre natura, ho provato a farmi massaggiare la pelle nuda da un forte acquazzone, sdraiata sul prato del mio giardino, riempendomi di quella forza purificatrice. Avevo ricreato così una situazione analoga a quella in cui mi ero bagnata nell'acqua ghiacciata del torrente. La mia pelle, dopo una iniziale sensazione di freddo, diventava rossa, e mi sentivo letteralmente scaldare.

Ho vissuto un'altra esperienza unica quando, avendo sentito un irresistibile desiderio di rotolarmi, sempre quasi nuda, sulla terra morbida appena arata, ho lasciato da parte i miei ostacoli mentali e mi sono abbandonata a quell'abbraccio meraviglioso, a quella Madre che mi avvolgeva, mi accoglieva, mi nutriva.

Ho potuto comprendere gli indiani d'America che, avevo sentito dire, prima delle grandi battaglie e prima di ogni altra grande impresa, usavano ricaricarsi attraverso il contatto con la terra. Ho capito anche gli animali malati, che a volte non fanno nient'altro che aspettare la guarigione sdraiandosi per terra.

Questi profondi contatti con la natura, furono per me delle esperienze mistiche.

Ho riprovato, in quei momenti, quel sentimento atavico e meraviglioso, del quale avevo sempre avuto una struggente nostalgia, di sentirmi un tutt'uno con il tutto.

Non c'era più separazione tra il mio corpo ed il resto del mondo, entrambi costituiti dai cinque elementi di etere, aria, fuoco, acqua e terra. Ero solo io, in forme diverse: l'Atma onnipervadente. Ero il vento, l'acqua, la terra.

Ero ancora giovanissima, quando feci un disegno in cui appare una ragazza sull'orlo di un precipizio: il cielo è colmo di nuvoloni gonfi e neri ed un vento impetuoso cerca di spingerla, alle spalle, per farla rotolare giù dal burrone.
Gli alberi intorno a lei, sono ormai piegati da quella forza travolgente. I capelli della ragazza, come pure il suo vestito, sventolano come bandiere che il vento vuole strappare.
Ma lei non si piega, non cede. Stringe, con entrambe le mani, un fiore bianco che addirittura si gira controvento, per guardarla negli occhi e donarle un sorriso, felice perché la ragazza non lo ha gettato via, per aggrapparsi ad un ramo o a qualche altro appiglio fittizio.
Ho capito ora, che il vento burrascoso rappresenta la forza travolgente del kali yuga (la nostra era, l'era delle tenebre), che spinge anche i buoni a cadere nel male, vittime del potere illusorio di maya: l'ignoranza.
E' quel candido fiore, sottile, delicato, ma potentissimo, ad impedire al vento di far rotolare la ragazza (me stessa) fra i rovi e i sassi appuntiti.
E' in quel fiore tutta la sua forza, la sua bellezza, la sua vitalità. E' in quel fiore ogni suo potere.
E cos'è, quel fiore, se non la fede nell'Atma, se non l'amore per l'Atma, se non la consapevolezza di essere l'Atma?
Come può, chi sa di essere l'Atma, temere il vento?
Egli stesso è anche il vento. Egli stesso è tutto il creato: il macrocosmo nel microcosmo.
Di chi e di che cosa aver paura, sapendo che, dietro le forme apparenti, tutto è Uno?

Per quasi due anni, tutte le mattine, appena alzata dal letto, prima di qualunque altra cosa, ho camminato a piedi nudi sull'erba del giardino. A volte visualizzavo una luce che dal centro della terra saliva attraverso i piedi e le gambe, pervadendo tutto il mio corpo.
Angelo mi aveva suggerito un esercizio, che svolgevo anch'esso tutte le mattine, con una grossa pietra.
Mi muovevo, con questa pietra fra le mani, facendola girare alla mia destra, alla mia sinistra, alzandola a braccia tese sopra il capo, o mi chinavo lasciando che le braccia dondolassero per il suo peso.

I movimenti erano spontanei, quelli che il mio intuito mi suggeriva. Mi accorgevo che sentivo sempre il bisogno di fare una rotazione del busto sul lato destro. Percepivo che così facendo, avrei riequilibrato una disarmonia fisica. Sembrava che in quella posizione il mio corpo fosse una giusta antenna, diventava un ponte di passaggio di energia fra terra e cielo.

Mentre mi muovevo con la pietra in mano, cercavo di sentire ogni muscolo del corpo che veniva coinvolto di volta in volta, e soprattutto cercavo di percepire la spina dorsale, più difficile da sentire rispetto alle altre parti del corpo.

Può sembrare un esercizio stupido, questo della pietra, ma in verità era molto utile. Mi aiutava a "sentire" le diverse parti del corpo, in modo da poter essere "presente" (con la coscienza) là dove io volevo. Potevo così intervenire per aiutare il corpo quando era in difficoltà, prima di arrivare ad un suo disperato S.O.S..

Usavo anche l'energia gravitazionale, il peso della pietra, per ripristinare un equilibrio dove mancava, e per tonificare i muscoli dopo tanto tempo di inattività.

Un altro elemento, fra i più importanti, era il contatto fisico con la pietra, che io sceglievo seguendo l'istinto e che aveva un sua vibrazione energetica specifica, come ogni tipo di albero, come ogni fiore, come ogni cosa.

Insomma, cercavo in tutti i modi di usare coscientemente l'energia, dentro e fuori di me; i diversi tipi di onde, di vibrazioni, che avrebbero riportato l'armonia nel mio corpo.

La vita è rapporto con gli altri esseri umani, con il resto del creato ed anche con parti di me con le quali non avevo prima molto contatto. La vita è scambio. Sentivo, quindi, che sarei guarita, non isolandomi, ma entrando sempre più in rapporto con le energie cosmiche, interne ed esterne a me. Questo era possibile solo amando, amando, amando tutto e tutti!

A volte parlavo anche con i miei organi. Ad esempio, rivolgendomi all'ipofisi, che aveva qualche problema, dicevo: "Ipofisi sei sana! Sei forte! Sei rigenerata! Lavora, gioisci!"

Può far sorridere questo sistema, ma funzionava! Del resto avevo imparato, da Yogananda, il grande potere della voce, oltre a quello del pensiero; ed io volevo usare ogni mia potenzialità.

Ero finalmente consapevole di avere dentro di me il più grande medico che possa mai esistere.
La guarigione profonda e definitiva non poteva che venire dall'interno, dal mio Sé.
Cercavo di acquisire sempre maggior fiducia in me e nelle mie intuizioni, e perseveravo nei miei propositi.
Era sempre più evidente che il mio corpo rifiutava qualsiasi intervento impostogli dall'esterno.
Se in passato avevo dovuto provare la frustrazione ed il senso di impotenza, mettendomi completamente in balìa degli altri, era stato per arrivare, finalmente, alla consapevolezza del potere insito in ogni uomo: il Potere Divino.
Per me, quindi, niente più medicine: né allopatiche, né omeopatiche, né di erboristeria.
Persino sistemi di utilizzo dell'energia suggeritimi dall'esterno, come la pranoterapia, il reiki o i "fiori di Bach", erano rifiutati dal mio corpo.
Avevo da sempre usato le mie mani sul mio corpo, seguendo l'istinto, e questo mi bastava.
Era in atto, dentro di me, una vera e propria sfida: volevo guarire da sola; volevo guarire con la potenza della fede, della volontà, ma soprattutto, dell'Amore.
Volevo imparare ad amare Dio totalmente. Volevo Lui, Lui soltanto e niente di meno.
Volevo conquistare la Sua Grazia!

Un giorno Angelo mi diede un foglio da leggere. Le parole che vi erano scritte mi aiutarono molto:

Io non cederò mai.
Persisterò sempre, continuamente.
Non accetterò mai il pensiero di aver fallito.
Scuoterò il Dio che è in me e fuori di me,
lo sveglierò dal suo letargo,
fino a quando non vedrò realizzato il mio scopo.
Io sono un creatore ed il mio scopo è
creare creare creare!
E, da quando ho scoperto la forza di volontà,

da quando ho scoperto il suo valore
Io voglio, io voglio imparare a volere.
Io voglio riappropriarmi del mio potere
che altro non è che il Potere insito nella volontà.
Si, il mio potere sta nel fatto che io posso volere!
La volontà è il motore di ogni cosa.
Dietro ogni cosa che accade c'è una volontà.
Il segreto è lì, nel comprendere ed usare la volontà.
La volontà è come una spada affilata e potente
che io ora, con mano tremante ma determinata,
afferro per la sua elsa ed imparo ad impugnare.
E per prima cosa con questa spada
faccio piazza pulita nella mia mente
di pensieri e parole velenose per la mia energia
come: insuccesso, ritirata, non ce la faccio,
non posso, non ci riesco, rinuncio, lascio,
non è per me, non sono all'altezza.
Ecco, l'ho presa in mano, la spada della volontà
l'ho afferrata con ambedue le mani e la tengo salda.
D'ora in avanti sarà la mia compagna più vicina
ed alla quale io sarò sempre più fedele,
perché la sua forza è la mia forza
il suo potere il mio potere.
E di giorno in giorno
con i miei "atti di volontà"
io la renderò sempre più carica di energia
fino a renderla temprata della terribile potenza della
volontà continua.
La tengo in mano la mia spada
con forza, attenzione
ma anche con grande calma,
per poterla usare con rispetto
e non rischiare di farmi male
lanciandola da incosciente
verso obiettivi confusi.
Con calma definirò le mie mete;
con calma prenderò coscienza di tutti
i possibili ostacoli;

con calma, cercherò di vedere
chi e cosa sarà con me o contro di me
e solo allora lancerò la mia forza di volontà
verso la realizzazione del mio pensiero,
pronto ad avanzare e indietreggiare
ad arrestarmi o a deviare, ad agire o ad attendere,
ma sempre avendo chiara di fronte a me la meta da realizzare.
Pensare certo non basta per creare.
Pensare non è certo volere, tuttalpiù desiderare.
Volere in verità è pensare più agire.
Agire, fare, creare: questa è la magia del vivere!
E la mia forza di volontà, la mia capacità di volere,
sono in realtà la mia energia per vivere.
E se è chiaro ormai che nella nostra vita
da una parte sono costretto ad accettare
di vivere qualsiasi cosa mi può capitare,
dall'altra mi è altrettanto chiaro che
io posso far accadere con la volontà ciò che è
nella mia intenzione
Si! Si! Si! Si! Si! Si! Si! Si! Si!
io posso, io posso, io posso.
Io posso volere quindi posso creare
quindi posso costruire la mia vita
e fare di me un uomo libero!
Si, io posso, perché posso volere!
Con la forza di volontà farò tremare le paure
e i dubbi e le perplessità;
scalzerò l'inerzia, la noia e la riluttanza;
risveglierò l'intuizione la fantasia e l'immaginazione
rianimerò la fiducia ed i miei talenti.
Nella volontà ritrovata riverserò la mia rabbia,
sì, perché cos'è la rabbia se non
la mia stessa volontà soffocata, impedita,
non riconosciuta né rispettata?
Trasformerò la mia rabbia in volontà
e ritroverò il mio potere!
Non sono più uno schiavo nella vita
e nemmeno un perdente:

sono un guerriero con un'arma inarrestabile
ed un'armatura impenetrabile.
La mia forza di volontà,
la mia volontà di riuscire,
la mia disponibilità a non rinunciare
la mia gioia di creare
sono la forza della Vita in me!

"Ciò che ottieni con la tua volontà
è la risposta di Dio alle tue preghiere"
P. YOGANANDA

CAP. 13 - IL GRANDE APPUNTAMENTO

Perché temere quando Io sono qui?
Baba

Dopo l'esperienza al Santuario della Madonna d'Erbia, il mio anelito per il Divino si faceva sentire ancora più forte. Il mio desiderio di contattarLo era sempre più intenso.
Un giorno, nel periodo natalizio, mi recai in chiesa. Non c'era nessuno, le luci erano spente: che meraviglioso senso di intimità! Sapendo di essere sola mi sentii libera di pregare Gesù alla mia maniera, cantando con tutto l'amore, con tutto il desiderio, per Lui.
La mia canzone-preghiera diceva: "Ritorna Gesù! Abbiamo bisogno di Te ancora! Dove sei? Rivelati a me! Dove sei? Dove sei? Ritorna! Voglio conoscerTi! Voglio vederTi! Voglio amarTi di più!"
Con le lacrime che mi rigavano le guance, così rivolsi a Lui il mio canto.
Sapevo per certo che ascolta le nostre preghiere, ma non avrei immaginato, allora, che mi avrebbe dato una risposta così presto.

Il sette gennaio avevo appuntamento con Angelo ed altri amici in una palestra per un seminario. Solitamente eravamo una quindicina, ma quel giorno restammo solo in sette (seppi in seguito che il numero sette è quello che indica la Conoscenza, che apre le porte alla dimora di Dio, ed è anche il numero che indica l'Avatar, la discesa di Dio in forma umana, mentre il numero nove indica Dio come Assoluto, Immanifesto).
Mi chiesi subito: "Come mai siamo così in pochi?" La risposta arrivò più tardi quando mi accorsi che era un appuntamento speciale, e che non era per tutti, almeno in quel momento.

Eravamo seduti in cerchio; Angelo ci propose un esercizio basato sull'osservazione delle caratteristiche più salienti di ciascuno di noi. Il gioco iniziò e finì con Maria, sì, perché quello che seguì, fu così importante, che ci dimenticammo per quale motivo avevamo iniziato a parlare.
Uno di noi le chiese: "Come fai ad essere sempre così calma, serena, sorridente, nonostante le tue difficoltà, la tua malattia?"

Rispose: "Sono così da quando, l'anno scorso, sono andata in India da Sai Saba".
Dimenticando l'esercizio, ascoltammo con interesse il racconto di Maria, la quale fu stimolata dalle nostre domande e dalla nostra curiosità.
Io non avevo mai sentito Quel Nome, ma mentre ella raccontava, iniziai a piangere. Gli amici erano ormai abituati a vedermi in lacrime ed Angelo, simpaticamente, mi prendeva in giro. Ma il mio pianto non si fermava.
Era un pianto nuovo, che prima non conoscevo: era un pianto di profonda commozione, di gioia e di stupore.
Capii più tardi che era come il pianto di "Hansel e Gretel" quando, salutato l'amico cigno che aveva permesso loro di attraversare il lago, riconobbero il sentiero che conduceva a casa.
Quello che Maria diceva, non erano cose nuove al mio cuore, ma soltanto alla mia mente.
La mia commozione aumentò quando ella ci raccontò dell'incredibile effetto che aveva prodotto su di lei un semplice sguardo di quell'Essere Straordinario.
"Chi sei per avere questo potere su di me?", chiedeva mentalmente Maria.
La risposta le arrivò l'ultimo giorno di permanenza in India. Mentre camminava fra le strade del villaggio natale di Sai Baba, si sentì spinta a chinarsi fra la folla a raccogliere qualcosa davanti a lei, per terra. Si vergognava di farsi vedere a frugare in un mucchietto di immondizia, ma una forza più forte delle sue resistenze la spinse. Raccolse un dischetto rotondo, di quelli che rivestono, all'interno, i tappi dei succhi di frutta, lo girò e con grande stupore e gioia nel cuore, vi vide raffigurato il volto di Gesù!
Maria fece vedere anche a noi il dischetto che teneva sempre nel portafogli.
Si sciolse così ogni suo dubbio. Lei che era stata per tutta la vita una grande devota di Gesù, aveva ritrovato ora il Cristo Vivente, il Signore sceso ancora una volta fra noi, per guidarci sulla strada di ritorno a casa.

Il giorno dopo io, Donato, Angelo e sua moglie, eravamo invitati a pranzo da mia sorella Emilia, a Bergamo.

Non avevo ancora parlato con Donato dell'intensa esperienza del giorno prima.
Ci pensò la moglie di Angelo ad aprire il discorso con tono scherzoso: "Hai saputo, Donato, che vogliono portarci in India da Sai Baba?"
"Chi è Sai Baba?" chiese Donato. "Un Cristo!" risposi io prontamente e Donato, di rimando: "Sì... un povero cristo!"
"Se vuoi ti presterò un libro che parla di Lui" gli disse Angelo.
Così mio marito incominciò a capire la natura del pianto misterioso, che mi aveva accompagnata durante il viaggio in autostrada. Incominciò a comprendere che Qualcosa di veramente grande, aveva toccato il mio cuore.

Nei giorni seguenti lessi avidamente il libro che Angelo ci aveva prestato, e subito dopo degli altri.
Leggevo le parole di Questo Incredibile Essere e spesso le lacrime di commozione riprendevano a scendermi lungo il viso:
"Per la protezione del virtuoso, per la distruzione delle forze del male, e per ristabilire una incrollabile giustizia Mi incarno di era in era.
Quando la discordia sconvolge il mondo, il Signore si incarna sotto umane spoglie per ristabilire il dharma (giustizia, rettitudine), *per ottenere la pace e per ricondurre la comunità del genere umano sui sentieri del bene.*
Ai giorni nostri, i conflitti e la discordia hanno sradicato pace e unità dalla famiglia, dalla scuola, dalla società, dalle religioni, dalle città e dagli stati.
La venuta del Signore fu attesa con ansia dai santi e dai saggi.
I sadhu (cultori spirituali) *pregarono ed Io sono venuto"* (Sai Baba - l'uomo santo e lo psichiatra - S. Sandweiss - Ed. Milesi - pag. 103);
"Sai è l'Amore. Egli è Amore e Compassione. Incessantemente Egli risiede in tutti i vostri cuori. Affidarsi a Lui significa essere liberi da paure, ansie e dubbi. Egli è Tutto nel tutto. Quando dipendete dal Signore dell'Universo perché dovreste temere?";
"L'Energia Divina è venuta come Sai, per risvegliare la divinità in ognuno (Sathya Sai Baba - Il mio messaggio è amore - Ed. Mediterranee - pagg. 27 - 168);
"Che cosa si deve intendere per "discesa di Dio"? Mosso a compassione e per amore il Signore scende fra gli uomini, si mette

al livello degli esseri umani. Oltre ad incarnarSi con Coscienza Divina, Si incarna anche con una coscienza umana. Io sono Colui che ha consacrato insieme questi due tipi di coscienza, divina ed umana" (Diario spirituale 2 - Mother Sai Publications - pag 95);

"Il Signore aveva annunciato che sarebbe venuto per ristabilire il Dharma, ed avrebbe assunto forma umana, perché tutti potessero radunarsi attorno a Lui, e sentire l'emozione della Sua compagnia e della Sua parola. Ebbene, il Signore è venuto come era stato annunciato" (Discorsi di Sathya Sai - Volume I - Ed. Libreria Internazionale Sathya Sai S.r.l - pag. 125);

"Lo stesso divino principio che i ricercatori si sforzano di visualizzare durante anni di ascetismo e rinuncia, è davanti a voi qui e ora; rendetevi conto della buona fortuna che avete trovato" (Discorsi di Sathya Sai - volume X - pag. 215).

Queste parole mi colpirono il cuore. Erano la risposta alla mia accorata preghiera fatta a Gesù prima di Natale.
Allora era proprio tornato il Signore dell'universo! Allora non ero sola! Potevo davvero incontrarLo, vederLo!
Con quanti nomi e quante forme era sceso, nella Sua infinita misericordia, per guidarci e salvarci nei vari millenni? Rama, Krishna, Gesù, Zoroastro, ecc.. Io avevo appena scoperto che è tornato il mio Amato, e che oggi si chiama: Sathya Sai Baba.
Continuavo a leggere: *"Vedete in Me voi stessi perché Io vedo Me Stesso in voi; voi siete la Mia Vita; il Mio Respiro; La Mia Anima. Tutti voi siete la Mia Forma. Quando vi Amate tra di voi, Amate Me…"*;

"Io sono sempre con voi. Il vostro cuore è la Mia casa, il mondo è la Mia dimora. Perfino coloro che Mi negano sono Miei. ChiamateMi con qualsiasi nome, Io risponderò. ImmaginateMi in qualsiasi forma, Io Mi presenterò davanti a voi. Non diffamate né ferite nessuno, perché offendete Me che sono presente in Lui" (Sathya Sai Baba - Il mio messaggio è amore - ed. Mediterranee - pagg. 53 - 187);

"Tutti i vostri peccati vi sono perdonati nel momento in cui ricevete il mio darshan (visione)";

"Io porterò tutti i vostri fardelli";

"Prendete da Me quanta più beatitudine potete e lasciateMi tutti i vostri dolori";

"Vedete Me in tutti gli esseri, tutti gli insetti, le formiche, tutto il mondo visibile, mobile ed immobile sono il Mio Corpo e la Mia Forma";
"Guardate Me con tutto il cuore ed Io, a mia volta, guarderò voi alla stessa maniera";
"Sono venuto perché i buoni, i santi, i saggi, i sadhu, gli aspiranti spirituali, i guru e i devoti Mi desideravano ardentemente" (Kasturi - La vita di Sai Baba - Satyam Shivam Sundaram - Mother Sai Publications - parte I - pagg. 203 - 277);
"L'Avatar si comporta in modo umano, perché gli umani si sentano a Lui consanguinei, ma assurge a livelli sovrumani affinché l'umanità possa aspirare a raggiungerli" (Diario spirituale 2 - Mother Sai Publications - pag. 114).

Colui che si dichiarava Madre e Padre di tutto il genere umano, diceva anche: *"In questa Madre Sai c'è l'amore di mille madri verso i propri figli..."* (Sathya Sai Baba - Discorsi vol. III - ed. Milesi - pag. 150);
"Voi siete il Mio tesoro, anche quando Mi denigrate. Io sono il vostro tesoro, anche se Mi negate. Mi affezionerò e Mi attaccherò a voi, sottoponendoMi ad ogni sorta di incomodi, per mantenere la Mia proprietà al sicuro sotto la Mia custodia, vale a dire sotto la custodia del Signore, qualunque sia il Nome col quale Lo invocate. Tutti i poteri che posseggo sono vostri" (Discorsi di Sathya Sai vol. I - Ed. Libreria Internazionale Sathya Sai S.r.l. - pag. 151).

Che parole altisonanti! Verrebbe proprio da chiedere: "Ma Chi sei mai? Qual è il Tuo segreto?"
Continuavo a leggere:
"Tenete presente che voi non potete comprendere Me e il Mio segreto, se prima non avrete conosciuto voi stessi. Se siete così deboli da non afferrare la vostra realtà, non potete certo sperare di penetrare la Realtà molto più grande del Mio Avvento. Per comprendere il Mio significato dovete fare a pezzi i dubbi e le teorie che possedete e coltivare amore, perché l'Incarnazione dell'Amore può essere compresa solo attraverso l'Amore. I miracoli e le meraviglie, non possono venire spiegati dalle categorie della scienza: a Me sono così naturali che Mi diverto quando li

classificate come miracoli" (Discorsi di Sathya Sai - vol. I Ed. Libreria Internazionale Sathya Sai S.r.l. - pag. 124);
"Perché discutete fra voi a proposito della Mia Natura, del Mio Mistero, dei Miei Miracoli, della Mia Realtà? Il pesce non sa misurare il cielo; Il materiale può comprendere solo ciò che proviene dalla materia. L'occhio non può vedere l'orecchio per quanto gli sia così vicino. Se non riuscite a comprendere la vostra stessa realtà, perché sprecare il tempo ad esplorare l'essenza di Dio";
"La Mia Energia, la Mia Potenza, il Mio Mistero non può essere compreso, chiunque ci provi, per lungo che sia il tempo che ci impieghi e quali che siano i mezzi che usi" (Diario spirituale 2 - Mother Sai Publications - pagg. 82 - 86);
"Il mio potere è incommensurabile, la Mia verità è inesplicabile e insondabile. Io sono al di là dell'indagine più intensa e della misurazione più meticolosa. Non esiste nulla che io non veda, nessun caso di cui non conosca la via, nessun problema che Io non possa risolvere. Il Mio Potere è incondizionato. Io sono la totalità, il Tutto" (Sathya Sai Baba - Il mio messaggio è amore - Ed. Mediterranee - pag. 189).
Leggevo che Questo Essere Meraviglioso materializza oggetti vari, con un grande significato per i devoti ai quali li dona. Materializza spesso anche la "vibhuti", la cenere sacra con grandi poteri taumaturgici. Guarisce malattie ritenute inguaribili, ha il dominio sulle forze della natura, resuscita i morti, è Onnisciente, Onnipotente e Onnipresente, ma allo stesso tempo leggevo queste parole di Baba: *"Il più significativo ed importante dei Miei poteri, credeteMi, è il Mio Amore. Potrei cambiare la terra nel cielo ed il cielo nella terra, ma non è questo il segno della potenza divina. L'unico vero segno è l'Amore..."* (Diario spirituale 2 - Mother Sai Publications - pag. 223).

Che parole meravigliose, commoventi, travolgenti!
Con la lettura di questi libri su Sai Baba, i primi di una lunga serie, portai a livello mentale quella fortissima sensazione, quella sicurezza, che già percepivo ad un livello più profondo del mio Essere, sulla Sua Divinità.
Io, che avevo avuto un "colpo al cuore" al solo udire il Suo Nome, non potevo assolutamente dubitare delle Sue parole.

Sarebbero potuti venire tutti gli uomini del mondo a dirmi che avevo preso un abbaglio, ma io non potevo non credere in me stessa! Avrebbero potuto dirmi che era un truffatore o un demone travestito da Angelo, ma in ogni caso, qualunque cosa Egli fosse, io ero della Sua natura; perché Lo sentivo affine a me, perché suscitava in me il sentimento che prova un figlio nel rivedere la Madre dopo tanto tempo. Non c'erano dubbi: io ero della Sua stessa natura, ero Sua figlia, ero fatta per Lui, come Lui.

Come poteva, poi, essere un demone, se solo a guardarLo in fotografia sentivo il mio cuore così colmo d'amore, da volerne dare a tutto il Creato?

Quelli erano i giorni più belli e sconvolgenti della mia vita! Avevo appena scoperto che il Signore è ancora in mezzo a noi, cammina in mezzo a noi, parla con noi!

Ero scesa negli abissi della sofferenza. Ero stata accudita come un neonato prematuro, totalmente dipendente dagli altri, per umiliare il mio orgoglio, perché imparassi cos'è l'abbandono. Mi ero fatta debole e impotente per riscoprire la mia forza. Avevo rinunciato ad usare questo corpo, per potermi finalmente ricordare che io non sono il corpo, ma la Divinità, che risiede dentro questo involucro fisico. Non sono la casa in cui abito, né la mente, né le emozioni. Sono semplicemente Io: Essere Coscienza e Beatitudine; Io: l'Indivisibile Supremo Assoluto, che alberga in ogni atomo della creazione.

Con la sofferenza, l'immobilità, la malattia, l'io egoico, che aveva voluto farmi credere che ero separata dal tutto, aveva potuto finalmente tacere per qualche istante, per lasciare la parola al Sé supremo.

Le sue ultime parole, prima del silenzio, erano state le parole del naufrago che chiede disperatamente aiuto: "Aiutami Signore! Aiutami o Coscienza Suprema! Aiutami! Aiutami! Aiutami!"

E l'aiuto era arrivato. Nei giorni di immobilità e silenzio assoluto, l'avevo percepito immediatamente, come un senso di pace e gioia. L'io egoico si era quietato, come un bimbo stanco e spaventato che finalmente si abbandona alla sua culla. E mentre questo bimbo dormiva, io ero veramente Io: pace, serenità, sicurezza, forza, amore.

Avevo voluto calmare le acque agitate della mia mente nell'immobilità, per poter finalmente vedere il fondo del mare in tutta la sua infinita bellezza.
Ora è chiaro, per me, che quelle che noi spessissimo chiamiamo, per ignoranza, "disgrazie", come la malattia, la sofferenza, ecc., altro non sono che veri e propri regali, per chi li sa accettare, per chi sa cogliere ciò che dobbiamo imparare da essi.
La vita aveva trovato il modo di togliermi le bende che avevo davanti agli occhi.
l'Avatar dice che raramente l'uomo impara con semplici richiami, per questo sperimentiamo il dolore dell'errore. Abbiamo bisogno di un campanello d'allarme (dolore) per risvegliarci dal sonno dell'ignoranza.
Ma quanti campanelli avevo ignorato in passato? Quanti richiami della Coscienza non erano stati individuati e quindi ascoltati?
Per questo avevo avuto bisogno di un'assordante sirena, e questa volta sì che l'avevo sentita!
Mi rendo conto della grande Grazia che avevo ricevuto per averLo subito riconosciuto. Baba, infatti, aveva detto che sono benedetti coloro che riconosceranno l'Avatar al solo sentirne parlare.
Che gioia! Anch'io ero fra quei fortunati! Udendo il Suo Santo Nome, un muro si era sgretolato dentro di me, una fitta nebbia si era dissipata ed ora potevo vedere!
Anche la mente si era poi arresa completamente all'Onnipotenza di questo Meraviglioso Essere, che avevo sempre cercato e che mi aveva sempre aspettato.

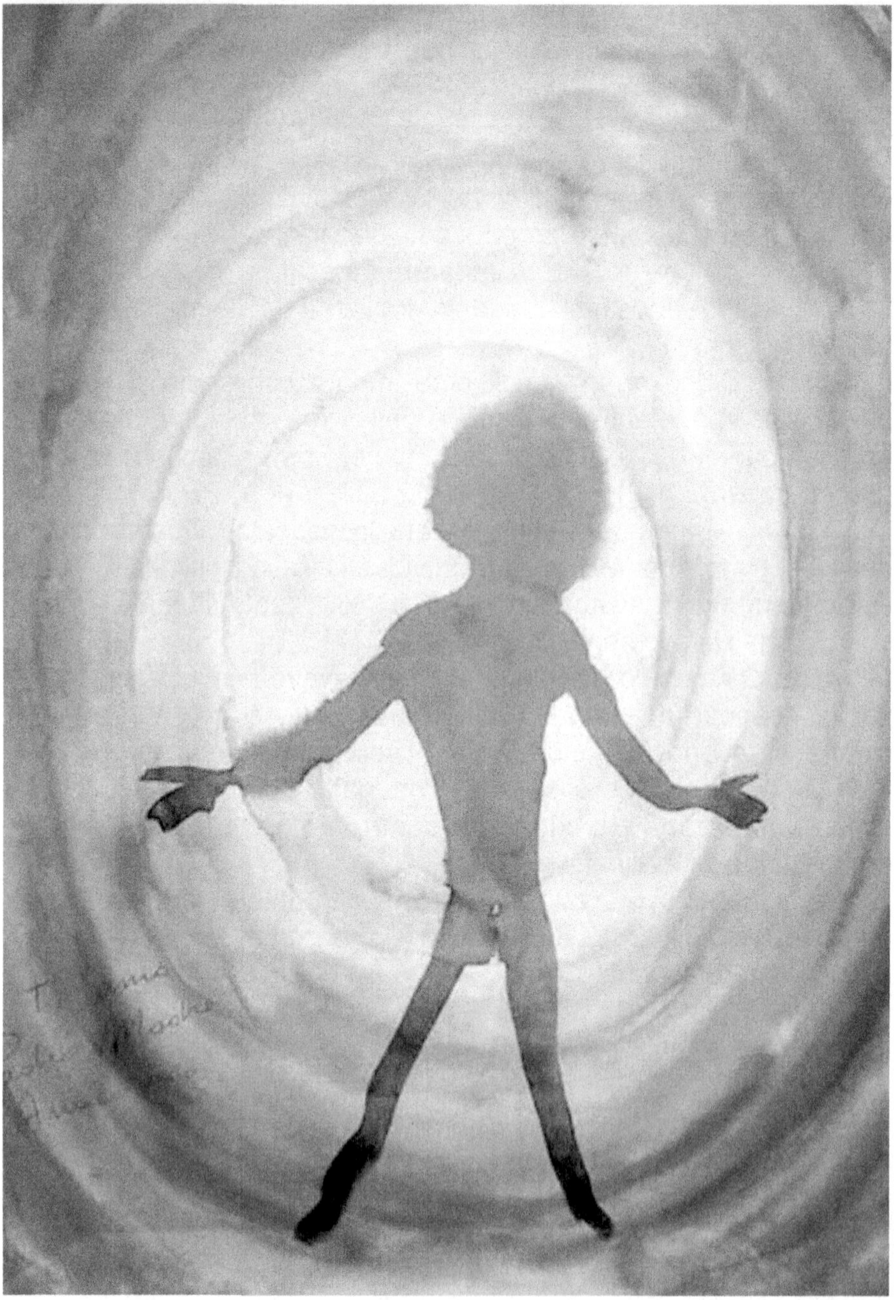

CAP. 14 - UN FIUME D'AMORE

*Come le nuvole prendono la forma di goccioline
e cadono sui campi che hanno scelto di nutrire,
così l'Assoluto Senza-Forma si individualizza,
assume una forma e scende in mezzo all'umanità
per salvarla e sorreggerla.
Questo è il segreto di Dio-Madhava, che scende
come uomo-Manava,
come la nuvola che si impietosisce per le
messi che rimangono al sole.
Baba*

Avevo appena finito di leggere il libro prestatomi da Angelo, quando una mattina andai meccanicamente in cantina. Ma perché ero scesa?... Proprio non lo ricordavo più!
Nella speranza che l'amnesia sparisse, mi avvicinai ad un mazzetto di fogli da me colorati e sfilai l'acquerello di quell'Essere di Luce, con le braccia aperte, che avevo dipinto al Gaver, durante il primo seminario di luglio.
Pensai fra me: "Non è brutto questo dipinto... lo appenderò in cucina!"
Mi piaceva cambiare spesso il "look" delle stanze. Sulle piastrelle della cucina attaccavo fogli con frasi positive, che volevo ricordarmi, ed alcuni miei dipinti.
Non appena appesi il foglio al muro, un brivido attraversò la mia schiena; rimasi a bocca aperta dallo stupore ed esclamai: "Ma sei Tu, Baba!"
Non c'erano dubbi, era proprio Lui! Lo avevo raffigurato sei mesi prima di conoscerLo, ma mi permise di esporre quel dipinto e di ammirare la Sua Forma, solo quando fossi stata in grado di riconoscerLo, solo dopo aver visto la Sua immagine sulla copertina di un libro.
Ecco perché Lo avevo raffigurato con una testa così grande! La Sua chioma, fittissima di riccioli, era proprio inconfondibile! Era rimasto, sul foglio, un triangolo bianco, senza colore, al posto del sesso. Un segno che stava ad indicare che non era né uomo né donna, oppure che era sia l'uno che l'altro. In seguito, vedendo altre Sue

fotografie, mi resi conto che la figura del mio acquerello era perfetta: la forma delle spalle, le gambe da adolescente (come lessi in un libro), la testa leggermente chinata sulla spalla sinistra, come spesso fa quando, con dolcezza, si rivolge a qualcuno.

Ma la conferma definitiva dell'Ispiratore, Autore e Soggetto del dipinto, l'ebbi una mattina di qualche tempo dopo. Mi avvicinai all'acquerello che avevo incorniciato in un plexiglas, avendo deciso che quello sarebbe stato il suo posto definitivo: il quadro era all'altezza della mia testa; io guardai la Figura con gli occhi lucidi e le mani giunte, e rivolsi a Lui questa preghiera: "Baba... quando posso venire da Te? Dammi la forza, la salute per venire a trovarTi almeno una volta!... Baba, abbracciami!"

Nello stesso istante in cui terminai la mia ultima parola, il quadro si alzò (il chiodo rimase attaccato al muro) e poi cadde proprio sul mio petto; ed io, per non farlo precipitare a terra, lo strinsi a me con entrambe le braccia.

Che meraviglia! Ci stavamo abbracciando per davvero! (Nel dipinto, infatti, Baba ha proprio le braccia aperte). Che gioia mi regalò con quel gesto d'Amore!

La mia mente razionale, ripensando poi all'accaduto, stentava a credere che quanto era successo fosse un "lila" (gioco divino) di Baba. La natura della mente è sempre quella di dubitare; ma poi la misi a tacere ripetendo a me stessa: "C'è poco da dubitare! Non è normale che un quadro si stacchi dal muro all'improvviso e che il chiodo resti al suo posto! Non è normale che mi cada sul petto nell'istante in cui chiedo al mio Adorato Maestro di abbracciarmi!"

Da quel giorno furono continui i segni della Sua Onnipresenza ed Onnipotenza.

Una sera, mentre Lo guardavo in una fotografia, vidi il Suo viso trasformarsi. Diventava una donna, dai lineamenti fini, poi un bimbo, poi ancora un uomo, molto serio, poi ancora donna, dall'espressione dolce, ancora un bimbo, e via di seguito.

Il giorno dopo, per capire se fosse o meno un'allucinazione, uno scherzo della mia mente, volli riprovare a guardarLo. Questa volta il Suo volto si trasformava in quello di persone a me conosciute: un'amica, un collega di lavoro, un vicino di casa, ecc.

Gli chiesi: "Cosa vuoi dirmi, Baba, con questi segni? Che sei Padre, Madre, Figlio? Che sei tutti, tutte le persone che incontro?"
Credo che sia stato proprio questo il messaggio che volle trasmettermi in quell'occasione.

Alla fine di febbraio venne da me in sogno per la prima volta, quando ancora non conoscevo queste Sue parole: *"Sono reali i sogni che si riferiscono a Dio. Voi Mi vedete in sogno, vi concedo di toccarMi i piedi per fare il pranam* (saluto reverenziale), *Io vi benedico, vi concedo la Grazia: questo è vero, ed è dovuto alla Mia Grazia e alla vostra pratica spirituale. Se vi appare in sogno il Signore o il vostro guru, dev'essere risultato del Volere di Dio, e non di una delle varie altre cause che producono i sogni. Non può mai accadere come risultato del vostro desiderio"* (Diario spirituale 2 - Mother Sai Publications - pag. 180).
Allora non sapevo questo, ma Lui mi diede la prova della Sua Reale Presenza al risveglio: appena aperti gli occhi, vidi una stoffa arancione strisciare sul vetro del lucernario sotto il quale dormivo. Chi poteva mai camminare sopra il mio tetto?
Mi aveva così voluto dire: "Ora sei sveglia, non stai dormendo e Mi vedi. Sono davvero venuto a trovarti!"
Vi racconto quel primo sogno, che, compresi, non era certo un sogno normale, perché mi lasciò, da sveglia, una dolcezza indescrivibile:
- Pioveva, io ero insieme ad un gruppo di amici, compreso Angelo. Dovevamo andare in montagna, poi, invece, all'improvviso abbiamo cambiato meta e ci siamo diretti in India per incontrare Sai Baba.
Mentre gli amici sistemavano i bagagli in un albergo, io non ho avuto la pazienza di aspettare oltre per vederLo. Così, sotto la pioggia, ho raggiunto il luogo dove Egli stava parlando ad un folto pubblico.
Ho capito da poco che quel luogo, che mi sembrava un'immensa aula universitaria, o un grande teatro, poteva essere il "Poornachandra" di Puttaparthi: il grande auditorio che può accogliere diverse migliaia di persone.
Avevo la sensazione di essere arrivata in anticipo ad un appuntamento. Mi sentivo un po' come una clandestina e per questo non osai entrare nel locale, ma rimasi a guardare Baba da

uno spiraglio della porta, cercando di non farmi vedere. All'improvviso Swami (Signore, Maestro, termine con cui si è soliti rivolgersi a Sathya Sai Baba) interruppe il Suo dialogo con un uomo (la sala era colma di gente che ascoltava silenziosa) e chiese: "Cos'è questa puzza?"
Con un tuffo al cuore mi allontanai dalla porta, pensando: "Mi ha sentita! Mi ha scoperta dall'odore!"
Un senso di vergogna mi assalì e mi sentii più clandestina che mai. Ma poi, Egli, colmo di misericordia, mi trasmise mentalmente questo messaggio: "Va bene... dopo questa persona tocca a te... ti riceverò!"
Io, confusa, pazza di gioia per l'interwiew (intervista, colloquio) promessa, rimasi sotto la pioggia che copiosamente e generosamente mi lavava, mi purificava; e per paura di non riuscire poi a parlare dalla forte emozione, per paura di sprecare quell'unica preziosissima occasione, mi ripetevo a voce alta la frase che avevo deciso di dirGli: "I Want to learn to love You with all myself!" (Voglio imparare ad amarTi con tutta me stessa!). Ripetevo questa frase tante e tante volte e pensavo: "Non posso dimenticarmi: to learn, to love. E' facile da ricordare, ci solo due elle: learn - love".
Poi arrivò il mio turno. Non ricordo le parole che Sai Baba mi rivolse, ma ricordo come se fosse in questo momento, una meravigliosa sensazione di beatitudine, di fusione. Mi sciolsi in Lui, in una struggente dolcezza. Le parole non sono sufficienti ad esprimere quella sublime sensazione -
Fu allora che aprii gli occhi, e vidi il Suo vestito arancione strisciare sul vetro del lucernario sopra di me, in un ennesimo atto d'amore; confermandomi, in questo modo, che era davvero venuto a farmi visita.
Ebbi così il Suo primo darshan ed il Suo primo messaggio per me, che capii, però, a più riprese.
Quello che pensai in un primo istante, fu che avrei dovuto purificarmi ancora, prima di raggiungerLo, prima di avere la Sua Grazia piena.
Gli dissi: "Baba, lo so, sono molto impaziente (nel sogno infatti ero scappata, mi ero allontanata dal gruppo perché non potevo sopportare di aspettare oltre per vederLo). Mi hai lasciata a lavarmi sotto l'acqua, con in testa un unico pensiero: quello dell'amore

completo che voglio avere per Te. Ma poi, Tu, nella Tua Infinita Compassione, hai risposto al mio desiderio ardente di Te e mi hai accolta, anche se appena arrivata, prima di tutti gli altri che pazientemente aspettavano il proprio turno, per avere un colloquio con Te, e mi hai inondata di dolcezza.
Quanto amore per questo "figliol prodigo" che è tornato a casa, per questa bimba assetata di Te!"
Recentemente, da alcuni messaggi di Sai Baba, ho capito un altro aspetto del sogno che non avevo compreso subito.
Baba dice che spesso ci fa da specchio, ci fa vedere quello che siamo e che pensiamo. Dice anche che non giudica nessuno; siamo noi a giudicarci. Con questo sogno, Egli aveva fatto in modo che prendessi coscienza del sentimento di indegnità che provavo verso di Lui.
Io mi ero considerata sporca, impura, una peccatrice "indegna di partecipare alla Sua mensa", una clandestina alla quale non era stato dato alcun appuntamento, e che doveva quindi rimanere sotto la pioggia. Ma quale fu la risposta di Baba a questi miei sentimenti di indegnità? Mi accolse ancor prima di tutti gli altri, che avevano, così credevo, diversamente da me, il "biglietto" per poter essere alla Sua presenza.
Mi ritrovai così fra le Sue braccia, in una stretta d'amore totale, a dimostrazione che non avevo più alcuna ragione di nutrire quel sentimento d'indegnità. Io e Lui, nella fusione di quell'abbraccio, eravamo infatti un'unica cosa.
Lessi in seguito queste parole meravigliose del Maestro, che mi fecero capire ancor più quanto fosse inopportuno quel sentimento che celavo nel mio cuore:

Venite, Venite tutti,
Vedete in Me voi stessi...
Perché Io vedo Me stesso in Voi tutti.
Voi siete la Mia Vita, il Mio respiro, l'Anima Mia...
Voi tutti siete le mie Forme.
Quando amo voi, Io Amo Me Stesso...
Quando amate voi stessi, voi amate Me...
Io ho separato Me Stesso da Me Stesso
per poter essere Me Stesso.

*Ho separato Me Stesso da Me Stesso
e divenni tutto questo
per poter essere Me Stesso.
Ho voluto essere Me Stesso... vale a dire
Ananda Swaroopa - Prema Swaroopa.
(Incarnazione della Beatitudine - Incarnazione dell'Amore)
Questo è ciò che Io Sono
ed ho voluto essere questo...
Come potevo essere Ananda Swaroopa e Prema
Swaroopa...
Ricevere Ananda... e dare Ananda
Ricevere Prema... e dare Prema
A Chi dare Ananda...
A Chi dare Prema...
Così, questo feci... Separai Me Stesso da Me Stesso
e divenni tutto questo
Baba*

(Prema Dhaara - Una collezione di lettere da Sathya Sai Baba ai Suoi studenti - ed. Milesi - pag. 41).

Più tardi, un pomeriggio in cui stavo ripensando a questa prima visita di Sai Baba in sogno, scaturirono nella mia mente tante riflessioni, che trascrissi su un foglio.
I messaggi di Baba affioravano man mano alla mia coscienza, come affiora il burro procedendo alla zangolatura del latte. Ecco ciò che scrissi:
- Ora mi rendo conto, mio Signore, che con questo sogno mi hai voluto dare la chiave d'oro per accedere alla Tua Casa. Mi hai fatto ripetere tante volte la frase: "I want to learn to love You with all myself!" (voglio imparare ad amarTi con tutta me stessa!), affinché non potessi mai più dimenticarla. E' tutto qui il segreto della realizzazione: imparare ad amarTi con tutta la mente, il corpo e l'anima. Questo è stato il Tuo primo messaggio per me, questa la Tua upadesha (istruzione, insegnamento spirituale) per me, la Sadhana (disciplina spirituale) che devo seguire; perché chi raggiunge questo stato, non ha bisogno di nessun altro esercizio spirituale: né meditazione, né preghiere, né altro.

Certo non è facile amarTi incondizionatamente e totalmente; significa arrendermi totalmente a Te, che altri non sei che il mio stesso Sé. Significa vederTi e riconoscerTi in tutti e in tutto ciò che accade. Significa riuscire ad essere al di sopra delle gioie e dei dolori ed accettare con amore le une e gli altri. Ma io, Amore, voglio riuscirci! Tutte le mie energie, le mie risorse sono ora indirizzate verso questo obiettivo e so che così Ti raggiungerò.
Ho letto tante volte, nei Tuoi discorsi, che il Tuo cuore è morbido come il burro, che basta un po' d'amore nelle preghiere, perché Tu, mio Dio, corra immediatamente da noi. Hai detto: *"Lasciatemi le vostre ansie, i vostri guai, le vostre fatiche e i vostri desideri, in compenso avrete da Me Pace, Gioia e Forza"* (Diario spirituale - Mother Sai Publications - pag. 223).
Le Tue parole mi commuovono Amore mio! Hai anche detto che la realizzazione dipende da quattro fattori: l'intensità del desiderio di conoscere Dio, la disciplina spirituale che seguiamo, gli effetti delle nostre azioni di questa vita e di quelle precedenti (karma) e per ultimo, ma primo per importanza, la Grazia di Dio, che può superare ogni limite, e scavalcare ogni tipo di karma.
Quanta misericordia, quanta clemenza, quanto amore hai per questi Tuoi figli! Quando Tu arrivi le carceri si aprono; la Tua Grazia ci cancella gli anni di pena che ancora ci resterebbero da scontare. Ora che Ti sei incarnato, per noi tutto è possibile.
Grazie Baba, per avermi indicato il modo di avere la chiave d'oro per raggiungere la Gioia Infinita!
Con Te qui con noi, è facile aprire la Tua porta, ed io non mi rendo nemmeno conto dell'immensa fortuna che ho avuto, di essere in vita nello stesso momento in cui Tu, Purna Avatar, hai preso queste sembianze umane, e cammini in mezzo a noi!
Quando sei venuto a trovarmi in sogno, ho potuto assaggiare un briciolo della beatitudine che la Tua presenza è capace di dare, ed ora che l'ho provata non posso più pensare di farne a meno. Sei Tu la mia Meta, Tu la Potente Calamita che attira a Sé tutti i Suoi figli che sono sulla strada del ritorno.
Certo, Tu non ci imponi niente, ci hai donato il discernimento e vuoi che lo usiamo. Non ci obblighi ad avvicinarci a Te, se non siamo pronti, se la nostra coscienza di essere una scintilla della Tua fiamma, non si è ancora manifestata. Sei una Mamma premurosa e

tanto paziente, che aspetta che il figlioletto cresca e capisca ciò che deve fare. Ma sei tanto clemente da aiutare questi tuoi bambini a crescere più velocemente che nel passato, affinché non perdano l'occasione di poter giocare direttamente con Te, in questo meraviglioso giardino terrestre; e ci insegni presto le regole del gioco, perché se poi la Mamma avrà altro da fare, non potrà più restare a giocare con noi!
Amore mio Dolcissimo, voglio imparare ad amarTi con tutta me stessa! Questa è la preghiera che voglio rivolgerTi sempre. Questa è la preghiera più importante ed anche l'unica che abbia valore, perché quando avrò davvero imparato ad amarTi con tutta me stessa, arriverà anche tutto il resto; ed arriverà così abbondantemente da non dover più chiedere nient'altro.
Chi imparerà ad amarTi con tutto il cuore, con tutto il corpo e con tutta la mente, non avrà più bisogno di alcuna preghiera; vivrà costantemente con il pensiero rivolto a Te, sarà costantemente con Te ed in Te, mangerà Te, vedrà solo Te, parlerà con Te, si vestirà di Te. In ogni cosa, ed in ogni momento, è Te che sperimenterà.
Sei venuto a consigliarci, ad insegnarci come raggiungere questo stato e non Ti stanchi mai di ripetere le tue preziosissime parole, infinite volte, affinché anche il più distratto dei Tuoi figli non le perda, e possa anch'egli concludere il gioco.
Continui a ripeterci che in questo Kali Yuga è talmente facile conquistare la Grazia del Signore, è talmente semplice il metodo, che spesso non ci crediamo, perché l'uomo crede solo alle "medicine costose" e non si rende conto dell'immenso valore che ha la ripetizione del Nome di Dio: è talmente semplice e alla portata di tutti, da poter dare a tutti la possibilità di raggiungerTi in questa vita!
Ma solo chi ha orecchie per ascoltare, si pone in ascolto delle tue preziose parole. Chi ha ancora la mente troppo in fermento e colma di nozioni; chi è ancora invischiato nei piaceri dei sensi da non averne avuta ancora la nausea; chi ha una personalità, un ego troppo forte per voler cedere, per voler arrendersi al proprio Sé; chi non ha sofferto abbastanza da riuscire a chiedersi il perché della Sua vita; chi non riesce a fermarsi un attimo per domandarsi: "Chi sono?"... questo non riesce ancora a provare il desiderio di bere dal Tuo calice.

Solo chi è tanto assetato di Te non vuol perdersi una sola Tua parola! Per questo, ad uno ad uno, ci fai scoprire quanto siamo stanchi, affamati e assetati.
Ad uno ad uno ci batti, ci tiri, ci plasmi, come fa l'orefice con l'oro per crearne gioielli preziosi.
In quest'epoca in cui la verità deve trionfare, in cui il Tuo stesso Nome è "Verità" ("Sathya", nome anagrafico di Sai Baba, in sanscrito significa "Verità"), tutto ciò che ha posto le basi sulla falsità, non può che crollare inesorabilmente.
E' finito ormai il tempo, per noi figli, di mettere la testa nella sabbia come fanno gli struzzi. Non possiamo più dormire e nasconderci. La nostra anima reclama a piena voce di essere ascoltata, e pian piano, con le sofferenze, con i calci che la vita ci dà, stiamo imparando a seguirla.
Non sei venuto per pochi, sei venuto per tutti, e prima o poi tutti vorranno bere dal Tuo Calice il nettare divino.
Tu che tutto puoi, avresti potuto cambiare il mondo in un istante, ma sai che noi figli avremmo ripreso a sbagliare più di prima, se non fosse avvenuto in noi un cambiamento interiore. Stai quindi trasformando le coscienze, una ad una, e per fare ciò, poiché la nostra ottusità è grande, hai deciso di scendere in tre incarnazioni successive, per darci tutto il tempo di cui abbiamo bisogno per cambiare. Hai anche detto che quando tornerai, otto anni dopo aver lasciato questo corpo, ti chiamerai "Prema Sai Baba", ("Prema", in sanscrito, vuol dire "Amore"), perché allora nel mondo ci sarà solo Amore, Amore, Amore! Non più guerre, non più lotte!
Signore mio dolcissimo, sto aspettando con trepidazione il giorno in cui ci riuniremo tutti nelle piazze e nelle strade per cantare il Tuo Nome, la Tua Gloria, il nostro amore per Te. So che quel giorno arriverà ed io non sarò ancora vecchia; canterò per Te, come sempre, ma in mezzo a tanti altri cuori innamorati, a tanti altri occhi lucidi; e la gioia, così condivisa, di averTi qui con noi, sarà ancora più grande!
Riuscirò a contenerne così tanta? Si, perché amandoTi, questo mio cuore sta crescendo sempre più! -

Un giorno di primavera, io e Antonella, dopo aver letto un interessante libro che riportava le profezie su Sai Baba, di profeti

delle più importanti religioni del pianeta, e avendo verificato quanto coincidessero con questo Sorprendente Personaggio, decidemmo di saperne di più. Andammo così in una libreria ecumenica di Milano per comprare qualche altro libro e videocassetta.
Ci avviammo subito verso gli scaffali del settore "Sai Baba". La commessa, una graziosa ragazza, subito ci chiese: "Siete devote di Sai Baba?"
"Si!", risposi io senza esitazione, senza nemmeno chiedermi il valore della parola "devoto".
La ragazza aveva un'aria interrogativa; capivo che cercava delle conferme, e continuò: "Che strano... in questi giorni continuano a venire persone dirette a quello scaffale e che mi parlano di Sai Baba. Non faccio in tempo a mettere in pila i libri, che finiscono in quattro e quattr'otto! Ieri, addirittura, è venuta una signora dicendo che ha trovato in casa sua della vibhuti materializzatale da Sai Baba, e me ne ha portata un po', perché secondo lei ne avevo bisogno... ed infatti, ieri avevo un terribile mal di testa!
Vorrei conoscerLo anch'io. Cosa potrei leggere di veloce?"
Com'è buffa la vita! Una commessa di libreria che chiede consiglio a me, su cosa deve leggere!
Io le indicai il libro che avevo appena letto con Antonella. "E' corto, veloce ed è un antipasto per intuirNe la natura", le dissi io.
Finiti gli acquisti, la commessa ci ringraziò; "Di che cosa?" risposi io, "E' un piacere parlare di Baba!"
Prima che uscissimo, mi regalò una pietra verde che stavo guardando con interesse, ed una cartolina raffigurante i Piedi del Maestro.

Durante il ritorno a casa, io e la mia amica iniziammo a parlare del simpatico colloquio che avevamo appena avuto. Antonella ripeté le parole della commessa a riguardo della vibhuti che Baba aveva materializzato a casa di quella signora.
Immediatamente un lampo attraversò la mia mente.
Maria, l'amica che mi parlò di Baba per la prima volta, mi aveva regalato un sacchetto di questa preziosa cenere sacra, che ha effetti taumaturgici. Me ne aveva dato anche un altro da consegnare ad un'amica, Francesca, che faceva parte di quel gruppo di sette persone del seminario del sette gennaio.

Ogni sera, per circa un mese, Donato me ne metteva un po' sulla spina dorsale, perché istintivamente sentivo che mi avrebbe aiutata a riaccendere il fuoco della mia energia vitale.
Diedi un po' di vibhuti a mio fratello Enzo e un po' ad Antonella. Quando decisi di consegnare il pacchetto a Francesca, che nel frattempo non avevo più visto, il mio pacchetto era ormai a metà; così un egoico pensiero attraversò la mia mente: "Il mio pacchetto è ormai dimezzato, per me è molto importante questa cenere sacra, chissà, invece, se a Francesca interesserà! Potrei tenere questo pacchetto per me..."
"Che brutto pensiero!", dissi subito ad alta voce; "Questo pacchetto è per Francesca e sarà tutto per lei! Non importa se la mia vibhuti finirà; in qualche modo Baba me ne farà avere ancora!"
Dopo qualche giorno, notai che il pacchetto era diventato molto gonfio; ma la mente non volle indagare pensando che, forse, il volume della vibhuti potesse cambiare, pur dentro un sacchetto di plastica, con il cambiamento di umidità dell'aria.
Le parole della commessa mi fecero, però, nascere il dubbio che nel sacchetto esageratamente gonfio, la vibhuti potesse essere aumentata per davvero.
Giunte a casa ricevetti una telefonata da parte di Donato ed io ne approfittai per metterlo al corrente di quel dubbio: "Mi sembra che la vibhuti nel sacchetto sia aumentata..." gli dissi, "Te ne accorgi adesso? E' da una settimana che io l'ho notato, ma non osavo crederci!" mi rispose Donato.
"Perché non la pesiamo?" mi suggerì Antonella.
Pesava un po' più di cento grammi, poi leggemmo che sul fondo del sacchetto c'era scritto "100 Grams".
Ora non avevo più dubbi: la vibhuti era aumentata per davvero ed il sacchetto, prima dimezzato, era tornato all'origine, anzi, era ancora più colmo!
Eravamo in due ad averla pesata e a constatare che Baba, tramite la commessa, aveva trovato un modo simpatico di spingermi a verificare il contenuto del sacchetto e ad accorgermi del dono che mi aveva fatto, ormai da una settimana.
"Che gioia mi hai dato, Caro Baba! Non me l'hai fatta mancare per davvero, la Tua preziosa medicina!"

Il tempo passava ed io mi innamoravo sempre più del Maestro di Verità.
Continuai a leggere libri per conoscerLo meglio, per conoscere il Suo messaggio e cercare di metterlo in pratica. Lessi alcuni Suoi scritti, raccolte di Suoi discorsi e tanti altri libri di devoti di tutto il mondo, che avevano avuto con Lui le esperienze più incredibili.
Le Sue Parole, quando parlava della Sua Missione e del prossimo futuro, mi riempivano di gioia e gratitudine:
"Sai è venuto per realizzare il compito supremo di unire tutta l'Umanità in una sola famiglia, attraverso il vincolo della fratellanza. E' venuto per confermare e illuminare la realtà atmica di ogni essere, rivelando così il Divino che è la base su cui poggia l'intero cosmo. E' venuto per insegnare a tutti a riconoscere la comune eredità divina che lega un uomo all'altro, così che l'uomo possa liberarsi della sua natura animale e innalzarsi fino al Divino che è la sua meta...";
"Sono venuto per ripristinare l'antica strada che conduce a Dio. Non sono venuto per conto di alcuna setta, credo o religione. Sono venuto per accendere la luce dell'Amore nel cuore di tutta l'umanità" (Sathya Sai Baba - Il mio messaggio è amore - Ed. Mediterranee - pagg. 186 - 185);
"Io ho un "compito": guidare il genere umano e garantire per tutti una vita felice. Ho fatto una promessa solenne: riportare gli uomini sul giusto sentiero e salvarli. Sono molto legato a questo "Lavoro" che amo, e desidero allontanare le sofferenze dai poveri, donando loro ciò di cui hanno bisogno. Ne devo essere fiero, poiché salvo tutti coloro che mi adorano e mi venerano lealmente...";
"Ognuno di voi deve essere salvato, e lo sarà. Io non vi abbandonerò mai, anche se vi terrete lontani. Non abbandonerò neppure coloro che Mi denigrano, che Mi negano, poiché sono venuto per tutti: anch'essi saranno avvicinati e salvati. Non dubitatene: Io li chiamerò e darò loro la Mia benedizione" (La vita di Sai Baba - Satyam Shivam Sundaram - parte II - Kasturi - Mother Sai Publications - pagg. 17 - 26);
"Dio sceglie di venire in forma umana per insegnare agli uomini ad usare l'intelligenza, il discernimento e il distacco che solo con un corpo si possono praticare, per realizzare la Realtà Ultima, conosciuta la quale, tutto è conosciuto" (Diario spirituale 2 - Mother Sai Publications - pag. 199);

"Abbiate fede e sarete liberati. Sappiate che la salvezza è vicina. Molti esitano a credere che i destini dell'uomo si eleveranno, che una gioia esaltante verrà ad illuminare il mondo rivelando una nuova età dell'oro. Ricevete dalle mie mani la certezza che questo corpo divino non è venuto invano e riuscirà a sovvertire la crisi in cui versa l'umanità" (Sai Baba, l'uomo santo e lo psichiatra - S. Sandweiss - Ed. Milesi - pag. 107);

"Voi avete ora il compito di dimostrare che non tutto è perduto, che c'è ancora gente che crede nella verità, rettitudine, pace e amore, che atti di servizio d'amore resi con spirito di umiltà e riservatezza, rendono ancora la gente felice, e che comincia a sorgere e ad avvicinarsi il giorno in cui la fratellanza dell'uomo e la paternità di Dio splenderanno luminose";

"Molto presto potrete assistere alla restaurazione dello stato naturale e genuino del Sanathana Dharma (legge eterna) *il Dharma descritto dai Veda* (le più antiche Sacre Scritture) *per tutti i popoli del mondo, il Dharma vedico. Io sosterrò la Verità; Io sradicherò la falsità: vi farò esultare nell'estasi di questa vittoria e di quel conseguimento. Questa è la volontà divina del Sai"* (Sathya Sai Speaks - Shri Sathya Sai Books & Publications Trust - vol. XIII - pag. 106 e vol. VIII pagg. 100 - 101);

"Ciò che riserva il futuro è al di là della vostra immaginazione e della vostra conoscenza. Ma Io posso vedere come sarà il vostro futuro. Verrà il momento in cui tutto il mondo sarà ai piedi di Dio. Verrà il tempo in cui tutto il mondo gioirà del Divino. Io mi limito qui a queste poche parole. La Mia Gloria non può manifestarsi improvvisamente, perché il mondo non potrebbe sopportarla. Ma Io vi assicuro che verrà il giorno in cui gli uomini di tutto il mondo riconosceranno chi è Swami (Sai Baba)" (Sathya Sai Baba - Il mio messaggio è amore - ed. Mediterranee pag. 15);

"Il successo del compito per cui Io sono venuto si rifletterà molto presto da un capo all'altro del mondo" (Discorsi di Sathya Sai - Vol. X - Ed. Libreria Internazionale Sathya Sai S.r.l. - pag. 384);

"Questa è un'epoca che segnerà l'alba dell'Età d'oro della liberazione per l'umanità" (Sathya Sai Discorsi - vol. III - ed. Milesi - pag. 165);

"Rama, Krishna e Sai Baba si manifestano in modo diverso a causa della veste che ciascuno ha indossato, ma, credeteMi, si tratta della stessa Entità. Non fatevi indurre in errore. Presto verrà il tempo in

cui questo enorme edificio (il Poornachandra Hall), o perfino quelli più grandi, saranno troppo piccoli per il raduno di coloro che sono stati chiamati in questo luogo. Il cielo stesso dovrà diventare il tetto dell'Auditorium del futuro. Io dovrò rinunciare alla macchina e perfino all'aereo quando mi muoverò da un luogo all'altro, poiché le folle accalcate lì intorno saranno troppo grandi. Io dovrò spostarmi attraverso l'etere; sì, credeteMi, anche questo avverrà" (Sathya Sai Baba - Il mio messaggio è amore - ed. Mediterranee - pag. 67);

"Riuscirò certamente a raggiungere lo scopo di questo Avatar. Tenetelo per certo. Impiegherò il tempo che vorrò per portare avanti il Mio Progetto nei vostri confronti. Non posso affrettarMi perché siete impazienti. A volte aspetto finché non posso cogliere dieci obiettivi in un colpo solo, proprio come una locomotiva non viene impiegata per trascinare una sola carrozza, ma aspetta che sia pronto un convoglio proporzionato alle sue capacità. In ogni caso, la Mia Parola non fallirà mai, tutto deve accadere secondo la mia Volontà";

"Non c'è nulla che possa trattenerMi, agitarMi o gettare un'ombra su di Me in questa Forma Umana: ve l'assicuro. Nemmeno un capello può essere torto dalla forza della calunnia, del sospetto o dell'ignoranza. Il Mio Sankalpa (volontà divina) deve prevalere, la Mia opera deve essere compiuta, la Mia missione sarà coronata da successo" (Discorsi di Sathya sai - vol. I - ed. Libreria Internazionale Sathya Sai S.r.l. - pagg. 157 - 76).

Nel libro: Il mio Baba ed io di J. Hislop (Ed. Milesi), lessi queste parole di un colloquio che l'autore ebbe con Sai Baba nel dicembre 1978:

SAI - Il crimine in India è peggiorato. Non esiste sicurezza.
HISLOP - Swami, non è una particolarità dell'India, accade lo stesso in tutto il mondo. In che modo andrà a finire?
S - Migliorerà, in pochi anni tutto sarà pacificato.
H - Ma Swami, sta peggiorando; è il kali Yuga.
S - No. Non va così male ora, come prima. E' come l'oceano, c'è il tempo delle onde alte che si abbattono fortemente contro la riva, ma poi segue un mare calmo e pacifico.
H - Molte persone sostengono che, molto presto, entreremo in un periodo di grandi catastrofi.

S - *Come ho già accennato, ci potranno essere delle onde alte; ma il mondo sarà felice, pacifico e prospero.*
OSPITE - *Niente guerra mondiale?*
S - *No, nessuna guerra mondiale.*
H - *Siamo fortunati ad essere vivi e poter vedere questo mondo pacifico.*
S - *Voi tutti lo vedrete. Persino dei vecchi vivranno per vederlo.*
OSPITE - *Allora Prema Sai (la prossima incarnazione di Sai Baba) non avrà molto lavoro da fare! Swami avrà già reso pacifico il mondo.*
S - *Ciò accadrà fra circa quarant'anni. A quel tempo il mondo sarà pacifico. Quello è il Nome: PREMA (Amore) Sai. Tutto sarà amore, amore, amore, dappertutto amore.*
OSPITE - *Sarebbe bello rinascere al tempo di Prema Sai!*
S - *E' meglio fondersi con Dio. Nessuna rinascita.*

Nel libro: "La vita di Sai Baba - Satyam Shivam Sundaram - parte II - Mother Sai Publications", il Prof. Kasturi, dice alla pag. 194: *Quando qualcuno Gli scrisse "Sono felice che qui il Tuo nome sia venerato in ogni casa", rispose: "Presto vedrete che sarà venerato in ogni più piccolo spazio del mondo".*

Che parole meravigliose! Stavo forse leggendo dei libri di favole? Stavo sognando?
No, dentro il mio cuore sapevo che era tutto vero. Nel mio inconscio, e non solo, avevo sempre avuto una grande, ottimistica, fiducia nel futuro, come avevo già scritto, da adolescente, nella poesia "Io sono".
Una fiducia che andava ben oltre l'evidenza più nera dei fatti di cronaca, che i mass-media, ogni giorno, mi riportavano.
Allora, tale fiducia, non era spiegabile razionalmente, ma io avevo sempre creduto nell'Amore con la "A" maiuscola, l'Amore Divino; come avevo sempre creduto nella saggezza e nella bellezza della vita, che va ben oltre la nostra capacità di comprensione razionale.
In quei giorni di emozionanti letture, stavo riportando in superficie dei tesori di conoscenza intuitiva, che erano stati celati, ben custoditi, dentro lo scrigno segreto del mio cuore. Per questo non ebbi mai il minimo dubbio, né la minima esitazione a credere nelle Sante Parole del Maestro di Verità.

Avevo ormai letto di guarigioni spettacolari, di incidenti stradali sventati in un attimo, di piene fluviali deviate, di piogge arrestate e di una serie infinita di segni e prodigi che accadevano giornalmente nelle case dei devoti di tutto il mondo.

I piccoli "lila" (giochi divini) che Baba aveva fatto in casa mia, dimostravano, quindi, una goccia infinitesimale della Sua Onnipresenza ed Onnipotenza.

Ad ogni modo, i miracoli più grandi, anche se i meno appariscenti, erano le trasformazioni operate nei cuori dal Suo travolgente Amore.

Gente mondana, attaccata ai beni materiali, al prestigio sociale, legata ai piaceri dei sensi, anche veri e propri delinquenti, cambiavano completamente la propria vita dopo essere venuti in contatto con il Suo Splendore. Bastava a volte un Suo semplice sguardo perché la corazza dura intorno al cuore si sgretolasse, perché si risvegliasse la scintilla divina che alberga anche dentro colui che ci può sembrare il più spregevole fra gli uomini.

Persone comuni, chiuse nella gabbia di "io" e "mio", persone ammalate, dedite alla malavita, si trasformavano, giorno dopo giorno, in saggi, sotto gli occhi vigili del Maestro.

Il Suo Amore Immenso è davvero il Suo più grande Miracolo!

In quei giorni ero felice come non mai. Quanti anni e quante vite avevo aspettato quel momento!

Mi accorgevo come tutto, in questa vita, fosse stato per me una preparazione per quel Grande appuntamento. Mi ero tenuta libera da attaccamenti a particolari correnti filosofiche, religiose e spirituali. Ero rimasta, in questo senso, una lavagna bianca, senza dogmi e preconcetti, che avrebbero potuto impedirmi di riconoscere Colui che aspettavo da sempre, precludendomi un'occasione d'oro.

Avevo accuratamente evitato, in passato, di limitare la concezione del Divino ad una forma soltanto. Mi accorgevo di avere amato tutte le Forme Divine di cui ero venuta a conoscenza. Certamente, Gesù e Sua Madre Maria mi erano più familiari, ed erano anche le uniche forme che potevo trovare nelle nostre chiese, ma mi sarei inginocchiata, anche in passato, davanti ad una statua di Rama o Krishna, perché intuivo profondamente che Dio è uno e che è sempre venuto, nelle varie epoche, per aiutarci nei momenti in cui maggiormente avevamo bisogno di Lui, quando il Dharma (la rettitudine) era stato dimenticato.

Chissà... forse in una delle mie ultime vite avevo vissuto in India, e forse proprio per questo, certi concetti come quello di reincarnazione, di karma o di Avatar, mi erano così familiari. O forse, semplicemente, avevo riconosciuto la Verità che è sempre dentro di noi, anche se a volte ben celata.

Intanto, più la mia devozione si consolidava, più venivo inondata dal Suo Amore, che Egli mi esprimeva in mille modi, anche con segni nella natura.

Che bello! Che meraviglia! Avrei avuto ora tutta la vita da vivere al Suo fianco. Avrei avuto da Lui tutte le risposte che cercavo fin da quando ero bimba, e che nessuno, prima, era riuscito a darmi. Insieme a Lui non avrei avuto più paura, né ansia, né tristezza. Avrei superato tutte le prove, anche le più difficili, affidandomi a Lui, al Suo sorriso, alla Sua dolcezza, al Suo cuore immenso.

> Quante lacrime, in questa vita,
> mi hanno rigato il viso:
> lacrime di paura, di tristezza, di dolore.
> Basta!
> D'ora in poi
> questa terra io bagnerò
> con lacrime d'amore e di gioia!

Che bello! potevo ora finalmente indirizzare tutto il mio Amore verso di Lui e farlo scorrere come il fiume scorre verso il mare, impaziente di immergersi in esso.

Un fiume d'amore impetuoso, travolgente, mi inondava: il Suo.

Un fiume d'amore allegro e impaziente Gli rispondeva: il mio.

Sapevo che indirizzare il mio amore verso Lui, sarebbe stato come innaffiare le radici di un grande albero, del quale ogni uomo, ogni creatura, era una foglia. Sarebbe così arrivato a tutti il mio amore.

Sarebbe stato molto più complicato dar da bere ad ogni singola foglia. Avrei potuto raggiungerne solo alcune, le più vicine, ma non tutte. Così, invece, dando l'acqua del mio amore alle radici, a Dio, io la davo al mondo intero.

Ai primi di febbraio, la mia amica Maria andò da un guaritore siciliano del quale aveva sentito parlare molto bene. Al ritorno mi raccontò la sua esperienza, e decisi di provare a giocare quest'altra carta per aiutare il mio corpo.
Prenotammo una cuccetta in treno e, accompagnate da suo figlio, partimmo giovedì 9 marzo, dirette in Sicilia.
Trascorremmo tutta la serata parlando di Sai Baba e dei segni che mi aveva dato da quando lei me ne aveva parlato la prima volta.
Tutto il viaggio fu caratterizzato da una serie incredibile di coincidenze: parlavamo di San Francesco, e subito vedevamo una Sua grossa immagine appesa ad un muro, menzionavamo Gesù, e subito scorgevamo un grosso dipinto che Lo raffigurava, menzionavamo Baba, e subito ci imbattevamo in una nuvoletta di fiori arancioni, nati in condizioni incredibili vicino agli scogli, in riva al mare, ecc..
Ci rendevamo conto di non essere mai soli. Il Divino ci accompagnava, e si dimostrava a noi in ogni forma in cui Lo menzionavamo.
Ci sentimmo completamente protette in quel viaggio che ci sarebbe servito ad avere maggiore consapevolezza del nostro potere, maggiore fiducia sulla Divinità che è in noi.

Il guaritore ci diede un'acqua da bere. Ci affidammo a lui per un po' di tempo, finché, per l'ultima volta, tornammo da lui.
Era il 15 giugno. Quella notte, mentre dormivo in cuccetta, Baba venne ancora da me in sogno.
- Lo vidi sorridente, dolcissimo; poi vidi il mio volto pieno d'amore, di devozione per Lui; poi ancora il Suo Volto, con la stessa espressione del mio.
Aveva, come me, gli occhi lucidi di devozione, d'amore infinito; mi guardava allo stesso modo in cui io guardavo Lui. Erano proprio vere le Sue Parole: *"Guardate Me con tutto il cuore ed Io, a Mia volta, guarderò voi alla stessa maniera"* (La vita di Sai Baba - Satyam Shivam Sundaram - Kasturi - Mother Sai Publications - pag 203).
Poi si avvicinò con un cucchiaino colmo di vibhuti in mano, e me la imboccò, come la più dolce di tutte le madri che imbocca lo sciroppo al suo bimbo malato.

Sentii telepaticamente queste Sue parole: "Prendila, è la tua medicina! Ci penso io a te!"-
Questo è tutto il sogno; molto breve, ma tanto chiaro che quella fu l'ultima volta che tornammo da quel guaritore. Nel frattempo, infatti, anche Maria aveva avuto segni in proposito.
Non avevamo più bisogno di ricorrere ad un guaritore esterno. La guarigione completa sarebbe arrivata affidandoci totalmente al Signore, con Grande devozione ed infinita fede e fiducia.
Dovevamo soltanto imparare ad abbandonarci completamente a Lui, a Lui soltanto. Era dentro di noi, in tutta la sua Onnipotenza, e ci guidava, come ci aveva più volte dimostrato, passo passo, aspettando pazientemente che prendessimo rifugio totale in Lui.
Lessi più tardi le Sue meravigliose parole sull'abbandono; sono per me come una medicina, e, ogniqualvolta ne sento il bisogno, torno a rileggerle:

"Perché vi agitate? Lasciate a me la cura di tutte le vostre cose. Ci penserò io. Io intervengo soltanto quando saprete abbandonarvi a me completamente. Io non aspetto altro.

E quando vi abbandonerete a me completamente, non dovrete più preoccuparvi di nulla: lasciate ogni paura, ogni sconforto. Voi dimostrate di non fidarvi di me: confidate in me ciecamente!

Abbandonarsi significa allontanare il pensiero dalle preoccupazioni, allontanare il pensiero dalle difficoltà che incontrate, allontanare il pensiero da tutti i problemi che avete.

Mettete tutto nelle mie mani dicendo: "Signore pensaci tu, sia fatta la tua volontà!"

Che è come dire "Signore ti ringrazio, hai preso tutto nelle tue mani per risolvere ogni cosa per il mio bene maggiore!"

Abbandonarsi non vuol dire preoccuparsi per l'esito delle vostre aspettative, non significa preoccuparsi perché una circostanza ha avuto risultati diversi da quelli che aspettavate.

Così facendo dimostrate di non credere all'amore che nutro per voi, dimostrate di non credere nel fatto che la vostra vita è sotto il mio controllo e che nulla mi sfugge.

Non pensate mai a cosa succederà, a come andrà a finire, se cedete a questa debolezza dimostrerete di non aver fiducia in me.

Volete o non volete che ci pensi io? Allora dovete smetterla di preoccuparvi voi! Io vi condurrò soltanto se vi abbandonerete completamente a me. E quando devo portarvi per una via diversa

da quella che vi aspettereste voi, vi ci porterò con le mie stesse braccia.
Ciò che vi mette in agitazione è la vostra mente, il vostro pensiero, la vostra preoccupazione, il voler provvedere voi a tutti i costi.
Quante volte intervengo quando, per le vostre necessità spirituali e per quelle materiali, la vostra anima si rivolge a me dicendomi: "Pensaci tu!" e poi chiude gli occhi e riposa tranquilla!
Voi riceverete molto soltanto quando la vostra preghiera sarà affidamento totale a me.
Voi nel dolore pregate affinché io intervenga, ma affinché intervenga come volete voi: non vi affidate a me, ma volete che io mi adatti alle vostre richieste.
Non siete malati che chiedono la cura al medico, ma malati che gliela suggeriscono! Non fate così.
Anche nelle situazioni più tristi dite: "Signore ti lodo e ti ringrazio per questo mio problema, per questa mia necessità. Ti prego di disporre le cose come meglio ritieni opportuno per la vita terrena e temporale. Tu sai cosa è meglio per me".
Se mi dite realmente: "sia fatta la tua volontà", che è come dire "pensaci tu", io intervengo con tutta la mia onnipotenza e risolvo le situazioni più critiche, anche quelle impossibili.
A volte hai l'impressione che la sventura incalzi invece che allontanarsi?
Non ti agitare, chiudi gli occhi e dimmi con fiducia:
"Pensaci tu. Sia fatta la tua volontà".
Allora ci penserò io e, quando occorre, compirò anche un miracolo. Io penso sempre a voi, ma posso aiutarvi completamente soltanto quando vi affidate totalmente a me".
Sri Sathya Sai Baba (Sandhya - Laura Secca - ed. Mediterranee - pagg. 209 - 210).

La mia devozione era ancora in rodaggio. Ma volevo raggiungere quello stadio che il Signore mi richiedeva. Sapevo che ci sarei riuscita, prima o poi, perché il Suo amore è tale da riuscire a capovolgerci, a trasformarci.
In quest'ultimo sogno mi aveva chiaramente comunicato che stava rispondendo alle mie lacrime d'amore, al mio sorriso di gioia nel vederLo. Proprio come un'eco rispondeva alle parole del mio cuore, rifletteva il mio viso come uno specchio. Se quindi io Gli dicevo "Sì!

Sì! Sì!", anche Lui mi rispondeva: "Sì! Sì! Sì!", con la stessa intensità, la stessa dolcezza dipinti sul volto.
Il Suo fiume d'Amore non s'arrestava mai!

Una notte di marzo Baba venne a trovarmi in sogno per la terza volta.
Un sogno molto breve, ma molto significativo, come sempre:
- Mi trovo insieme ad un gruppo di amici ed ai miei genitori, in una grandissima chiesa sovrastata al centro da una cupola altissima. Riconosco che si tratta della chiesa di San Pietro in Roma.
Siamo tutti intervenuti per presenziare all'inaugurazione di una statua immensa, altissima. Mentre la guardiamo, con i nasi all'insù, questa diventa sempre più alta, fino a sfondare il tetto della cupola!
Io so di Chi si tratta, ma non gli altri, e sono per questo in una gioiosa ed eccitante attesa, con un sorriso smagliante.
Ad un tratto, la gigantesca statua china la testa: è Sai Baba! Mi sorride e mi strizza l'occhio. -

Una mattina di quella primavera, sentii molto forte l'impulso di dipingere Sai Baba.
Non avevo in casa i colori; così uscii, diretta a un centro commerciale con un fornito reparto per chi ha l'hobby della pittura e del disegno.
Mi soffermai a guardare una scatola di colori acrilici. Una signora si avvicinò molto cordialmente: "Dipingo anch'io. Quei colori sono fantastici, si diluiscono con l'acqua e si asciugano in fretta; e poi si possono utilizzare anche sulla stoffa!" La ringraziai per le informazioni e tornai a casa soddisfatta, tuffandomi nel dipinto, che finii quella stessa mattina.
Qualche giorno dopo, un'amica mi disse che ai primi di maggio sarebbe partita con altri devoti per l'India. Sarebbero andati a Whitefield, dove ci sono alcuni collegi Sathya Sai, e dove Baba spesso si ferma per qualche tempo.
"So che a te piace dipingere", mi disse la mia amica, "te la sentiresti di dipingere il simbolo del Sarva Dharma (è il simbolo dell'unione di tutte le religioni, ed è l'emblema di Sai Baba) sui foulard che porteremo sulle spalle, come segno di riconoscimento?
"Sì!" risposi subito, "ho appena comprato i colori per la stoffa!"

Iniziai a dipingere con amore. La mia salute non mi permetteva di andare in India, ma sapevo che qualcosa di me sarebbe andata da Swami, con loro. Ero soddisfatta del lavoro che, nonostante i miei problemi energetici, si svolgeva senza intralci, nel migliore dei modi, come se fosse la mano di Baba a dipingere, non la mia.

Consegnai all'amica una lettera per il mio adorato Maestro. Era molto lunga: un fiume di parole d'amore e di richieste di chiarimenti. In particolare avevo chiesto a Baba: "Nel sogno (il primo) mi lasci fuori, a pulirmi sotto l'acqua. Acqua... quale acqua?... Forse l'acqua di Lourdes?"

Un'altra cosa che avevo chiesto a Baba era di insegnarmi a raggiungerLo: "Baba, voglio raggiungerti in questa vita! Se per me è possibile, insegnami come".

Ero davvero impaziente. Forse la mia richiesta era troppo presuntuosa? Ma no... dice Baba che dobbiamo aspettarci il massimo, che deve essere la nostra meta; del resto, con la Sua Grazia, tutto è possibile.

Oggi so, comunque, che non è importante quando Lo raggiungerò; l'importante è andare avanti senza perdere la fede e la fiducia in Lui.

Al ritorno dall'India, la mia amica mi consegnò un foglio con il resoconto del viaggio, insieme ad una bottiglietta di acqua del lingam (simbolo dell'Universo creato).

Al primo darshan, Baba aveva ritirato al gruppo tutte le lettere dicendo :*"I'm very happy!"* (Sono molto felice!) Poi, chinandosi a parlare con una donna australiana seduta davanti a loro, la invitò a fare partecipe il gruppo delle 13 interwiews che ella aveva avuto con Lui.

La gentile signora, accolse la mia amica, insieme alle altre donne del gruppo, nella sua stanza.

Offrì loro un the ajurvedico, preparato con l'acqua del lingam che Baba le aveva materializzato durante una interwiew.

Si trattava di un piccolo uovo color antracite.

La donna cominciò, allora, a raccontare le sue esperienze con Baba, precisando che più che parlare, Baba con lei giocava.

Furono davvero molti gli aneddoti riportati, che toccavano diversi argomenti.
La devota australiana raccontò che Baba, durante una interwiew, le aveva detto una frase molto importante: *"Quando un Avatar scende sulla terra e chiama i suoi devoti, questi avranno con assoluta certezza la liberazione in questa vita"*. La donna sottolineò il significato della parola "devoto": il vero devoto è colui che si abbandona totalmente a Dio, ama Dio e vive in unione con Lui.
Dopodiché, la signora australiana regalò al gruppo una bottiglia d'acqua, dove era stato immerso il lingam materializzatole da Baba, e spiegò che i poteri di questo lingam consistevano nell'assicurare vita lunga e salutare; pace della mente, cioè equilibrio; felicità. Bastavano poche gocce di quell'acqua, per purificarne dell'altra; questo accadeva perché, come Baba le aveva precisato per ben due volte, il potere di Dio è illimitato nel tempo e nello spazio.

Leggendo il foglio consegnatomi dalla mia amica, mi commossi.
Avevo ricevuto due risposte chiare. Nella lettera indirizzata a Swami avevo chiesto indicazioni a riguardo dell'acqua, e mi vidi consegnare una bottiglietta di acqua, accompagnata da queste parole: "Tieni, questa è l'acqua per la guarigione!"
Avevo chiesto a Baba se fosse possibile, per me, raggiungerLo in questa vita, e cosa avrei dovuto fare a tal fine, e mi capitò di leggere quelle parole così forti, così importanti, alle quali non avrei creduto se non le avesse pronunciate Lui, lo "Spirito di Verità".
Il mio obiettivo era, quindi, diventare una "vera devota", secondo la definizione che Swami aveva dato di tale termine.
Avevo letto altre Sue parole a riguardo:
"Ho una mia particolare definizione della devozione; esigo che i miei devoti trattino gioia e dolore, guadagno e perdita con la stessa forza d'animo. Io non abbandonerò mai coloro che mi amano..." (La vita si Sai Baba - Satyam Shivam Sundaram - parte II - Mother Sai Publications - pag. 17);
"Chi sono i miei veri devoti? Coloro che hanno Discernimento, Rinuncia, Saggezza e Umiltà, sono sempre immersi nella contemplazione del Mio Gioco, si soffermano sul Mio Nome in ogni momento ed in ogni situazione, e spargono lacrime d'amore ogniqualvolta odono proferire il Nome del Signore, da ogni labbro.

Questi sono i Miei veri devoti" (Diario spirituale 1 - Mother Sai Publications - pag. 11);
"Il vero devoto deve essere disposto ad accettare qualsiasi cosa come un dono di Dio. Vera devozione è quella che viene rinforzata da una fede incrollabile e rimane solida e immutabile in ogni circostanza. Solo allora si meritano i frutti della vera devozione" (Corso estivo 1990 - Mother Sai Publications - pag. 45).

Non c'erano dubbi: dovevo e volevo proprio imparare ad amarLo con tutta me stessa, abbandonandomi totalmente a Lui, vivendo sempre in unione con Lui. Del resto, cos'altro poteva ora interessarmi più di Lui? Più della liberazione stessa?

CAP. 15 - I CUORI DI BABA

*Io vedo tutto e sono con tutti,
dovunque si trovino.
Solo quelli che sono stati benedetti
da una grazia lo sapranno.
Baba*

Da quando conosco il mio Amato Maestro ho continuamente messaggi da Lui, nel modo più dolce che abbia mai potuto immaginare.
Mentre parlo con Lui, o di Lui, mentre prego o canto per Lui, nei momenti di difficoltà, ho sempre un segno della Sua Presenza. A volte ho una risposta chiara ad una domanda rivoltaGli, ad un dubbio.
Sono ormai tantissimi i cuori di pietra, o di corteccia, o di altro materiale, che trovo senza cercare, nei momenti più intensi di contatto con Lui, dopo il primo avuto in dono al Santuario della Madonna d'Erbia.
Riporto solo alcuni esempi della Sua costante Presenza, del Suo Amore.

Quando ero in Sicilia con Maria, un giorno eravamo sedute in riva al mare, e discorrevamo di Sai Baba: io ero colma di gioia perché potevo condividere, con qualcuno che capiva, il mio amore per Lui;
Presi un sasso in mano, senza neppure guardarlo.
Ci giocherellavo, mentre parlavo, passandolo da una mano all'altra, ma con l'attenzione fissa al mio discorso.
Solo quando finii di parlare, mi degnai di dare uno sguardo a quello che avevo in mano: si trattava di un bellissimo cuoricino di pietra, con tanto di ricciolo, come appena scolpito da un artista!

Un altro giorno, camminando vicino al boschetto nei pressi di casa mia, piangevo perché si erano create delle brutte incomprensioni fra me e i miei parenti che, non conoscendo l'Avatar, biasimavano la mia devozione per Lui.
Lacrimando chiedevo a Baba: "Ti prego, fa' che anche loro possano provare la gioia di conoscerTi, di scoprirTi! Perché devo avere solo

io questo grande dono? Fa' che un giorno possa condividere anche con loro, l'amore che ho per Te!"
Pronunciata l'ultima parola, abbassai di colpo lo sguardo: da una pozzanghera emergeva un'isoletta di terra, perfettamente a forma di cuore!

Nell'estate del 1995, mentre ero al Gaver, dopo una spiacevole discussione con Donato, mentre cercavo un po' di pace "accucciata" fra due grosse radici di un albero amico, pensavo fra me e me: "Baba... mi sento sola..." Non riuscii a proseguire in questi pensieri negativi, perché in quel momento mi rimase in mano un pezzetto di corteccia, dalla radice sulla quale mi ero appoggiata. La guardai ed esclamai: "Scusami Baba, come posso pensare di essere sola, se Tu sei qui, dentro, sopra, sotto e di fianco a me!?"
Ancora una volta ero commossa per l'Amore dimostratomi, perché mi accorsi di avere in mano il più bel cuoricino che l'Artista del Cosmo aveva scolpito per me.

Una sera, su in mansarda, pregavo davanti ad una foto del Mio Dolcissimo Signore. Ero seduta sotto al ficus benjamino che mi aveva regalato, anni prima, Donato per un mio compleanno.
Guardavo Baba con amore, e parlavo con Lui in un momento di commozione.
Ad un tratto, cadde sulla mia testa una fogliolina, che poi scivolò sulle mie mani. La guardai e pensai: "Una foglia... l'unica, fra centinaia, nata a forma di cuore unicamente per me (le foglie del ficus benjamino sono infatti allungate e appuntite): per accarezzarmi in questo momento di comunione con l'Onnipotente... è incredibile!"

Un'altra sera, mi ero soffermata davanti ad una Sua fotografia, in camera da letto. Appoggiai sul Suo petto uno dei tanti cuoricini di pietra trovati, dicendoGli: "Baba, il mio cuore è tuo, prendilo!" Salii in mansarda, dove sempre mi piaceva riposare, sotto il lucernario. Mi sdraiai sul materasso e guardai il cielo sopra di me. Una grossa nuvola copriva la luna, ma in qualche secondo, non di più, questa si allargò lasciando uno spazio di cielo libero a forma di cuore, nel cui centro restava la luna!

Dio mio quanta dolcezza! Gli avevo appena offerto il mio cuore, e subito Lui mi aveva risposto con il Suo.
Lui, che ha per vestito tutto l'Universo, mi aveva voluto dire: "Non posso far altro che inondare d'Amore chi mi offre il suo cuore".
Questo fu il messaggio, chiaro, che ricevetti in quella magica sera.

Mi è capitato diverse volte di mettere il dito nella vibhuti, per portarla alla bocca e vedere che, dall'impronta lasciata dal dito, emergeva un piccolo, ma perfetto, cuoricino di vibhuti in rilievo. Oppure, se la scatolina era quasi vuota, appoggiando il dito, rimaneva scoperto un pezzetto del fondo della scatolina, anche questa volta a forma di cuore. Ovviamente era della stessa forma e della stessa grandezza, il cuoricino di vibhuti che rimaneva attaccato al dito e che poi io appoggiavo sulla lingua, per nutrirmi di quell'Infinito Suo Amore, che si manifesta in mille modi.

Recentemente, un pomeriggio, ero immersa in un bagno purificante con acqua e sale, e cantavo il Gayatri mantra (potentissimo mantra vedico con il quale si chiede l'illuminazione dell'intelletto). C'era la finestra aperta e, non so per quale perfetto gioco di riflessi, era apparso sullo smalto bianco della vasca, un cuore di luce. Non l'avevo mai visto prima e non lo vidi mai più dopo.
Probabilmente solo a quell'ora, in quel momento e in quella stagione si poteva vedere un tale gioco di luce, o forse era stato creato appositamente per me in quel momento. Non ha importanza... la mente fa sempre un sacco di domande; ciò che conta è che io vidi quel cuore di luce, che attirò la mia attenzione, proprio mentre rivolgevo la mia preghiera al "Savitur", al Potere Vivificante contenuto nel sole, alla Potenza Divina, di illuminare il mio intelletto.

Sempre mentre facevo il bagno, un giorno in cui mi sentivo energeticamente molto scarica, ho istintivamente raccolto dal fondo della vasca un pezzetto di sale, della manciata che vi avevo buttato. L'ho raccolto e l'ho guardato: era anche questa volta un perfetto cuoricino, che sembrava scolpito in un diamante!

In casa ho ormai una collezione di cuori, non cercati, ma trovati in mille modi e occasioni: spesso girando all'improvviso il viso, indugiando sotto un cespuglio, vicino ad un albero o in riva al mare. A volte sceglievo da lontano un luogo dove sedermi e lì, quando arrivavo, trovavo un cuore ad aspettarmi.
"Sono qui, ovunque tu sei. Sono là, ovunque tu andrai. Il mio amore è con te ad ogni passo del tuo cammino, io non ti abbandono e non ti abbandonerò mai!"
Questo è per me il Suo messaggio. Come potrei dubitare della Sua Onnipresenza, del Suo Amore?

Un pomeriggio, mentre cercavo di ricaricarmi di energia, sdraiata in salotto con una musica dolcissima, ebbi un'insolita e bellissima esperienza.
Ero già abituata ad usare la visualizzazione per aiutare il mio corpo nei momenti di maggiore difficoltà, ma questa volta fu diverso: non creavo, almeno coscientemente, le immagini, ma esse si susseguivano nella mia mente, come scene di un film. Era come un vero e proprio sogno da sveglia.
Vi voglio raccontare la storia bellissima alla quale assistetti.
- Mi sono tuffata nuda in mare aperto ed ho nuotato in apnea, come un bravo sub, fino a raggiungere il fondale, dove ho raccolto una sfera luminosa, come una grandissima perla.
Dentro si intravedeva un cuore: il mio!
Felice, sono ritornata in superficie e finalmente ho potuto respirare.
Ho custodito il mio prezioso tesoro dentro un sacchetto, attaccato con una cordicella al collo.
Ho nuotato a dorso con vigore, in modo che il dono ritrovato restasse appoggiato sul mio petto.
Finalmente ho raggiunto la riva. Sorridente, ho corso sulla sabbia bionda, finissima, morbidissima. Ricordo perfettamente la sensazione sotto i piedi.
C'erano delle dune e qualche cespuglio. Poi ho raggiunto una macchia verde e molto fitta, e mi sono ritrovata in una foresta tropicale.
Ho incominciato a correre nel sottobosco. C'erano anche delle liane che ho usato come Tarzan, per muovermi più rapidamente.

Sapevo che c'erano ragni, serpenti velenosi, ed altri animali pericolosi, ma non avevo paura di nulla: erano tutti amici miei.
Incominciava un pendio. Mi sono arrampicata come potevo, attaccandomi ai cespugli e alle rocce, per non scivolare sull'erba bagnata.
Ho sentito, sempre molto bene, la sensazione tattile sotto i piedi e le mani, come pure gli odori: quello salmastro quando mi trovavo in riva al mare, e quello degli alberi, dei fiori e della terra bagnata, quando ero in mezzo alla foresta. Ricordo con immenso piacere la sensazione di forte energia che pervadeva tutto il mio corpo.
Dopo un po' ho raggiunto un cunicolo. Mi ci sono infilata: era strettissimo e buio, ma il sorriso non mi ha mai abbandonato.
Ho provato una sensazione di compressione, che veniva esercitata dalle pareti strette del cunicolo sul mio corpo, quasi di claustrofobia, ma continuavo a sorridere, perché sapevo che nulla avrebbe potuto ostacolare la mia corsa. Nulla avrebbe potuto farmi davvero male.
Finalmente ho rivisto la luce del sole e sono tornata all'aperto. Ho urlato: "Sono libera!"
Ho poi lavato il corpo infangato sotto una cascata spumeggiante. Ho anche nuotato nel laghetto che quest'ultima formava. Che sensazione di fresco, di pulito!
Mi sono sentita forte e vigorosa come non mai.
Ho ripreso il cammino. Mi trovavo ora in un paesaggio di montagna. C'era una parete di roccia da superare; mi arrampicavo, mani e piedi; mi attaccavo ad ogni appiglio per arrivare in cima ad un promontorio, dal quale si godeva tutto il panorama: il mare dal quale ero emersa, le dune di sabbia, la foresta, le cime rocciose delle alte montagne tutte intorno. Che spettacolo meraviglioso! Che indescrivibile senso di potenza! Ho alzato le braccia al cielo e ho urlato: "Sono libera! Sono forte! Sono sana! -

A questo punto le lacrime scendevano dai miei occhi, bagnando il cuscino dal quale seguivo quel "bellissimo film".
Ma il mio percorso non era finito.
- Ho proseguito per una mulattiera, fra grossi massi di pietra, fino a raggiungere una scaletta di soffice muschio. Era morbidissimo al contatto sotto i miei piedi, ed ho visto, dopo una curva, una porticina di legno, come quelle delle case degli gnomi nelle fiabe.

Nel terzultimo gradino c'era una veste bianca ad aspettarmi. L'ho indossata e la porta si è aperta.
Che meraviglia! Ero a casa! Ero in un mondo stupendo, luminosissimo!
Un prato morbido con tanti fiori colorati, era il pavimento; vicino alla porta c'era un pergolato, dal quale grappoli violetti di glicine penzolavano e si protendevano verso i fiori che erano per terra, come se volessero incontrarsi e baciarsi.
Sulla sinistra c'era la finestra: un precipizio dal quale si vedeva tutto il panorama; molto più ampio e più vasto di quello visto dalla radura di prima. Si vedeva anche oltre le nuvole.
C'era una fontana che zampillava e, in fondo, sulla destra, una casetta di legno; più in là, un parco meraviglioso pieno di alberi diversi: betulle, abeti, querce e salici piangenti che accarezzavano il prato.
C'era qualcosa che stavo cercando con lo sguardo e che finalmente ho trovato.
Era una piccola statua di Sai Baba, posta su un piedistallo.
Io felicissima, mi sono sdraiata per terra, con la faccia rivolta in giù e le braccia aperte, formando una croce, come fanno i sacerdoti al momento dell'ordinazione.
"Ecco, Baba, ho fatto questo lungo viaggio per riportarTi il mio cuore. Tienilo, è Tuo!"
Poi ho sentito una voce, calma e dolcissima, alle mie spalle: "Ciao Italia, sono qui! Non hai bisogno di adorare la Mia Forma (intendendo in una statua di pietra): Io sono qui!"
Mi sono girata, mi sono alzata e, piangendo di immensa gioia, Gli ho buttato le braccia al collo, come una bimba sola e spaventata che finalmente ritrova il Padre e la Madre ad uno stesso tempo.
In questo abbraccio dolcissimo io mi sono sciolta. Vedevo il mio corpo fondersi in Lui. Vedevo la mia luce immergersi nella Sua Luce.
Ero rimasta solo Io: Sai Baba, il Signore dell'Universo. L'onda si era immersa nel mare.
Camminando con la Mia veste arancione, che tutti i fiori cercavano di toccare girandosi e protendendosi verso di Me, Mi sono avviata verso il pendio dal quale si ammirava l'immenso panorama ed ho esclamato: "Quanto è bello il Mio Creato!" -

Che esperienza meravigliosa! Che sensazione indescrivibile!
Avevo vissuto tutto come se fosse vero.
Come nel sogno proviamo gioia e dolore, io avevo vissuto davvero quell'esperienza, anche se in un'altra dimensione. Non era né quella della veglia normale, né quella del sonno. Non so cosa altro dirvi; per me è stato proprio un sogno ad occhi aperti.
Ho riflettuto, in seguito, su quest'esperienza.
Ho capito di aver visto tutta la mia vita: quella che è stata e quella che sarà.
Ho dovuto sprofondare negli abissi, per ritrovare il mio cuore perduto: il mio Sé. Ho dovuto fare un viaggio fra mille pericoli, con mille ostacoli e difficoltà. Ma dal momento che mi ero riappropriata del mio Sé e che l'avevo riconosciuto, il viaggio non poteva più spaventarmi o togliermi il sorriso, perché sentivo che era un gioco da giocare, una corsa ad ostacoli, una rappresentazione teatrale, che non poteva turbare la mia profonda e indistruttibile Natura.
Il cunicolo, poi, rappresenta la mia rinascita; sono passata ancora una volta attraverso un utero buio e stretto. Ma poi mi sono lavata, purificata, sotto la cascata di benedizioni e di amore, che il Maestro ha riversato su di me in abbondanza. Non so di preciso a che punto della storia sono arrivata in questo momento. Sta continuando di sicuro il "lavacro" sacro, che credo continuerà finché non arriverò alla porta di Casa.
Non importa quanta strada mi manca ancora da percorrere. Non importa quanto tempo ci metterò. Io ora, conoscendo la Meta, in potenza sono già a casa.
E' solo questione di tempo; e il tempo, quando si trascorre a fianco dell'Avatar che ci fa da guida, non ha più valore. Si annulla tutto nel momento presente.
Basta esserGli vicino, guardarLo o addirittura parlarGli, o toccarLo, per essere già nell'eternità!
Allora non ero ancora andata, fisicamente, a vedere il Corpo nel quale Si è incarnato, ma avevo provato degli assaggi di quel "Dolce Squisito", durante le Sue visite in sogno e durante i messaggi che continuamente mi comunicava con la natura.
Comunque, anche solo guardandoLo in fotografia, sentivo quell'Amore struggente che risvegliava il mio desiderio, l'unico che

ormai avevo, di poter essere fisicamente davanti a Lui, che ho sempre amato; di potermi sciogliere in Lui, l'Oceano che mi ha sempre aspettato; di poter danzare Con Lui per l'eternità.

Volare con Te
Danzare con Te
Sciogliermi in Te
Amarti, mio Dio,
sempre
per sempre
per l'eternità.

CAP. 16 - UNA MAGGIORE CONSAPEVOLEZZA

Riconoscete questa Verità: Sai è in tutti.
Quando vi odiate l'un l'altro, state odiando Sai.
Quando odiate Sai, odiate voi stessi.
Se volete infliggere dolore agli altri, ricordate
che l'altro siete voi, solo in un'altra forma
e con un altro nome.
Baba

Per poter comprendere la potenza del pensiero costantemente rivolto a Dio e della ripetizione del Suo Nome, dovetti fare prima tutta una serie di esperienze.

Mia madre decise di fare un digiuno curativo per un'infezione cronica all'utero, a causa della quale rischiava di essere operata.
Era la fine di maggio; la ospitai per tutto il periodo a casa mia, poteva essere così vicina ad Angelo, per qualsiasi evenienza e consiglio, ed io potevo ricambiare le cure che ella aveva dato a me.
Digiunò per un mese intero, bevendo solo acqua e rimanendo, comunque, in buone condizioni fisiche.
Seguendo i suggerimenti di Angelo, riprese poi a mangiare molto gradatamente. Si depurò così da tante tossine, sia fisiche che mentali.
In seguito, visto un netto miglioramento dell'infiammazione che aveva in atto, ma non la guarigione totale, volle ripetere l'esperienza del digiuno in autunno, sempre per un mese circa.
Questa volta rimase con mio padre a Fano, il quale, sbigottito, si chiedeva come potesse lei riuscire a far la spesa, ed andare in bicicletta, dopo tanti giorni di sola acqua, cucinando per lui succulenti pranzetti, senza mai assaggiare niente.
Dopo questa seconda esperienza, la sua malattia guarì totalmente, come pure altri acciacchi che si trascinava da tempo. Evitò quindi, con la sua forza di volontà, la sua tenacia, la sua fiducia nella capacità purificatrice e rigenerante del corpo tenuto a riposo digestivo, di subire una mutilazione fisica.
Ovviamente, prima di iniziare il digiuno sentì il parere di Angelo, per sapere se, nel suo caso, ci sarebbero state controindicazioni. Infatti

non è consigliabile decidere un digiuno così lungo, senza essere seguiti da una persona competente.
L'esperienza fu molto positiva, sia per lei che guarì e accrebbe la fiducia nelle sue capacità, sia per mio padre, che incominciò a rendersi conto che anche alcune nostre convinzioni ritenute "intoccabili", come quella che senza mangiare per diversi giorni ci si ammala o si muore, possono essere errate e vale quindi la pena di rimettere in discussione molte nostre "verità", che non sono verità assolute.

Alla fine di giugno, mi ero ritrovata completamente a terra. Il primo caldo? Forse... ma non mi accorgevo, allora, che, mentre mia madre buttava fuori i suoi "veleni", io che le stavo vicino e che ero ancora in una grande debolezza, in qualche modo li assorbivo.
Ce ne vollero di riprese e ricadute, prima di avere una maggiore consapevolezza delle energie che disturbavano la mia salute ed interferivano, rallentando o bloccando la mia guarigione!
Mi resi conto che avevo il dovere, verso me stessa e verso i miei familiari, di difendere da tutte le vibrazioni antivitali questo mio "nuovo" corpo, ancora troppo sensibile, come lo è quello di tutti i nuovi nati.
Ma mentre l'aura del neonato è protetta da quella della madre, che gli fa da scudo, io quale scudo avevo? Come potevo ricostruirmelo? Come potevo riavere la mia "nuova pelle" dopo la "muta" che avevo fatto?
Come un serpente, avevo abbandonato il mio vecchio vestito, sporco e malandato, ma ero ancora nuda ad aspettare il vestito nuovo che avevo prenotato. Era un vestito bellissimo, fatto di luce pura, che il Sarto del cosmo stava preparando per me.
Ma come tutte le grandi opere d'arte, ci voleva tempo e pazienza, prima di poter vedere il lavoro terminato, in tutta la sua bellezza. Ed io restavo, nella mia vulnerabilità, ad aspettare il mio bell'abito nuovo. Però dovevo stare attenta a non sdraiarmi sui sassi o sulle spine, a non farmi bruciare la pelle dal sole cocente, a non farmela tagliare dalle sferzate del freddo vento del nord.
Sentivo arrivare l'energia-pensiero degli altri. Visualizzavo all'improvviso il viso di chi mi stava pensando, e capivo, in base alla

sensazione fisica che provavo, se quel pensiero era una brezza gentile, una carezza sulla pelle, o una sferzata gelida e tagliente.
Percepivo chi pensava a me con ansia e preoccupazione (non accettando la mia situazione), perché avvertivo un senso di nausea.
La rabbia mi arrivava dritta come un calcio, che mi metteva a terra, almeno in quel "round".
Se uno dei miei figli si faceva male, subivo un calo di pressione. Spesso avevo dei malesseri improvvisi: non visualizzavo nessuno in particolare, ma ciò accadeva quasi sempre prima di un temporale, di un terremoto, di un'inondazione ecc.. Percepivo così, sul mio corpo, delle energie negative che stavano per scaricarsi tramite fenomeni naturali.
Mi rendevo conto sempre più di far parte integrante dell'ecosistema in cui vivevo.
Persino quando la gatta, che placidamente dormiva sulla mia pancia, ebbe un giorno un sussulto improvviso, una sorta di forte contrazione, io sentii in quell'istante un acuto dolore al basso ventre, e fui immediatamente consapevole che quel dolore non era mio, non mi apparteneva; era infatti della gatta.

Ogni episodio aumentava la mia consapevolezza del fatto che siamo tutte cellule del Grande Corpo di Dio, e che se il mignolo veniva schiacciato, a tutto l'organismo arrivava il suo S.O.S., tutto il corpo soffriva con lui.
Mi furono, così, chiare e lampanti queste parole di Baba: *"La natura ha la caratteristica di manifestarsi come molteplicità; il Divino ha la caratteristica di assorbire nell'unità, e chiunque trova antipatico o odia un altro, lo sminuisce o ne sparla, è davvero uno stolto, perché così, odia, sminuisce, sparla o è antipatico a se stesso ed ignora questa verità"* (La scienza di Dio (Vidya) - Sri Sathya Sai Baba - Mother sai Publications - pag. 80).
Capii meglio anche queste parole di Gesù: *"Ama il prossimo tuo come te stesso"*.
Come potevo io, dopo queste esperienze personali, ferire qualcuno o qualcosa consapevolmente? Come potevo far del male con azioni, con parole o con pensieri cattivi? Questi ultimi sono, a mio avviso, il sistema più inconsapevole e più diffuso con il quale feriamo noi stessi e gli altri e inquiniamo l'atmosfera.

A conferma delle mie esperienze, lessi in seguito queste parole del Maestro sul potere del pensiero:
"La mente viaggia veloce, è forte, più leggera dell'etere e più sottile dell'elettricità.
... La mente è più veloce del fulmine.
... Sebbene il corpo sia mortale, i pensieri sono immortali. Il potere delle vibrazioni del pensiero corre intorno al mondo. Così come si irradiano le onde del calore, le onde elettriche e le onde della luce, anche le onde mentali hanno le loro irradiazioni.
Le vibrazioni del pensiero sono la causa del piacere e del dispiacere, della salute e della malattia, della buona e della cattiva sorte, della nascita e della morte.
La vita dell'uomo acquista significato se lui vive cosciente del potere delle vibrazioni del pensiero.
Il mondo intero è immerso nelle vibrazioni mentali. Da qui sorge la necessità di dirigere i nostri pensieri su sentieri nobili.
... Coltivando pensieri cattivi di odio, invidia, rabbia e di ego l'uomo causa la sua rovina.
Il danno che provoca ai suoi simili torna come un boomerang su di lui con tutta la sua forza e potenza. L'uomo che maltratta, critica, perseguita e scandalizza i suoi simili, in effetti maltratta, critica, perseguita e scandalizza il Signore Stesso.
Completamente ignorante della presenza Divina negli altri, l'uomo dà libero corso a questa condotta efferata. L'uomo che di spada ferisce di spada perisce; l'uomo che ferisce un altro sarà ferito a sua volta; l'uomo che maltratta un altro sarà maltrattato a sua volta. Come è il pensiero così è l'effetto e la conseguenza.
... Persino i nostri pensieri nobili subiscono un'influenza negativa in compagnia di gente malvagia. Persino la creazione può essere cambiata dai pensieri.
... La trasformazione della mente rende l'uomo veramente Divino. La trasformazione mentale è la sorgente maggiore della trasformazione umana: la trasformazione umana è trasformazione della nazione; e la trasformazione nazionale è trasformazione universale.
Il caos e la confusione, l'angoscia e l'agitazione che oggi possiamo osservare nel Paese, non sono altro che la manifestazione della mente distorta.

...Solo nutrendo pensieri nobili e sublimi aumenta la prosperità della nazione ed il mondo può essere trasformato.
Il mondo può essere divinizzato se i pensieri sono divinizzati.
In effetti i pensieri cattivi decidono il preciso corso di una Nazione e portano disastri nel corso del tempo. Quindi noi non dovremmo mai sottostimare e sottovalutare il potere dei pensieri.
Come un seme nel corso del tempo diventa un albero potente, in modo analogo un pensiero malvagio assume una dimensione gigantesca nel corso del tempo. Se i pensieri malvagi non vengono stroncati sul nascere, porteranno delle conseguenze disastrose" (Corso estivo 1993 - Mother Sai Publications - pagg. 41-45);
"L'uomo viene formato dagli individui con cui convive. Pertanto state sempre attenti all'aria che respirate: è inquinata dai pensieri impuri degli uomini fra i quali vi muovete" (Discorsi vol. IV - Mother Sai Publications - pag. 267);
"... Uno potrebbe coltivare il desiderio di danneggiare o offendere qualcun altro. Ma è certo, però, che il pensiero si ritorcerà contro la stessa persona che lo ha concepito, con una forza mille volte più violenta.
Un cattivo pensiero ferisce sia chi lo invia, sia colui che ha preso di mira" (Sathya Sai Speaks - vol. XIX pag. 102).

Lessi nel libro: "L'incarnazione dell'Amore" di Peggy Mason e Ron Laing (pag. 113), che il Dr. Frank Baranowski fece notare agli studenti dello "Sri Sathya Sai Arts, Science and Commerce College" che l'energia elettrica emanata da uno scoppio di rabbia è sufficiente per mantenere accesa una torcia a due elementi per tre mesi!
Quante vibrazioni negative vagano nell'etere? Quanti pensieri, quante parole, quante azioni antivitali emanano da noi ogni giorno?
Baba dice anche: *"Pensate a dio e Dio siete. Pensate alla polvere e polvere siete. In verità i pensieri sono cose. Come voi pensate così diventate. Come seminate così raccogliete"* (Prema Dhaara - ed. Milesi - pag. 34).

Mi rendevo conto sempre più di quanto fosse importante, indispensabile, pensare bene, dire il bene ed agire bene; quanto fosse importante la perfetta sintonia tra pensieri, parole ed azioni, anche se, a volte, nonostante la mia buona volontà e la mia nuova

consapevolezza, mi ritrovavo a ricadere in errori del passato, seppur meno frequentemente.
Comunque ad ogni mia scivolata nel passato seguiva per me un pianto di dispiacere, una struggente richiesta di aiuto all'Onnipotente, affinché ciò non accadesse più.

L'Avatar ha esplicitamente detto che la mancanza di umanità dell'uomo si esprime sotto forma di calamità naturali, come i terremoti.
Il 15 ottobre del 1996 ci fu un terremoto con epicentro in Emilia Romagna. Non fui affatto stupita di quell'evento, visto che qualche mese prima, passando di là in autostrada, mi colse un improvviso pianto di profonda tristezza.
Percepii in un attimo le atrocità che ogni giorno venivano compiute sugli animali. Era infatti, quella, una zona di grandi allevamenti di maiali, fatti ingrassare in spazi angusti per finire atrocemente macellati.
Baba dice: *"Quando ammazzi un animale, gli infliggi sofferenza fisica, dolore e danno. Dio si trova in tutte le creature; e allora, perché farGli del male? Se uno picchia un cane quello guaisce dal dolore; e quanto più dolore dà l'ucciderle? Gli animali non sono stati creati per fornire cibo agli umani. Sono venuti per faticare la propria vita nel mondo.*
Le iene, gli sciacalli e le volpi divorano i cadaveri degli uomini, ma ciò non vuol dire che l'uomo sia stato creato per dare alimento alle fiere. Così l'uomo mangia gli animali, ma essi non sono venuti per farsi mangiare dagli uomini" (Colloqui - Mother Sai Publications - pag. 29).
E per chi non ama gli animali, ma ama almeno se stesso, c'è anche un altro motivo per non ucciderli e mangiarli. L'Avatar ce lo spiega:
"E' interessante rilevare che i vegetariani sono meno soggetti a malattie, mentre i non vegetariani si ammalano più facilmente. Perché? Perché l'alimentazione a base di animali è incompatibile con le necessità di un corpo umano. I medici mettono in rilievo la scorta proteica presente nel cibo non vegetariano; ma, in realtà, va detto che nelle verdure, nei legumi, nel latte, nello yogurt e in altri prodotti alimentari ci sono proteine di qualità migliore. Il cibo non vegetariano non intacca solo il corpo fisico dell'uomo, ma lascia i suoi effetti deleteri anche sulla mente.

Cibo, testa e Dio sono interdipendenti. Se ci si nutre di cibo animale, si risvegliano tendenze animali. Tale il cibo, tali i pensieri. Gli uomini d'oggi hanno un comportamento più selvaggio di quello delle belve di una foresta: sono diventati crudeli, spietati e senza cuore. Perfino fra simili vien meno la comprensione e l'umanità. La causa principale di ciò sta nel tipo di cibo assunto" (Corso estivo 1990 - Mother Sai Publications - pag. 43);

"Ciò che ingeriamo sotto forma di materia densa viene poi espulso nelle escrezioni; la sostanza alimentare si trasforma in sangue; ma una sostanza più sottile del cibo si trasforma nel pensiero. Generalmente, le nostre idee sono conseguenza del tipo di alimentazione da noi ingerito ed esse determineranno a loro volta il tipo di comportamento" (Corso estivo 1978 - Mother Sai Publications - pag. 187);

"Se ci si alimenta con carne si avranno pensieri animali. Ad esempio: mangiamo la carne di pecora. Qual è la caratteristica della pecora? La cecità; segue, segue, segue! Chi mangia carne di pecora perde la capacità di discriminazione.
Prendiamo la carne di maiale. Qual è la caratteristica del maiale? L'arroganza. A causa di questi tipi di cibo l'uomo diventa arrogante. Com'è il tipo di animale di cui ingeriamo la carne, così diventano i nostri pensieri.
La carne non solo rovina i nostri pensieri, ma incita anche alla violenza. Bhagavan dice che è peccato uccidere gli animali. Potremmo rispondere che noi non uccidiamo, ma c'è qualcun altro che li uccide. E' una risposta errata: è perché noi li mangiamo che vengono uccisi!
Se smettete di mangiare carne, smetteranno di uccidere gli animali.
Il peccato viene commesso, dunque, sia da chi uccide che da chi mangia" (Discorso tenuto da Bhagavan Sri Sathya Sai Baba agli stranieri il 27 agosto 1984 - tratto da Armonie Nov. 1994 - Sathya Sai Central Council - regione 4 Sud Europa - Italia).
So che un giorno, come profetizzato, l'uomo vivrà in buona salute seguendo la legge divina, in perfetta armonia con tutto il Creato.

Tornando alla mia ipersensibilità, mi resi conto che dovevo trovare un sistema per far cessare il flusso di ansie e preoccupazioni nei miei confronti, da parte dei miei genitori e dei miei suoceri, che non si davano pace nel sapermi ancora con qualche difficoltà fisica.

Cercai di tranquillizzarli, facendomi conoscere un po' più da loro.
Non era certamente facile, per loro, capire che non c'era nessuna medicina miracolosa che una volta assunta, mi avrebbe permesso di ritornare come prima.
In realtà, già allora, io ero molto più sana di prima, di quando ancora il corpo non aveva deciso di fare piazza pulita di tutto ciò che non mi si addiceva più.
Dovevo solo rafforzare la mia aura, pazientemente aspettare il "vestito nuovo".

Decisi di scrivere delle lettere a mio padre, nella speranza di farmi conoscere un po' di più da lui.
Affinché credesse alla mia ipersensibilità, e alla forza dei nostri pensieri, gli raccontai dei momenti in cui lo avevo sentito e visualizzato pur essendo distante chilometri e chilometri da lui.
Le mie lettere erano servite abbastanza. Quanto meno, Papà si rese conto che non ero impazzita, che non avevo perso la testa con la malattia e il digiuno, visto che i miei discorsi erano logici, scorrevoli e, come lui stesso mi disse contento, denotavano lucidità mentale.
Ringraziai enormemente Baba, per avermi suggerito il mezzo migliore per riacquistare la fiducia di mio padre che, disorientato dal mio repentino cambiamento, aveva davvero temuto per la mia salute mentale, oltre che fisica.
Per i miei suoceri, che si imbattevano spesso in trasmissioni televisive che accrescevano in loro la paura verso le "sette religiose", era più difficile rimanere tranquilli, sapendomi così innamorata di uno "Strano Personaggio", del quale, secondo la loro paura, non c'era da fidarsi.
Il fatto poi, di essere diventata vegetariana, e che subito dopo mi abbia seguito in questa scelta anche Donato, li teneva sempre inquieti.
Non comprendendo, come quasi tutti, per mancanza di conoscenza, la ragione della nostra scelta, temevano che la mia guarigione ritardasse anche a causa della mia dieta.
Ma io di questa ero proprio sicura: il mio corpo rifiutava categoricamente tutto quello che già Angelo mi aveva sconsigliato

di mangiare, e che coincideva esattamente con i consigli del Signore in Persona.

Io soffrivo, fisicamente, per la sofferenza dei miei cari, e non sapevo più che parole trovare per tranquillizzarli. Non è certo facile essere creduti quando si va "controcorrente", quando la maggior parte della gente, per mancanza di conoscenza, non la pensa come te!

Purtroppo nella nostra società è la televisione a dettare legge. Non mi restava, quindi, che aspettare fiduciosa, che un viso gentile e serio, nei prossimi anni, avesse incominciato ad annunciare dal video i messaggi che io, per Grazia, avevo ricevuto per altre vie e che avevo cercato, con gioia, di trasmettere alle persone a me vicine.

I tempi non erano ancora maturi per questo, ma in cuor mio ero sicura che da lì a pochi anni, molte cose sarebbero cambiate.

Intanto la mia situazione fisica, all'inizio dell'inverno, non era certo la stessa della primavera. Non mi rendevo ancora conto che la mia salute stava lentamente peggiorando, anziché migliorare.

Ogni volta che recuperavo un po' di forza, arrivava qualche "botta in testa". Non riuscivo a raggiungere quella soglia che mi avrebbe permesso di non ripiombare a terra ad ogni vibrazione negativa con la quale venivo in contatto.

Ero molto indebolita. Cercavo, tutto il giorno, di rimanere in contatto con il Signore. Lo pregavo, Gli mandavo il mio amore; avevo riposto in Lui, che mi guidava dal di dentro, ogni fiducia.

Ai primi di gennaio, la mia situazione era davvero difficile da sostenere.

In certi momenti mi prendeva un po' di sconforto e di rabbia verso la mia sensazione di impotenza. Come potevo vivere in balia delle energie esterne, come una bandierina sbattuta dal vento?

Avevo voglia di andare chissà dove, lontano da tutti. Passavo quasi tutta la giornata nel mio letto, in mansarda. Le piogge e il gelo di gennaio mi impedivano di starmene sotto l'abete del giardino, che tante volte mi aveva accolta, protetta, rigenerata.

Purtroppo, più ero giù di energia, più erano giù di umore conviventi, parenti ed affini. Più gli altri erano in ansia per me, e più io andavo giù.

Era il solito circolo vizioso.
Questo mio corpo era arrivato al punto di reagire con una forte tachicardia ogni volta che qualcuno, alla cui tristezza ed ansia ero ormai allergica, si dirigeva verso di me. Ero colta da un malessere e... dopo qualche secondo: "driin .... driin...", suonava il campanello.
Il mio malessere non era dovuto ad una reazione mentale-emotiva, perché stavo male ancor prima di rendermi conto di cosa stesse accadendo.
Donato, accortosi in qualche modo della mia situazione delicata, non saliva quasi più a darmi un bacio. Soffriva enormemente per la mia sofferenza e per il senso di impotenza ed inadeguatezza verso di me.
Avrebbe voluto aiutarmi, ma come poteva se non rimanendo il più possibile sereno ed ottimista, per non appesantire il mio carico?
La vita, anche in questa occasione, ci stava insegnando ad arrenderci, ad abbandonare aspettative, ansie e rabbie, perché più la situazione non era accettata da me, o dagli altri, più precipitava.
Solo la ripetizione del Nome Divino, il contatto con il Maestro e il Suo Supremo Amore, mi tenevano a galla.

La notte del sette gennaio, l'anniversario del giorno più importante della mia vita: quello in cui avevo riconosciuto il mio Amato Signore, non riuscivo ad addormentarmi.
Ripensavo all'anno prima, alla mia incredibile emozione nel sentire nominare il Suo Nome. Presi carta e penna e queste parole fluirono velocemente:

IL GRANDE APPUNTAMENTO
Con Te
avevo da secoli
il Grande Appuntamento.
Ma solo quando l'ora è scoccata
io me ne sono ricordata.
Ho udito il Tuo Nome Santo
e di commozione e gioia ho pianto.
In un attimo si è risvegliato
il mio Sé addormentato
e un fremito di immenso Amore

ha scosso di brividi il mio cuore.
Com'ero cieca
Padre mio
quando non Ti vedevo.
Com'ero sorda
Madre mia
quando non Ti sentivo.
Com'ero vuota
Dolcezza mia
quando in me non Ti sapevo.
La mia mente in un istante
Ti ha riconosciuto
ma tutto il resto di me
di Te ha sempre saputo!
Ora dentro c'è armonia:
anima, cuore, corpo e mente
viaggiano insieme, in sintonia.
Quanto ha aspettato
il mio Sé immortale
che la mente lo riconoscesse!
Con quanti corpi ha viaggiato
finché il Tuo Santo Nome
non lo risvegliasse!
Ora so che sei Tu
Quello che ho sempre cercato.
Ora so che sei Tu
Quello che ho sempre amato.
Ora so che sei Tu,
Amico mio,
Quello che da sempre
mi ha aspettato.
Ora so chi Tu sei:
BABA
TU SEI LA LUCE
L'AMORE IMMENSO
CHE MI HA CREATO!

In quel mese, Swami diede anche a mio figlio Davide un segno della Sua Onnipresenza.
Egli, ha detto, dà il Suo darshan anche attraverso noi. Non avevo capito cosa intendesse dire con quella frase, finché una sera me lo dimostrò.
Ero con Davide sul letto in mansarda, sotto il lucernario.
Prima di dormire è bello, per entrambi, stare un po' abbracciati. So che è importante dedicare ad ogni figlio qualche momento di disponibilità totale, qualche momento in cui si è tutti per loro. La mia condizione fisica non mi permetteva di stare con i bambini per molto tempo; quei brevi momenti, prima di dormire, erano quindi preziosi per noi.
Davide mi chiese: "Parlami di Sai Baba, dei miracoli che faceva quando era bambino, o di Gesù, o di San Francesco".
Io incominciai a raccontare di quando Sai Baba materializzava le matite per i suoi compagni di scuola, che ne erano sprovvisti, e di come dava da mangiare a tutti i mendicanti e i derelitti del villaggio.
Mentre raccontavo, all'improvviso Davide esclamò: "Mamma, sei diventata Sai Baba! .... Ora non più!"
"Cosa vuoi dire? Cosa hai visto?", chiesi.
"Avevi i capelli gonfi e alti così!", mi disse Davide, mettendo la sua manina dieci centimetri sopra la mia testa, "ed un nasone grosso", continuò.
Dopo qualche secondo esclamò di nuovo: "Ancora Mamma!... Sei ancora Lui!"
Mi era successo, in passato, di vedere il volto di un'amica trasformarsi in un altro che si sovrapponeva al suo.
Mi era anche capitato di assistere, mentre ero al Gaver, allo spavento di una ragazza che aveva visto sul viso di un'altra amica, Graziella, il volto di una santa indiana che quest'ultima guardava ogni mattina in fotografia, prima di affrontare la giornata.
Compresi allora che il mio Dolce Maestro, aveva usato il mio viso per concedere a Davide il Suo darshan. Lo ringraziai per l'Amore che costantemente ci dimostrava.

Una domenica, sempre di gennaio, avevo il desiderio di vedere mia sorella Emilia, così partimmo per Bergamo. Parlando con lei dissi: "Ho tanta voglia di andarmene lontano da tutti, questo corpo non ce la fa più a reggere altri colpi. Pensa che bello ... tornare in Umbria, sulle verdi colline!"

Al ritorno da Bergamo la macchina si fermò in autostrada quando eravamo ormai a Milano. Tornammo a casa sopra un carro attrezzi. Il giorno dopo, Donato mi disse: "E' strano... il meccanico non capisce bene perché si sia fermata la macchina. Ha detto che il sistema d'allarme (che è quello di difesa verso l'esterno) è andato in tilt, e non arrivava più energia al motore".

Colsi immediatamente in queste parole un chiaro messaggio per me, che proprio come la macchina, avevo il sistema di difesa verso l'esterno in tilt, e per questo il mio motore si stava fermando ancora. Le parole che giunsero alla mia coscienza furono: "Stai attenta! Ti stai bloccando un'altra volta!"

Parlai con Angelo, raccontandogli tutti gli episodi in cui mi ero sentita molto male ed avevo poi scoperto che c'era stata un'energia-pensiero, o un altro tipo di energia negativa, a farmi ripiombare. Era come se ogni volta che cercavo di rimettermi in piedi, qualcuno mi facesse lo sgambetto, facendomi ricadere, ancora più pesantemente, sul pavimento.

Perché non potevo rimanere in piedi? Che cosa dovevo ancora imparare da quelle continue, ripetute lezioni?

Di sicuro, queste costituirono per me l'opportunità di conoscere la potenza della forza-pensiero. Stavo imparando che l'unico modo per neutralizzare le energie negative provenienti da una persona, era quello di mandarle amore incondizionato e di fissare la mente sul Divino.

Mi rendevo conto che i pensieri positivi, l'amore, la ripetizione del nome di Dio, erano raggi luminosi, così forti da rischiarare qualsiasi tenebra.

Non potevo di certo rispondere alla rabbia con maggiore rabbia, perché l'effetto boomerang che ne ricevevo, era, per il mio corpo indebolito, disastroso. Capivo finalmente in maniera profonda perché sia opportuno, necessario, anzi indispensabile, amare i nostri nemici.

Baba dice che amare chi ci ama è un semplice scambio doveroso, ma noi dobbiamo imparare ad amare proprio chi ci fa del male!

Scopo della vita umana è quello di vincere gli impulsi animali, che ci derivano da vite precedenti, e che ci spingono a rispondere al male con altro male.
Il nostro tragitto è dall'animalità all'umanità, per passare poi alla Divinità, nostro vero rango.
Io ero messa nella condizione di poter imparare l'amore divino, rendendomi conto che se rispondevo "Occhio per occhio e dente per dente", ferivo gli altri e ancor più me stessa.
Che grande opportunità mi stava dando la vita!

Angelo mi disse che, secondo il suo intuito, per raggiungere un certo grado di benessere, avevo solo due alternative: o trovare delle persone disposte a fare con me, tutti i giorni, una terapia di canto-danza-ritmo, per rafforzare la mia energia di base, in modo da non ripiombare a terra al minimo "soffio di vento" o, se ne avessi avuto il coraggio, andarmene lontano da casa; non per un mese, ma per un periodo abbastanza lungo, da consentire al mio corpo di raggiungere quella soglia energetica con la quale nessuno "sgambetto" mi avrebbe fatta ricadere.
Non aspettavo altro che queste parole! Erano l'esternazione esatta di quello che sentivo dentro di me. Non c'era bisogno di coraggio per prendere la decisione. Avevo già deciso, perchè non avevo altra scelta, se volevo continuare a vivere con questo corpo.
Dissi ad Angelo che sentivo il desiderio di ritornare in Umbria, dove ero nata, anche per riconciliarmi con il mio passato. Ma c'era un luogo adatto alle mie esigenze?
Chiesi, per un giorno intero, a Baba quale fosse il luogo migliore per me, ed alla sera fu chiara e forte la risposta nella mia mente.

Avevo sentito parlare, quell'estate, di una comunità spirituale gestita da discepoli del Grande Yogananda, il Dolcissimo Maestro che mi aveva preparata per l'incontro con il Purna Avatar.
Telefonai immediatamente per prendere accordi. Sarei partita il mese successivo, a febbraio. Mi dissero: "Provi a stare qui una settimana, se si troverà bene potrà tornare per un periodo più lungo!"
Io, decisa, risposi: "No, sono sicura! Vengo per stare un po' di mesi!"

Ero molto fiduciosa. Certo, l'idea di lasciare la famiglia per un periodo tanto lungo, non mi entusiasmava, ma "meglio una mamma in futuro che un relitto nel presente". Non mi restava, quindi, che andare, proprio per amore dei miei familiari.
Che madre potevo essere stando tutto il giorno senza energie, sdraiata in un letto lassù in mansarda?

Prima di partire per l'Umbria, decisi di incontrare una sensitiva, della quale mi avevano parlato molto bene.
Le basta tenere una mano fra le sue e chiudere gli occhi, per vedere con il "terzo occhio", per fare un completo check-up.
Volli prendere un appuntamento, nella speranza di saperne di più sul mio conto.
Il cinque febbraio Donato mi accompagnò ed ascoltò, con interesse, le parole della gentile signora, che aveva un dolce sorriso e un fare materno.
Scambiammo qualche parola, poi prese la mia mano fra le sue e disse: "Non so da che parte iniziare...", lasciando intendere che c'era davvero molto da dire.
"Per prima cosa vedo che hai avuto ripetuti shocks, su tutti i livelli (fisico, emotivo, mentale ed etereo). Iniziamo dalla testa: la parte destra dell'ipofisi non funziona, e l'altra metà funziona in modo anomalo; funziona anche troppo, ma non a livello fisico.
Sì, le medicine al naso hanno avuto un peso decisivo sulla tua situazione, ma sento che questo è stato il modo con cui hai voluto toccare il fondo, per guarire tutta te stessa.
Sei infatti malata dalla nascita. E' come se tu non fossi voluta entrare in questo "spazio-tempo", come se fossi indecisa tra il rimanere, o il tornare nell'altra dimensione.
Le tue aure sono come una garza a trama larga, hanno pochissima energia e collassano tra di loro. C'è come una frizione, fra loro.
I ciakra del cuore e della gola hanno avuto molti problemi.
Hai una tendenza a staccarti dal corpo...."
Io non riuscivo a capire tutte le parole della sensitiva. Molte, non comprendendole, le ho subito dimenticate.
Ella era molto veloce nella sua descrizione, come se non volesse perdere tutto ciò che velocemente vedeva. Continuò dicendo:

"Capisco perché senti così tanto le energie esterne: sei nata con poca energia di base.
Nessuno ti può aiutare, è un lavoro che spetta alla tua anima.
Sei divisa a metà da una linea diagonale: le gambe sono completamente grigie, un grigio che indica malattia, sopra, invece, vedo colori sgargianti che si muovono in continuazione".
Andai un attimo in bagno e nel frattempo Donato le chiese: "Ce la faremo? Ce la farà a guarire?"
"Certo, che ce la farà!" Gli rispose in modo molto consolante.
"Cosa posso fare io per aiutarla?", le chiese ancora Donato, "Niente, puoi soltanto non ostacolarla e sostenerla con l'amore".
Io tornai dal bagno e mi riferirono le parole che si erano scambiati.
Non posso negare che, mentre la signora descriveva quello che percepiva, sentivo crescere il "magone" dentro di me.
Capivo, dal suo timbro di voce, dalla sua espressione, che la situazione del mio corpo non era affatto buona.
Le parlai della mia intenzione di trasferirmi per qualche mese in Umbria, fra i seguaci di Yogananda, e lei mi interruppe dicendo: "Non andrai a fare il Kriya Yoga, vero?" "No, non conosco la tecnica del Kriya Yoga, vado solo per migliorare la mia salute!"
"Te l'ho chiesto, perché se tu mediti profondamente, te ne vai. Hai cercato tutta la vita di staccarti dal corpo, invece tu ti devi radicare in questa realtà fisica!"
Se in un primo momento, le sue descrizioni risvegliarono in me un sentimento di autocompiangimento, rendendo umidi i miei occhi, le sue parole finali invece mi diedero forza, fiducia e serenità: "So che ce la farai!"
Ero felice che Donato fosse stato presente. Non sarei stata capace di riportargli tutte le parole della sensitiva, di trasmettergli la sensazione di fiducia, di verità, di amore che quest'incredibile signora mi aveva suscitato. Donato, ascoltando di persona, aveva capito davvero i miei limiti, le mie difficoltà, ed era pronto più che mai ad aiutarmi, a non ostacolarmi.
Prima di congedarci, ella mi suggerì due esercizi che mi avrebbero aiutata a rimanere nel mio "centro", rafforzando la spina dorsale, che era davvero carente di energia.

Mancavano ormai pochi giorni alla partenza per l'Umbria e Baba mi regalò, il 14 febbraio, giorno di S. Valentino, due bellissimi segni del Suo Amore e della Sua Onnipresenza.
Stavo leggendo, sdraiata, il libro: "Sai Baba Divinità Vivente" di Shakuntala Balu.
All'improvviso entrambi i polsi mi si piegarono ed il libro, un grosso tomo, mi cadde addosso, battendo piuttosto forte su quel punto speciale, fra le sopracciglia, chiamato anche "occhio spirituale" o "occhio di Shiva".
Compresi immediatamente che Baba stava richiamando la mia attenzione.
Gli chiesi: "Cosa c'è Baba? Cosa vuoi dirmi?"
Continuai a leggere la frase che avevo appena iniziato; Baba si stava rivolgendo ad un'ammalata con queste parole: *"Stai tranquilla, ti ho dato un'altra vita. In futuro starai bene"*.
Un brivido mi attraversò la schiena. Piansi di gioia ed immediatamente fui sicura che si trattava di un messaggio per me.
Non potevo dubitare delle mie sensazioni e delle Sue parole.
Ormai sapevo con certezza che era soltanto questione di tempo, ma sarei stata davvero bene, come non lo ero mai stata; come già mi aveva annunciato il frate francescano che avevo conosciuto un anno e mezzo prima, mentre mi trovavo ad Albino con i miei genitori.
Non sapevo, allora, che avrei dovuto aspettare ancora del tempo, prima di avere altre sorprendenti notizie riguardanti la mia salute.
Dopo quel bel messaggio di Swami, mi alzai per andare a prendere Davide a scuola.
Mentre aspettavo che suonasse la campanella ed uscissero i bambini, non sentendomi stabile, mi appoggiai con la mano sinistra ad un albero.
Mi resi subito conto che avevo assunto una posizione strana: non ero appoggiata, come al solito, all'altezza della spalla, ma molto più su, perché avevo il braccio steso in alto.
Mi stupii di quella posizione, che non era nemmeno molto comoda, e volli per questo controllare cosa ci fosse sotto la mia mano, in quel punto che istintivamente il mio corpo aveva cercato. Cosa vidi?.... Un bellissimo cuore, inciso sulla corteccia, grande quanto la mia mano, con tanto di freccia che lo trapassava!

Non c'erano dubbi. Non mi restava che appoggiarmi al Suo Amore Immenso!

CAP. 17 - LETTERE A PAPA'

"Cieco" non è colui che non vede,
"cieco" è colui che non vuol vedere.
Baba

Il mio sforzo di farmi conoscere dai miei cari, mi spinse a scrivere diverse lettere.
Le parole, che fluivano velocemente, una dietro l'altra, favorirono la comprensione, da parte di Papà, della mia nuova realtà e di molti concetti che non sarei riuscita a trasmettergli a voce.
Riporto, in questo capitolo, alcune lettere indirizzate a mio padre, perché credo possano essere utili al fine della comprensione del lavoro interiore che avevo allora in atto. Tralascio solo qualche episodio strettamente personale.

22.9.1995
Caro Papà,
perché ti scrivo?
Perché sento che è indispensabile comunicare con te, per chiarire i nostri rapporti, per farmi conoscere da te.
Il fraintendimento che nasce dalla non conoscenza, crea dolore ad entrambi. Ti scrivo perché questo, attualmente, è per me il mezzo migliore per rimanere più vera, più me stessa.
Il dialogo verbale, quando ci sono alla base preconcetti, paure, rabbie, ecc., facilmente diventa un "botta e risposta", una lotta per difendere le proprie idee.
Io evito di discutere quando mi accorgo che la discussione diverrebbe una competizione. Il mio corpo ha già poca energia, ci manca proprio che arrivi qualcun altro a catturarla e che io rimanga K.O.! Ho già fatto questa triste esperienza, in questa situazione di malattia, e ciò mi ha insegnato che il mio fisico non è in grado di sostenere alcuna competizione; in ogni caso non lo voglio.
Infatti, in quei momenti non ho né la forza di parlare e di controbattere (inizio a balbettare), né riesco a rimanere in piedi, o seduta, davanti all'interlocutore.
Ogni volta che tocco il fondo con la spossatezza, emerge dal più profondo di me stessa un pianto atavico. Se qualcuno mi chiede

perché piango, posso solo rispondere che quello per me è il campanello d'allarme, che mi indica la soglia energetica sotto la quale non mi è permesso scendere.

In questo periodo particolare della mia vita, è già capitato che, discutendo con qualcuno, di punto in bianco scoppiassi a piangere. L'altro, non conoscendo la situazione, ha interpretato il mio pianto in modo molto negativo: "Con te non si può parlare! Sembri una bambina! ecc.", e ha scambiato questa mia debolezza fisica, per confusione mentale, per insicurezza o addirittura per instabilità psichica.

Insomma, il pensiero che più facilmente potrebbe nascere negli altri è: "Poverina! Non è più l'Italia di prima, non ha più le idee chiare! Quante fissazioni, che non sa neanche spiegare!"

Io ora sono consapevole dei limiti del mio corpo, e non cado più nell'errore di entrare in un gioco competitivo, un gioco per la sopraffazione dell'energia.

Pensa, Papà, tutte queste parole solo per spiegarti perché ti scrivo, anziché parlarti direttamente a voce!

Lascia che ti dica che io invece mi sento più che mai "lucida", sicura, cosciente e felice.

Ho la serenità che deriva dalla caduta di tante paure, dalla risposta a tanti interrogativi e, soprattutto, dall'aver chiaro quale debba essere la mia linea di condotta.

C'è un fatto importante che mi spinge a voler portare luce nei rapporti con le persone che amo: è la mia ipersensibilità alle energie esterne, la mia aumentata capacità di captare, proprio come fa la radio, l'energia emozionale e mentale degli altri, anche quando mi trovo a distanza; questo fenomeno è molto forte proprio con chi è legato a me emotivamente.

Questo significa che io sento i momenti di maggiore emissione di negatività delle persone; per negatività intendo: tristezza, dolore, rabbia, ira, paura, ansia, preoccupazione, ecc..

A maggior ragione sento queste emissioni, quando esse sono rivolte a me; se cioè qualcuno pensa, o peggio ancora, parla di me: in questo caso l'energia del suono si unisce a quella del pensiero.

Ti posso dare tanti esempi pratici, citando date ed orari, perché so che è difficile credere in questo fenomeno, anche se è un fatto scientifico, dimostrabile.

Troppo spesso se noi non abbiamo mai approfondito studiando o provato in prima persona certe cose, non le crediamo possibili, ma solo perché non le conosciamo. Però l'ignoranza non è sufficiente a negarne l'esistenza. Come pure l'incapacità di "sentire" e vedere certe cose, non è sufficiente per negarne la veridicità.

Io non avevo mai visto, in passato, le aure delle rondini in volo, degli alberi, delle persone. Non avevo mai avuto chiari esempi di telepatia o di altri fenomeni, ma non ne negavo l'esistenza. Ma ora, però, che certe cose le vedo e le sento, non ho più dubbi su tali fenomeni, perché sono diventati la mia realtà, la mia esperienza personale.

Da bambina mi "scervellavo" per capire come funzionassero il telefono, la radio o il televisore. Non riuscivo a comprendere, però avevo la dimostrazione pratica, attraverso i sensi normali di percezione (vista ed udito), che le onde che quegli "aggeggi" captano, esistono come energia che vaga per l'etere.

Ancora oggi io non vedo queste onde, ma so che esistono perché un apparecchio ne manifesta l'esistenza.

Sono infinite le cose che non vediamo, non conosciamo e non sentiamo, eppure esistono.

I santi, ad esempio, che sono arrivati ormai all'apice dell'evoluzione, sanno, vedono e fanno cose a noi ignote.

Padre Pio poteva essere contemporaneamente in più luoghi, poteva apparire nel cielo, poteva guarire, ecc..

I santi superano le barriere del tempo, della materia e dello spazio.

Se prendiamo un uomo, cresciuto isolato dai mezzi di comunicazione, dai libri, dalla radio e dalla televisione, e gli spieghiamo che cos'è un atomo, egli ci dirà che sono tutte sciocchezze e che l'atomo non esiste perché egli non lo vede. E se gli spieghiamo che è costituito da un nucleo centrale e da neutroni e protoni che danzano armoniosamente intorno a questo nucleo, si metterà anche a ridere della nostra fantasia!

Noi non vediamo ad occhio nudo gli atomi, ma uno strumento, il microscopio elettronico, ce li rivela. I santi, i realizzati, invece, li vedono, li conoscono. Sanno anche senza aver studiato perché percepiscono e vedono, non utilizzando solamente i mezzi fisici, ma usando altri strumenti conoscitivi che noi ancora non siamo in grado di usare, ma che abbiamo: sono dentro di noi e prima o poi, vita

dopo vita, impariamo ad utilizzarli. E' come per il bambino di un anno che ancora non sa scrivere, ma in potenza, nel suo cervello, nel suo Essere, c'è già tale capacità, che poi svilupperà al momento giusto, facendo le giuste esperienze. Se il bambino non andrà a scuola e nessuno gli insegnerà, non imparerà comunque, in questa vita, a sviluppare tali sue capacità; come, ad esempio, il bambino cresciuto nella foresta con le scimmie.
Ma se un bambino avrà un bravo maestro imparerà velocemente.
Alla stessa stregua puoi comprendere come è importante avere un vero Guru, un maestro spirituale realizzato, capace di insegnarci in "quattro e quattr'otto" tutti i segreti per raggiungere la gioia infinita, la realizzazione del Sé.
Comunque tutto questo discorso è per farti capire che qualsiasi cosa noi non conosciamo, non vediamo, non sentiamo, può essere vera.
Anzi, renditi conto che proprio l'indispensabile è invisibile agli occhi fisici: come l'aria, come l'Atma, che è il Fondamento di tutto ciò che esiste.
Riprendendo il discorso della telepatia, un uomo che non è cosciente della potenza dell'energia-pensiero, e che la usa quindi in modo negativo, fa del male a sé stesso e agli altri, anche senza volerlo, senza esserne cosciente, assolutamente per ignoranza.
Basta così un sentimento di ansia, ripetutamente rivolto ad un'altra persona per disturbarla. Come ad esempio la madre troppo apprensiva che, rivolta al figlioletto che gioca vivacemente, continua a dire: "Guarda che cadi! Ti fai male! Ti rompi la testa!" E oggi... e domani, diventa alla fine molto probabile che ciò accada.
Tutti i nostri pensieri tendono a realizzarsi.
Torniamo al nostro esempio: se il bambino non ha un suo pensiero molto forte, che possa contrastare il pensiero negativo della madre: "Io non cado! Sono abile e sicuro di me!", il pensiero materno si materializzerà molto facilmente e questo, purtroppo, porterà la madre a dire: "Te lo dicevo che saresti caduto!", avrà una conferma che quello che pensava e diceva era esatto, e si sentirà quindi nel giusto a continuare in quel modo negativo di pensare e di parlare.
Si sentirà legittimata ad agire così perché la vita, nella sua esperienza, le dimostra che quanto pensa, molto spesso si avvera,

senza sapere che accadrebbe diversamente, se pensasse diversamente!
Infatti, la stessa identica esperienza la fa, con grande gioia di vivere, chi è abituato a pensare in modo positivo.
Ti riporto l'esempio, semplice, della madre che vede il figlioletto giocare vivacemente, magari saltare da una sedia all'altra. Questa volta è un'altra madre, non quella pessimista ed apprensiva di prima. Questa donna pensa: "Com'è diventato agile, capace e sicuro di sé il mio bambino! Come sa destreggiarsi bene e coordinare bene i movimenti del corpo!" Oppure, assalita inizialmente da un po' d'ansia, penserà: "E' un gioco un po' pericoloso, per te che devi ancora crescere, ma so che fai del tuo meglio e non ti farai male!"
Difficilmente questo secondo bambino cadrà (non ci sarebbero bambini artisti di circo, o bravi sportivi che fanno cose sorprendenti, con assoluta naturalezza, se non esistessero tali mamme).
La "madre positiva" avrà quindi anch'ella la conferma che quanto pensava era giusto. Entrambe le madri credono che il loro modo di pensare sia esatto, perché vedono sempre più realizzare ciò che pensano. La differenza sta nel fatto che l'abitudine al pensiero negativo, crea dolore e tristezza, mentre l'abitudine al pensiero positivo, crea automaticamente benessere e felicità.
Su questo argomento esistono numerosi libri che riportano tanti esempi.
Tornando a me, puoi chiedere a Donato quanto siano gravi i cali di energia che subisco nei momenti in cui qualcuno mi rivolge pensieri negativi.
Se la forma-pensiero che mi arriva è molto forte, visualizzo la persona e percepisco anche il tipo di sentimento che essa prova: ansia, o rabbia, o tristezza, ecc..
La rabbia è un'energia davvero molto forte; quando è indirizzata a me ho un repentino abbassamento di pressione sanguigna, un vero e proprio malessere. Mi sdraio (per evitare uno svenimento), cerco di usare tutta la mia calma per ripristinare l'equilibrio del mio corpo; dopodiché spesso "vedo" il viso della persona in oggetto. Mi appare come uno stralcio di film, nel quale vedo anche dove si trova e con chi sta parlando.

E' necessario un po' di tempo perché, con la calma, con l'accettazione e con la ripetizione del Nome di Dio, io riesca ad alzarmi e a ritrovare la forza di camminare.
Molto spesso, dopo un po', una telefonata, una visita, o altro, mi danno la conferma di tutto quello che già sapevo.
Fine della prima puntata. Ti abbraccio forte, a presto!

25.9.1995
Caro Papà,
Eccomi ancora a te. Continuo la comunicazione nella speranza che aiuti la comprensione e la solidarietà fra noi.
Inoltre, scrivendo, chiarisco alcuni concetti anche a me stessa, perché porto a livello cosciente, alcune sensazioni che non avevo ancora tradotto in parole. Scrivere è un'opportunità per fare ciò.
Riprendendo il discorso da dove mi ero interrotta, ti voglio dire che mi è capitato più volte di sentire e vedere te.
A luglio ti ho sentito parlare con rabbia. Ti ho visualizzato sulla spiaggia con mia suocera.
Ho avuto poi conferma di ciò che sentivo, dal racconto di mio figlio Davide, al ritorno dal mare, e anche da un discorso che ho fatto di recente con Rosa.
In questo momento mi sento un po' triste. E' evidente che non ho del tutto superato il dolore che me ne è derivato.
Perdonami, quindi, se ti comunico qualcosa di spiacevole. Vorrei essere sempre staccata dalla mia emotività, ma ancora non ci riesco. Quando c'è in noi un dolore che vuole sciogliersi, in quel momento ci è difficile comunicare gioia. Non è però nella mia intenzione ferirti.
Capisco perfettamente il sentimento, l'abitudine, lo schema mentale, che ti hanno spinto ad agire in quel modo.
A luglio sento che tu "sparlavi" di Sai Baba, rivolgendo rabbia e tristezza a me, che Lo amo. Tu puoi non credere a queste mie parole, puoi pensare che io abbia saputo tutto questo dal racconto di mio figlio; io però ti assicuro che è la verità.
Quando Davide un giorno, "di punto in bianco", mi ha detto: "Sai, Mamma... il Nonno Antonio dice che sono tutte stupidaggini quelle su Baba", io ho avuto la conferma di ciò che avevo percepito e che quindi già sapevo.

Quando Rosa è tornata, dopo tre mesi che non ci vedevamo, ho sentito in lei una forte apprensione ed ansia su questo argomento.
Ella mi ha regalato l'acqua di Lourdes e il calendario di Padre Pio, ed io ho accolto tali doni con gioia; ho un po' alleviato, così, la sua preoccupazione che io avessi abbandonato la mia religione e mi fossi "persa" in chissà quale "setta" pericolosa. Due giorni, durante i quali sono stata vicina all'ansia di mia suocera, sono bastati a mettere le mie energie K.O., come era successo a luglio, mentre parlavate del mio "fanatismo", come è stato da voi giudicato il mio amore per il Maestro.
Quindi è giusto, anzi indispensabile, che questo argomento sia chiarito.
Io posso capire di aver sbagliato ad averti parlato subito di Baba, quando l'emozione per la Sua scoperta e la gioia, erano così intense da non permettermi di agire cautamente.
La paura dell'ignoto, la paura di dover mettere in discussione nostre vecchie ed ormai radicate abitudini, nonché le nostre convinzioni, ci portano a voler precludere anche la possibilità di conoscenza, di indagine, di approfondimento.
E' certo molto più semplice, più facile e meno dispendioso, chiudere l'argomento (se mai lo si è aperto), dicendo a sé stessi e agli altri che sono tutte "sciocchezze", per non dire di peggio.
Ora, sinceramente, non mi interessa più che tu sappia o meno chi sia Sai Baba e cosa sia venuto a fare su questa terra. Ma per me la gioia nel conoscerLo, è stata talmente grande da indurmi a pensare che "l'orsetto che scopre il favo colmo di miele, debba comunicarne l'ubicazione a mamma orso, papà orso e a tutti i suoi fratellini" per poterne gioire insieme.
Se poi questi non credono alle parole del figlioletto e del fratellino, o se sono allergici al miele, non ha nessuna importanza. L'orsetto sente di aver fatto il suo dovere nel riferire la sua scoperta. Spetta poi agli altri volerla utilizzare o meno.
Caro Papà, se non senti il desiderio di approfondire l'argomento, non importa, va bene lo stesso. Ognuno ha la sua verità, che è quella che i propri occhiali gli permettono di vedere.
Non ti preoccupare, io non ho intenzione di "plagiare" nessuno, di "inculcare" niente a nessuno. Rispondo solo a chi mi domanda con la mia verità. Sia Enzo, che Mamma, come altre persone, si sono

avvicinate a me con curiosità, mi hanno fatto domande, ed ho risposto.

Io, ad esempio, non so se siano giuste le tue idee politiche sul buon funzionamento della Nazione, eppure non mi sognerei mai di dire che quello che pensi o scrivi, od altri scrivono nei loro libri, siano tutte scemenze.

Sull'argomento so poco o niente e mi rendo conto che, se a volte non può giudicare nemmeno l'esperto di storia o di politica, tanto meno posso fare una critica io, che sono digiuna in questo campo.

Insomma, Papà, scusami se ti faccio un rimprovero, ma non mi sembra giusto che tu critichi una Realtà che non conosci. Quanto meno tieni le tue idee per te!

Finché si parla con adulti, persone già formate, la cosa può anche non avere grosse conseguenze (la calunnia è comunque sempre un peccato); ma ciò che mi ha rattristato di più, sono state le parole riportate dall'innocenza di un bambino: mio figlio! Tu probabilmente pensi di aver fatto una cosa giusta, parlando con lui. La tua paura delle "scemenze", come tu le chiami, ti ha portato a voler distruggere nella mente di un bimbo quello che, secondo te, sono le idee malsane di una mamma malata, che non sa più distinguere il vero dal falso, il bene dal male; un "povero essere" al quale la malattia ha creato fissazioni e fanatismi che ella inculca al povero "figlioletto indifeso", che tu hai sentito di dover difendere in questo modo.

Anche se fosse vero che quanto io dico a Davide su Sai Baba siano stupidaggini, tu parlando così hai fatto capire ad un bambino che sua madre gli racconta cose non vere, ed è quindi meglio non fidarsi di ciò che dice. Hai minato la fiducia che istintivamente un figlio ha verso la madre! Inoltre hai fatto con Davide esattamente ciò che temevi io facessi con lui: gli hai imposto il tuo punto di vista! Ma lui ha e avrà le sue idee, che nasceranno dalle sue esperienze personali, indipendentemente dalle mie e dalle tue parole.

Già una volta ti ho detto: se anche fossi l'unica su questa terra a credere nella Divinità di Sai Baba, non mi interesserebbe. Io di Lui sono sicura!

Egli mi ha dato moltissimi segni; ha fatto dei piccoli "lila" (giochi divini) in casa mia, come usa spessissimo fare nelle case dei devoti. Ho ormai letto su di Lui molti libri, compresa la storia della

Sua vita, i Suoi discorsi ed altri libri scritti di Suo pugno, o scritti da autori di tutto il mondo: psichiatri, medici, sacerdoti e gente comune. Ma non è tanto ciò che ho letto su di Lui a farmene comprendere la Natura (i libri sono stati solo conferme); sono state le circostanze con cui si è fatto conoscere: la fortissima emozione, il pianto di gioia che mi ha scosso appena Ne ho sentito pronunciare il Nome, a farmi capire la grandezza di quest'Essere che, con la Sua Infinita Bontà, riempie di gioia i cuori che si aprono al Suo amore; quest'Essere che risponde premurosamente alle preghiere sincere, rivolte a Lui in qualsiasi forma Lo si possa immaginare.

Avevo tanto pregato Gesù di rivelarsi a me, nei giorni prima di Natale, ed il sette gennaio ha usato la mia amica Maria per farSi conoscere.

Certo, Papà, potrei scriverti un quaderno intero sui segni che Lui mi ha dato, ma mi rendo conto che ognuno capisce solo ciò che sente, vede e sperimenta di persona.

Tornando al nostro discorso, io sono con la mia famiglia, che mi vuole bene e che, in qualche modo, ha capito ciò che provo.

E ciò che provo, Papà, è un sentimento di infinito amore e gratitudine per il Divino, che io vedo ormai in ogni forma; tantopiù in Questa Forma Umana nella quale ora ha deciso di rivelarsi, con tutti i Suoi Pieni Poteri, e che sento dentro di me.

Baba mi ha assistita premurosamente, tenendomi in braccio e coccolandomi, proprio come la più dolce e tenera delle madri.

Io Lo pregavo nella forma di Maria, la mia Dolcissima Madonna che mi ha dato la forza di superare i momenti più duri, quando la paura della morte mi opprimeva.

Io sentivo la Sua Presenza, che mi infondeva tanta fiducia e serenità.

Mi viene ora in mente che voi, quando ero piccola, mi avevate soprannominato "farfallina", perché ero sempre in movimento. Ma in realtà ero ancora un bruco. Sono stata presa in braccio da Dio, nella fase più delicata: quella di crisalide. Solo ora posso dire di aver le ali! Ora che so di amare Dio più di ogni altra cosa; ora che so che la Coscienza Infinita si è incarnata in un corpo come il nostro, perché io potessi conoscerLa e perché potessi starGli accanto.

Caro Papà, tutte le mie preghiere sono state esaudite! Io so che ogni volta che chiamo Sai Baba per chiedere aiuto, Egli mi risponde e mi dà segni, anche fisici, visibili, a conferma della Sua Presenza.
Quest'anno al Gaver ho fatto un dipinto: ho rappresentato me stessa, con delle coloratissime ali di farfalla, ormai aperte. Ora non sono più stropicciate, perché io sono nella Grazia di Dio!
I miei primi trentadue anni di vita sono stati una preparazione per il mio appuntamento con Lui, durante il mio trentatreesimo anno.
Dentro sto bene, anche se il mio fisico è ancora debole, non è completamente guarito. Non ho più paura di niente, nemmeno della morte, che ora vedo solo come un passaggio da una dimensione ad un'altra.
In questi ultimi giorni, in cui energeticamente sono "ricaduta in una buca", ho capito che, perché il treno della guarigione vada veloce, devo trovare il sistema per mettermi in sintonia con le persone amate, con i miei familiari.
Tu capisci l'altro solo se lo senti, se ti metti nei suoi panni. Non si capirà mai nessuno usando solo il raziocinio!
La mamma sa perché il figlioletto piange. Un'altra persona, che non è in sintonia con il bimbo, può solo fare supposizioni, suggeritegli dalla sua mente e quindi dal suo passato, dalle sue esperienze, dalle sue abitudini; ma, in definitiva, del bimbo non sa niente.
Per questo desidero mettermi in sintonia con tutti i miei cari.
Vorrei continuare il discorso su Baba; so che per te, il fatto che non se ne parli in televisione, sia già una prova di una cosa non vera. Sapessi quante falsità si dicono tramite i mass-media!
Ho letto queste parole di Sai Baba sul libro "Colloqui" (Mother Sai Publications - Domande a Sai Baba e Sue risposte): *"Potrei usare i mass-media per rendere più veloce la mia opera, ma i tempi non sono ancora maturi, l'uomo è impaziente, ma i tempi di Dio non sono gli stessi degli uomini..."*
E' possibile che abbia contribuito alla formazione delle tue convinzioni, il racconto che può averti fatto chi è andato da Lui, come semplice turista curioso, che non ha avuto la fortuna di vedere il classico malato sulla sedia a rotelle che si alza e cammina, o un altro spettacolare miracolo, ma ha visto soltanto un corpo umano che può sembrare come tutti gli altri.

Ma Baba dice che, poiché Dio è Amore, soltanto attraverso questo sentimento ci si può mettere in contatto con Lui. Dio è la corrente elettrica, e la lampadina (il nostro cuore) si accende solo quando giriamo l'interruttore, permettendo il passaggio dell'energia elettrica. Il nostro cuore si accende girando l'interruttore solo verso l'amore, non verso lo scetticismo o addirittura il cinismo!

C'è un altro esempio che Egli fa, riferendosi a coloro che vanno per vederLo e non provano nulla: anche il granito più duro, si sgretola e diventa sabbia. Bisogna vedere, però, quante picconate ha avuto finora in questa vita o in quelle precedenti. Solo al granito che ha già avuto tante picconate ne basta un'ultima perché si sgretoli.

Se la lampadina di cui parlavo prima, cioè il nostro cuore, è imprigionata in un pezzo di granito non c'è il passaggio della corrente elettrica.

Ma quando il granito si è ormai sgretolato, il cuore viene completamente inondato dall'Amore, non c'è più nessun ostacolo a frapporsi ad esso.

Non è, però, solo una questione di purezza di cuore. C'è anche l'ostacolo della mente impura, della personalità. Noi non siamo la nostra personalità, noi siamo il Sé, che è l'inquilino del corpo. Egli è il pezzetto di Dio in noi, ed è quello che ci guida; se noi L'ascoltiamo siamo sempre nel giusto, nel Dharma, perché Egli sa tutto. Se siamo capaci di metterci in contatto con il Dio che è in noi, abbiamo sempre le risposte giuste. Più questo contatto si fa profondo (attraverso la purificazione della mente), più ci evolviamo e più acquisiamo conoscenza (non l'istruzione libresca).

Ecco che ritorna il discorso delle persone realizzate e dei santi, di cui ti parlavo nella prima lettera, che sanno anche se non hanno mai studiato.

Volevo chiarire, a proposito, che so quanto sia difficile credere che siamo tutti destinati a diventar santi e realizzati, che tutti ritorneremo a casa, prima o poi. E' difficile perché non si tiene conto della reincarnazione.

Troppe persone si sentono molto lontane da questo traguardo e pensano che la cosa non li riguardi, perché non sanno che hanno a disposizione tutta una serie di vite, per raggiungere quel traguardo, ma se lo vogliono intensamente, possono raggiungerlo anche in questa stessa vita!

Persino l'assassino diventerà un santo! Anche se non sappiamo quante altre "classi" (vite) deve ancora frequentare, prima di "laurearsi".
C'è anche chi fa i corsi di recupero e ci mette così tanto impegno, da frequentare due classi in una. Se poi questo diligente scolaro, è anche seguito da un ottimo maestro, potrebbe addirittura farne tre in una!

Vorrei spiegarti...
1. Noi siamo rivestiti da cinque involucri (kosha), come le bucce di una cipolla: l'involucro fisico (annamayakosha) che costruisce sé stesso di materia alimentare;
2. l'involucro dell'energia vitale (pranamayakosha),che fornisce energia, mantiene in vita e protegge il corpo fisico;
3. l'involucro mentale (manomayakosha), dove si generano i pensieri e i desideri. E' la mente selettivo-istintuale, che opera tramite l'attrazione-repulsione, la sede quindi dei pensieri e delle emozioni. Questo involucro è d'aiuto e d'appoggio all'involucro dell'energia vitale (ecco perché i buoni pensieri potenziano quest'energia!);
4. l'involucro fatto di intelletto (vijnanamayakosha), fatto di conoscenza intuitiva, che fornisce all'uomo il potere di discriminare tra il bene e il male. E' la cosiddetta mente superiore, la voce della coscienza. Se non esistesse, i primi tre involucri sarebbero senza vita.
5. la sorgente di questi quattro involucri inferiori, è il Tesoro che ci dà vita, detto: "guaina della Beatitudine" (anandamayakosha). E' il più interno rivestimento del Sé ed anche la sede dell'Anima individuale (Jivi). Persino questo quinto involucro, un giorno, dovrà essere trasceso e così l'Onda (l'anima individuale) si fonderà nell'Oceano (Dio) e non ci sarà più rinascita.

(Nozioni tratte dal testo: La scienza di Dio – Vidya - di Sri Satya Sai Baba - Mother Sai Publications - pagg. 178-179-180).
Tornando al discorso iniziale, il più delle volte, la nostra personalità, le nostre cattive abitudini, i nostri schemi mentali, le nostre convinzioni ecc., ci precludono il contatto con l'Anima e non sentiamo la voce interiore, ma seguiamo ciò che l'energia mentale ed emotiva ci suggerisce. Noi non siamo la nostra mente, né le

emozioni, né il corpo. Questi sono soltanto gli strumenti che abbiamo a disposizione per fare le nostre esperienze, per crescere, evolverci e tornare a Lui; a quello Stato di Coscienza dal quale ci eravamo separati, per il potere di maya.

Purtroppo abbiamo preso la brutta abitudine di usare male questi strumenti (l'Avatar scende, di era in era, proprio per ricordarci come tali strumenti vadano usati), per questo perdiamo il contatto con il Sé, il nostro "Auriga". Ma Egli insiste per essere ascoltato. E' Lui il Timoniere di questa nostra nave, è Lui che vuole le redini del cavallo. E' Lui che siede al posto di comando e vuole il volante in mano!

Se noi non L'ascoltiamo, ci spinge a fare tutta una serie di esperienze, molto spesso dolorose, affinché la nostra testardaggine sia sconfitta e finalmente riprendiamo a seguirLo.

Dove c'è sofferenza, c'è sempre un errore, magari anche commesso molto tempo prima.

Da Dio siamo nati e a Lui torniamo; come la goccia d'acqua, che dall'oceano, evaporando, sale in cielo, poi diventa nuvola, pioggia, rigagnolo, ruscello, fiume, e con la foce finalmente ritorna all'oceano (Dio).

Quando siamo fiume la nostra corsa è impetuosa. Il fiume scorre veloce perché non vede l'ora di ritornare al mare.

Quando siamo fiume, si risveglia in noi la consapevolezza del nostro viaggio; per questo siamo felicemente impazienti di rituffarci nella Beatitudine dell'Oceano.

Io, caro Papà, sento proprio di essere il fiume!

Mi viene in mente un esempio, a proposito del Comandante della nostra nave, o di Colui che vuole le redini del cavallo.

Il nostro corpo fisico-emotivo-mentale (i nostri quattro involucri più esterni, di cui parlavo prima) è un ciuchino; il Jivi (l'Anima individuale), il nostro corpo spirituale più profondo, è Colui che guida il ciuchino nella strada di ritorno a Dio, che è della Sua stessa sostanza: Amore-Luce.

Nel caso "A" il ciuchino segue, felice e contento, le direttive del suo fantino. Sente quello che Egli dice e, instancabile, prosegue il suo cammino. Arriva, così, dritto alla meta.

Nel caso "B" il ciuchino si ferma, si arena, non vuol più proseguire. E' diventato sordo alle indicazioni del suo "Auriga". Allora quest'Ultimo lo prende a calci, affinché capisca che non gli è consentito fermarsi, bloccarsi (la vita è evoluzione, trasformazione, non è stagno!). Alla fine, un calcio oggi, un calcio domani, l'asinello impara a dar retta alla sua voce interiore.

Il caso "C" è quello in cui le cattive abitudini, il modo errato di usare i nostri strumenti (mente-emozioni-corpo), fanno sdraiare il ciuchino, ormai troppo ammalato.

Quell'asinello non sente più, né la voce, né i calci del suo Fantino, talmente sono radicate e vecchie le sue cattive abitudini.

Non ha più il collegamento con il suo Comandante; non sa dove deve andare, per questo si ferma (stagno) e non si muove più, neanche con le cannonate! Allora il Fantino (l'Anima individuale) abbandona quel mezzo di locomozione (morte fisica), ed aspetta di trovarne un altro (reincarnazione), che gli permetta di proseguire il viaggio fino a destinazione.

Ovviamente l'Anima lascia il corpo non solo quando quest'ultimo è ormai una macchina da rottamare (anche per vecchiaia), ma anche quando è già arrivato alla Meta.

Caro Papà, io ho avuto tanti calci, ma gli ultimi sono stati così poderosi, che, alla fine, il mio ciuchino si è arreso, e dalla situazione "B" io sono passata alla "A".
Ora ho capito che ero quasi arrivata alla situazione "C" (morte del corpo), ma il mio ciuchino si è svegliato in tempo ed ha deciso di "rigare dritto", di non fiatare, di non sbuffare; anzi, ha fatto un tratto di corsa per non farsi più sgridare!
Ora è l'Anima che in me ha ripreso le redini, per questo sono molto felice!
Su questo discorso dimenticavo di dire che l'Anima, quando abbandona il corpo fisico, porta con sé delle "tendenze", delle energie mentali, desideri, ecc., (i primi tre involucri si disintegrano, ma rimangono gli ultimi due: l'involucro dell'Intelletto e quello della Beatitudine), nonché il karma non ancora scontato; per questo ciò che non viene superato, guarito, insomma, risolto in questa vita, si ripresenta nella successiva.
Se veniamo bocciati, perché non siamo stati capaci di eliminare le nostre tendenze cattive, dobbiamo "ripetere l'anno". Dio, amorevolmente, ci darà ancora tutte le possibilità per risolvere quel nostro "lato nero". Ad esempio chi non avrà imparato ora la tolleranza, nelle prossime vite avrà modo di incontrare così tante persone "insopportabili", finché sarà costretto ad abbandonare la propria ottusità e a far propria questa virtù. Chi non avrà imparato a trascendere la gola, morirà goloso e goloso rinascerà, finché l'Anima, sempre più amorevolmente, gli farà sperimentare una malattia od un'altra limitazione per mezzo della quale, volente o nolente, imparerà a staccarsi dalla prepotenza dei sensi, ecc..
Tutto ciò che ci accade, anche se a nostro parere si tratta di un evento negativo, serve, ed ha uno scopo preciso.
Fino a quando l'unico nostro desiderio non sarà quello di rifonderci in Lui, il Tutto dal quale ci siamo separati, noi rinasceremo, per soddisfare i nostri desideri e scontare il karma, se non siamo capaci, in questa vita, di trascenderlo conquistando la Grazia Divina.
Una volta raggiunta la realizzazione del Sé, potremo anche decidere di tornare su questa terra, ma per nostra volontà, non

costretti, per aiutare gli altri esseri umani e le altre forme di vita ad evolversi.
Questo è il concetto di "Avatar". Dice Baba che ci sono cinque tipi di Avatar; Egli è il Purna Avatar, cioè Colui che ha tutti i pieni poteri divini.

Ora lascio questi discorsi "filosofici", per tornare a noi.
Il più delle volte la sofferenza nasce dalle nostre aspettative. Noi abbiamo uno schema mentale che ci dice, per esempio, che una famiglia normale è quella dove papà e mamma vanno a lavorare, la sera cenano insieme ai figli e si scambiano le esperienze della giornata. Il sabato vanno a fare la spesa, le pulizie, ecc., la domenica vanno a messa, al parco e invitano gli amici a casa loro.
Se un elemento innovativo cambia questo schema, noi soffriamo, perché ci aspettiamo sempre che la realtà sia fedele alla nostra "vignetta mentale".
Pensa che spesso si soffre per delle aspettative stupidissime, figuriamoci quando gli eventi cambiano completamente il ritmo di vita!
Tutti voi che mi amate, avete sofferto perché il mio nuovo modo di essere, la mia realtà, non rientra più nel vostro schema mentale.
Non sono più nella "norma". Ciò che è normale è comunque solo una questione di statistica, di numeri e non è detto che la "norma" sia la cosa migliore!
Andiamo al sodo e parliamo della vostra aspettativa che io riprenda a lavorare in ufficio.
Se io rientrassi al lavoro ora, anche se non sono pronta, anche se la mia situazione energetica non è ancora sufficiente per affrontare una giornata di lavoro, voi tirereste un sospiro di sollievo, ma solamente perché io, come un personaggio dei fumetti, ritornerei a collocarmi nella "striscia" (dei fumetti) così come prevista dai disegnatori (le vostre menti).
Pur non essendo la cosa giusta, voi vi sentireste meno ansiosi e sollevati.
La vera felicità, la vera letizia, come diceva san Francesco, non è nel vedere tutte le proprie aspettative avverarsi, non è nella soddisfazione di tutti i desideri, i quali, una volta soddisfatti, non hanno mai fine; la vera felicità è nella mancanza di aspettative,

nell'assenza di desideri, nell'accettazione totale dei fatti, nel sapersi accontentare sempre.
La vita mi ha posta nella situazione di non poter svolgere quel lavoro in questo momento. Questa è l'opportunità che mi viene offerta per sviluppare i miei talenti. Se la mia volontà sarà forte e continua, potrò anche ottenere dei buoni risultati. Non so quanto ci vorrà per raccogliere i frutti di una nuova semina, ma so che alla fine arriverà.
Ho una grande fiducia nel Signore e so che non mi farà morire di fame.
Un'altra cosa sento di doverti dire: il rapporto genitore-figlio cessa quando il figlio è adulto; nel senso che il compito del genitore quale guida, finisce quando il figlio è ormai autonomo (non intendo dire finanziariamente, ma anche nelle capacità).
Il nuovo rapporto auspicabile è un rapporto di pura amicizia, e dovrebbe essere libero da apprensioni, e dal senso del dovere verso i figli.
Emilia, Enzo ed io siamo ormai adulti. Ora il nostro compito reciproco è di aiutarci come fanno tutti i veri buoni amici. Tra noi deve esserci rispetto reciproco, dialogo e magari anche consigli, ma questi dovrebbero essere slegati dallo schema mentale di un tipo di genitore molto diffuso; tale schema mentale crea aspettative e quindi sofferenze.
Ognuno può contribuire al benessere dell'altro, comunicando quello che la sua esperienza gli suggerisce, ma non è detto che le stesse sue esperienze si debbano ripetere anche con un'altra persona.
Ciò che può andare bene per uno, può essere molto dannoso per un altro, che ha un compito diverso da svolgere in questa meravigliosa rappresentazione teatrale, che è la vita.
Insomma, quando ho bisogno di aiuto, io lo chiedo; tu stai tranquillo, sereno, senza ansie, senza preoccupazioni, perché io sto bene!
Sto imparando sempre più a sentire la mia voce interiore e sono felice per questo. La vita per me ora è "hic et nunc", qui e adesso. E' un gioco, dice Baba, ed io la gioco, è una sfida ed io l'accetto, è un sogno: lo voglio realizzare!
Papà, sono un genitore anch'io e capisco le tue difficoltà.
Ti chiedo scusa se ho avuto qualche sfogo emotivo, se ti sei sentito sgridato. Non era questo il mio intento. Ti voglio tanto bene, come

te ne ho sempre voluto! Mi auguro di essere stata capace di farmi conoscere un po' di più. Ti abbraccio forte e ti auguro tutto il meglio che la mia mente sia in grado di immaginare!
Italia

28.9.95
Caro Papà,
aggiungo qualcos'altro alla lettera precedente. Mi sono resa conto che, scrivendo i miei sentimenti sul fatto che hai parlato a Davide e a mia suocera di Sai Baba, io ho sciolto un nodo. Ora mi sento meglio. Mettendo sulla carta quello che era nel mio cuore, me ne sono liberata. Ora vedo solo il lato comico della cosa e ripensando agli avvenimenti, ormai sdrammatizzati, mi viene da ridere, come la mamma che vede una "marachella" del figlio e ci ride sopra; in questo modo non viene intaccato il buon sentimento verso il figlio.
La cosa è stata istantanea, te ne sarai accorto anche tu dal tono diverso con cui ho scritto i fogli seguenti.
Ora ti racconto un piccolo esempio di come le energie negative che capto influiscono sulla mia salute.
Ieri sera i bambini erano a cena dai nonni, insieme agli zii.
Avevo avuto una splendida giornata e mi ero sentita bene. Verso le 20.20, mentre ero al telefono con la mia amica Antonella (con la quale parlo sempre molto volentieri), all'improvviso ho avuto un malessere. Mi sono sentita raffreddare, ho avuto un abbassamento repentino di pressione, di energia. Ho bruscamente interrotto la telefonata e sono corsa in bagno.
In quel momento avevo pensato che il mio corpo stava rifiutando qualcosa che avevo mangiato (qualche intolleranza). Mi sono sdraiata sul letto con la borsa dell'acqua calda, mantenendo la calma ed aspettando il ritorno dei bambini, per metterli a letto e fare loro qualche carezza.
Ma questi ritornarono dopo un quarto d'ora. Stefano era caduto ed aveva un bernoccolo davvero molto pronunciato (sembrava quello dei cartoni animati!) Era completamente senza forze e piangeva (dello stesso mio pianto di quando io sono ad un livello molto basso di energia). Lo stress, lo shock che il suo corpo aveva subito era stato forte, come pure la paura dei nonni e degli zii, che l'avevano soccorso.

Mentre lo accarezzavo dolcemente per farlo addormentare, mi sono sentita meglio anch'io. Era così spossato che si è addormentato subito.
Questa mattina mi sono alzata con un senso di nausea (è il modo con cui solitamente percepisco l'ansia di qualcuno).
Verso le nove mi ha telefonato Rosa, preoccupata. Aveva bisogno di rassicurazioni sulla salute di Stefano. Le ho riferito che stava benissimo, che il bernoccolo si era abbassato e che era andato alla scuola materna come tutte le mattine.
Dopo la telefonata, Rosa, che la sera prima si era molto spaventata, si è sentita meglio; lo stesso è stato per me: mi sono passati la nausea ed il cerchio alla testa, che avevo fino ad un attimo prima, ho ripreso vigore e mi sono messa a pulire un po' la casa.
Ho constatato che avevo accusato ingiustamente il cibo per il mio malessere. Quante volte ho avuto simili sensazioni, senza capirne il motivo!
Ora il foglio è finito. Ti abbraccio forte!
Italia

5.10.1995
Caro Papà,
ti scrivo ancora. Non so però se questa volta ti farò leggere questi fogli. Non so se è il caso.
Comunicare cose in cui l'altro non crede, il più delle volte allontana, anziché avvicinare.
Ora però, in questo preciso istante, mi rendo conto che si tratta solo di una mia paura, ed è giusto che io affronti questo rischio, per amore della verità, che deve sempre esserci fra noi.
Tutto ciò che sento giusto fare, ora lo faccio, solitamente senza timori ma, come vedi, a volte le paure tornano a galla.
Ho deciso di aver fede nel mio intuito, di seguirlo senza paura delle conseguenze. La mente razionale non è in grado di capire subito ciò che ci viene suggerito dal nostro Profondo; è troppo "stupida" per sapere tutto.
La voce interiore, che proviene dalla "mente superiore" (vijnamayakosha), più vicina all'Anima, è il mezzo con il quale Egli, il Sé, ci guida.

Ti faccio presente che tutte le grandi opere, le grandi scoperte che gli uomini hanno fatto, sono avvenute seguendo la voce interiore, l'intelligenza intuitiva.

Se gli uomini avessero avuto paura di seguirla, se avessero avuto paura dei giudizi e delle conseguenze delle proprie azioni, non sarebbero nate né la bicicletta, né la lampadina. Galileo non avrebbe detto che la terra è rotonda, non sarebbero nate le più belle opere d'arte, Leonardo da Vinci o Einstein si sarebbero tenuti tutto per sé.

Comunque, senza pensare ai grandi geni del passato, anche noi, uomini più modesti, pur con tutte le potenzialità insite in noi, non potremmo creare nulla di buono ed essere in questo modo strumenti divini, se non avessimo il coraggio di tradurre in parole ed azioni, i nostri messaggi interiori.

Ecco... ora che ho ricordato a me stessa tale concetto, scrivo libera, senza paura del giudizio, assumendomi il rischio di non essere né capita, né creduta, o persino compatita e schernita (anche se so che questo non avverrà).

L'argomento è quello delicato e importante a cui ho già accennato prima: è il mio rapporto con il Cristo Cosmico.

Papà, il Suo corpo fisico ha l'età del tuo corpo. Rimarrà in vita per altri 26 anni; così dicono le profezie e così dice anche Lui. Presto non ci sarà angolo sulla terra in cui non sarà amato e venerato.

Quest'Essere, che tu non comprendi, è l'Essere che comanda alle nuvole di bloccare la pioggia nel momento del suo darshan; che, come già avveniva duemila anni fa in Palestina, resuscita i morti, guarisce gli infermi dalle più incurabili malattie; ma, soprattutto, guarisce le anime che Egli chiama a Sé e che riescono a mettersi in contatto con Lui, rinunciando al proprio orgoglio e al proprio scetticismo.

Le malattie dell'uomo sono sia fisiche, che mentali, che spirituali. La malattia spirituale nasce dall'ignoranza circa la nostra vera natura, ed è la peggiore, perché da questa nascono poi le altre forme di malattia.

Le guarigioni più spettacolari di Sai Baba sono quelle sul fisico, ma le più numerose e le più grandiose sono proprio quelle sulla mente e sull'anima.

10.10.95
Eccomi ancora a te.
Mi viene in mente il discorso sulla tua paura che io trasmetta ai miei figli cose non vere.
Volevo precisarti che io rispondo alle domande dei miei figli con tutta la mia verità, perché la verità è diventata il mio respiro. Non posso più fare nulla che non sia in conformità con ciò che penso e dico. Se non seguissi questa linea di condotta starei male. Questa è l'armonia fra pensiero, parola e azione. In passato, non sempre vivevo in questa armonia. Ho pagato caro questo errore ed ora sto imparando a non cascarci più.
Comunque, per tranquillizzarti sul fatto che non rinnego la nostra religione, ti dico che ai miei figli ricordo solitamente di indirizzare un pensiero di ringraziamento e di amore verso Dio, il nostro Creatore. Il termine che uso spesso è: "Signore, Padre mio". Vicino al cuscino dei bambini, attaccata al muro, c'è l'immagine di Gesù. Spesso parlo a loro della Sua vita, perché comincino a conoscerLo ed amarLo prima di iniziare il catechismo. Allo stesso modo parlo loro di Baba, e dei miracoli che faceva da bambino, o di San Francesco.
Davide e Stefano hanno compreso chiaramente che Gesù è stato l'Avatar della nostra religione, ma che non è stato l'unico. Essi non hanno le limitazioni mentali che abbiamo ricevuto noi, sono senza condizionamenti, pronti ad amare Dio in ogni Sua Forma, in ogni Sua Manifestazione.
Hanno capito che Gesù, qui da noi, è conosciuto da tutti; che Krishna, Rama, Sai Baba ed altri, non sono conosciuti, in Italia, quanto Gesù, ma sono anch'essi manifestazioni dell'unica Divinità. Come del resto stanno incominciando a capire che tutto il Creato, dal verme più insignificante, alla montagna più alta, dalla persona più importante, alla più povera ed umile, non è altro che una manifestazione di Dio, nelle Sue varie forme. Tutto è sacro, tutto è pervaso dalla medesima divina sostanza universale.
L'Anima, da sempre, ci suggerisce la Verità, per questo, quando siamo pronti, La incontriamo e La riconosciamo, perché la Verità è la nostra vera natura.
I bambini, che non hanno sovrastrutture mentali come le nostre, sono più avvantaggiati nel riconoscere la Verità, più di quanto noi immaginiamo.

Tornando agli adulti, di fronte alla Verità l'io egoico, quello che ci vuol far credere che siamo separati e diversi dagli altri, si rende conto che per lui non c'è prospettiva di futuro. Si accorge che è destinato ad inchinarsi all'Io Reale, al vero Sé.
Questa è la resa a Dio. Non significa arrendersi a qualcuno che è al di fuori di noi, ma non è altro che la resa a sé stessi, non è altro che il riconoscimento di sé stessi.
Non è quindi un atto che sminuisce, ma che eleva, innalza gli uomini al loro vero rango: quello Divino.
Io ho avuto la fortuna di non andare in crisi, quando mi sono accostata alla Verità: anzi, ho alimentato la mia gioia, perché io, la resa in questione, l'ho già avuta.
Io, ormai, all'Altissimo ho detto: "SI'! SI'! SI'!... Sono il Tuo flauto, suona in me la Tua musica divina! Sono il Tuo strumento, i miei occhi sono per guardare Te, le mie orecchie per ascoltare Te, la bocca per mangiare Te, per cantare il Tuo nome e la Tua gloria; le mie mani per servire Te, i miei piedi per condurmi da Te!"
Questo io dico, questo io penso. Ho riconosciuto in ogni mia facoltà, in ogni mio potere, il Suo potere. Ho capito la frase biblica: *"Ho fatto l'uomo a mia immagine e somiglianza"*. Ho compreso le parole di Gesù: *"Non fare ad altri ciò che non vuoi sia fatto a te"*, perché sento che gli altri sono parte di me, come io sono parte di loro e la sofferenza che infliggo ad un altro è la mia stessa sofferenza. Se l'altro è felice io sono felice, se l'altro soffre, soffro anch'io; quindi non posso fare a meno di espandere, intorno a me, amore; perché solo così mi sento bene. Se faccio un errore lo pago caro, e sembra più di prima.
Un giorno, proprio mentre riflettevo su questo argomento, è arrivato un chiarimento di Baba in proposito (quante risposte al momento giusto!)
Ho aperto una rivista edita dai centri Sathya Sai d'Italia (Armonie - Nov. 1994 - Sathya Sai Central Council - regione 4 Sud Europa - Italia), proprio alla pagina il cui titolo era: "Quando avete detto sì".
Voglio trascrivere il contenuto di quella pagina:
Quando Mi avete detto "SI'" avete abbandonato il diritto ad essere come chiunque altro. Ecco perché state attraendo a voi esperienze che hanno lo scopo di purificarvi da tutto quello che non vi si addice.

Ciò accadrà tantissime volte finché Io non vi farò vedere che il passato non "funziona più". Io vi sfido e vi tento ogni giorno con il vostro passato in modo che possiate prendere coscienza di come il passato sia una grande illusione.
Quando Mi avete detto "SI'", Mi avete dato il vostro corpo, i vostri pensieri e le vostre azioni. Nel momento in cui questi non appagano più il vostro "io", il malessere diventa insopportabile. E sarà sempre così, finché non vi renderete conto completamente di quello che state facendo. Allora, e soltanto allora, abbandonerete ogni desiderio.
E' soltanto in questo modo che imparerete.
L'uomo raramente impara con semplici richiami. Il suo desiderio è invaso da trappole, poste là in modo che Io possa fare il Mio lavoro.
Solo quando vi abbandonerete totalmente a Me, tutte le tentazioni svaniranno. Io non vi abbandonerò MAI.
Ogni volta che scivolerete, sarà più difficile sopportarlo e sarà più duro porvi rimedio. Alla fine vi stancherete della vostra ottusità.
Io vi amo ed anche se non siete completamente coscienti, voi avete detto "SI'".

BABA

Caro Papà, come ti ho già scritto, io avevo già detto: "sì!", ma ne sono divenuta cosciente solo l'anno scorso, durante quei mesi di malattia trascorsi a letto, quando, staccata da tutto, io ho potuto finalmente collegarmi col mio Sé.
Quello era stato il Suo ultimatum: "Ti tengo ferma, immobile, non più padrona del tuo corpo; voglio vedere se ora mi ascolti!"
Questo, Papà, è il messaggio che mi ha inviato. Ero crisalide in metamorfosi: sono passata, così, da "aspirante spirituale" (lo ero senza rendermene conto), a "discepolo", senza più dubbi sulla linea spirituale da seguire.
Io sono, senza ombra di dubbio, un discepolo: il fiume che inizia la corsa, dopo essere stato ruscello, per tornare al Mare.
A proposito del discorso sull'inculcare o meno ai nostri figli le nostre idee, c'è una splendida poesia di un famoso poeta che si chiama K. Gibran, che mi ha trascritto Emilia quando è nato Davide.
Sono felice di fartela conoscere, perché aderisce al mio pensiero:

"I vostri figli non sono i vostri figli.

*Sono i figli e le figlie della fame che in sé stessa ha la vita.
Essi non vengono da voi, ma attraverso di voi,
e non vi appartengono benché viviate insieme.
Potete amarli, ma non costringerli ai vostri pensieri,
poiché essi hanno i loro pensieri.
Potete custodire i loro corpi, ma non le loro anime,
poiché abitano case future, che neppure in sogno potrete visitare.
Cercherete d'imitarli, ma non potrete farli simili a voi,
poiché la vita procede e non s'attarda su ieri.
Voi siete gli archi da cui i figli, le vostre frecce vive,
sono scoccati lontano.
L'Arciere vede il bersaglio sul sentiero infinito, e con la
forza vi tende, affinché le sue frecce vadano rapide e lontane.
In gioia siate tesi nelle mani dell'Arciere;
poiché, come ama il volo della freccia, così l'immobilità dell'arco".*

Emilia non poteva trovare testo più bello per la nascita del mio primo figlio.
Passo e chiudo.

11.10.1995
Eccomi ancora a te.
Mi rendo conto che c'è ancora qualcosa che devo dirti. Mi auguro di non annoiarti o stancarti con tutte queste parole.
E' difficile capirmi, Papà?
Del resto io stessa ho appena iniziato a comprendere qualcosa di me, figuriamoci gli altri!
Mi rendo conto che è come se io ti avessi fornito dei tasselli di un puzzle, ma questi sono ancora così pochi e scollegati tra loro, che per te è difficile capire che diventeranno un quadro, chiaro e reale. Quando incominciamo a comprendere, ad intravedere la figura, allora la nostra curiosità ci spinge a cercare gli altri tasselli mancanti. Ma finché non ne abbiamo almeno un paio, non può nascere in noi la voglia di avere anche gli altri. Insomma, chi è all'oscuro di tutto è, a volte, meno inquieto di chi sa qualcosa, ma a metà.

Noi stiamo bene per un po', finché non abbiamo sperimentato e fatto nostro ciò che abbiamo imparato, dopodiché siamo ancora pronti a digerire dell'altro cibo.
Mi vengono in mente le parole che, in una storiella iniziatica, un vecchio saggio rivolge ad un re avido di sapere: "... Forse che tu dai da mangiare a tuo figlio un quintale di riso in un giorno? Ovviamente no, perché morirebbe. Un quintale di riso, tuo figlio lo mangerà, poco al giorno, in un anno!"...
Così rispose al re che voleva sapere tutto subito. Noi riceviamo ciò di cui abbiamo bisogno, poco per volta e solo al momento giusto, non prima, ma quando siamo in grado di "digerire" ciò che leggiamo e impariamo. Un'altra storiella racconta: "Nan-in, un maestro giapponese dell'era Meiji (1868-1912), ricevette la visita di un professore universitario che era andato da lui per interrogarlo sullo Zen.
Nan-in servì il tè. Colmò la tazza del suo ospite, e poi continuò a versare.
Il professore guardò traboccare il tè, poi non riuscì più a contenersi. "E' ricolma. Non ce n'entra più!".
"Come questa tazza," disse Nan-in "tu sei ricolmo delle tue opinioni e congetture. Come posso spiegarti lo Zen, se prima non vuoti la tua tazza?" (101 storie Zen - Adelphi Edizioni - pag. 13).
I segnali che ci fanno capire quando siamo pronti ad apprendere qualcosa di nuovo sono: la noia, l'insoddisfazione e l'irrequietezza. Io ho compreso che questi sono i segnali che il corpo ci dà, quando siamo pronti a digerire del nuovo cibo mentale, come il senso della fame che parte dallo stomaco, ci fa capire che siamo pronti a mangiare altro pane.
Quando mi sono sentita insoddisfatta ed irrequieta, ho capito che era arrivato il momento di saperne di più. L'anno scorso, dopo il "risveglio", fra le diverse poesie che ho scritto, c'era anche questa:

VOGLIO IMPARARE
Quante cose
vorrei studiare!
Quante cose
vorrei scoprire!
Quante cose

> vorrei imparare!
> Per capire,
> per cambiare,
> per saper aiutare;
> ma senza invadenza
> e con umiltà
> senza ansia,
> ma con serenità.
> La strada è lunga
> e voglio iniziare.
> non posso fermarmi
> ad aspettare.

Questa poesia è stata una delle tante preghiere che continuano ad avere risposta.
A proposito della preghiera... Gesù dice: *"Chiedi e ti sarà dato"*.
Ti riporto un piccolo brano tratto dal libro "Colloqui", (Mother Sai Pubblications - pag. 46).
... *"H. - Pregare Dio non è come chiedere l'elemosina?*
SAI - Se chiedi ad un tuo pari, abbassi te stesso ed innalzi l'altro. Invece, quando chiedi a Dio, ti elevi al Suo livello. Devi chiedere a Dio. Chiedere a Dio è perfettamente corretto; non è mendicare.
H. - Credevo, invece, che Dio, il quale conosce tutti i problemi, nel caso fosse giusto porre un rimedio, intervenisse senza che Glielo si chiedesse.
SAI - La risposta è importante, ed è: NO. E' tuo dovere chiedere a Dio;
la parola deve essere detta, e le parole devono corrispondere al pensiero. Si deve trasformare il pensiero in una parola veritiera. E' ben vero che la Divinità sa tutto, ma Egli vuole che sia detta la parola sincera. La madre può sapere che per tenerlo in vita, il figlio ha bisogno di mangiare, ma gli dà il latte se egli lo chiede..."
Perché ti scrivo questo?
Perché voglio ricordarti che quando arriverà per te il momento di saperne di più, potrai chiedere a Dio di illuminarti, di aiutarti a chiarire i tuoi dubbi, che ti sei sempre tenuto perché pensavi che per essi non esistesse risposta.

Certo che per te è facile pensare questo di me: "Ma è possibile che parli sempre di Dio, di queste cose? Non pensi ad altro?"
Prima di tutto ho capito che tutto è Dio, e solo vedendoLo e riconoscendoLo in tutto e tutti, avendo sempre il pensiero rivolto a Lui, offrendo a Lui ogni mio lavoro, io posso riunirmi a Lui. Questo non significa passare il giorno ad "oziare", come tu pensi che facciano le persone innamorate di Dio. Forse Madre Teresa di Calcutta lavora poco perché "perde il suo tempo" pensando a Dio? No! Al contrario; avendo sempre questo pensiero fisso in mente, riceve la forza per servirLo da mattina a sera, riconoscendoLo in ogni creatura che lei premurosamente assiste. Il suo lavoro è una preghiera continua, e tutti i grandi maestri insegnano a non perdere tempo in ciò che ci porta fuori strada, ma a lavorare sodo, con amore.
Un altro fatto è che io sto facendo un "corso intensivo di recupero".
Il mio "Professore" ha pensato che avessi bisogno di tempo libero (tanto è vero che non sono ancora in grado di svolgere un lavoro) per studiare, fare esperienze, per recuperare la materia più importante della vita: il rapporto con il Creatore.
La verità è che, per me, questa "sosta", che altri chiamano solo malattia, è stata proprio una Grazia Divina. Il Signore mi ha permesso di poter capire, studiare, sperimentare tante cose, ora che sono ancora giovane ed ho ancora gran parte della vita davanti. Quando io dico agli altri che sono felice come non lo sono mai stata, certo questi stentano a credere alle mie parole. Perché i loro occhi vedono solo un corpo che sente spesso il bisogno di riposare, non vedono però "dentro"!
Papà, io mi rendo conto che tutti questi miei discorsi ti possano sembrare avulsi dalla realtà: stranezze, ecc.. Capisco anche che potrebbero far calare su di te altra tristezza, derivante dal fatto che le tue aspettative non sono conformi alla mia realtà. Sappi che in ogni caso così io sono, così io sento, così io credo, e non posso mostrare quindi una faccia diversa da quella che ho.
So che, se anche non mi comprenderai, comunque mi amerai, perché l'amore per i figli è troppo forte perché un'incomprensione lo possa scalfire.
Ho capito da poco quanto mi ha insegnato l'esperienza della maternità!

Una delle cose che impariamo dall'essere genitore è il superamento della "dualità", nel senso che noi, dei nostri figli, accettiamo tutto: risa, grida, monellerie, stranezze, malumori; accettiamo anche i pannolini sporchi!
Che scuola di tolleranza! Che scuola di pazienza e amore incondizionato! Impariamo che tutto è sacro.
Se noi estendessimo l'amore che sentiamo per i figli a tutto il Creato, accetteremmo tutto ciò che esiste e non vedremmo più il brutto e il bello; resterebbe solo il mondo, cosi com'è: perfetto! Anche se noi non siamo ancora in grado di vedere tale perfezione.
Tu hai amato per tutta la vita la nostra Patria, ne hai studiato le leggi, e l'hai servita. Hai dato il suo nome a me, la figlia che la tua mente, il tuo raziocinio, non aveva programmato né previsto.
Io sono nata proprio nel cuore di questa nostra bella terra (al centro dell'Umbria, che è al centro dell'Italia).
Forse ora la vita ti sta chiedendo di imparare a conoscere anche "questa" Italia;   che a te ora sembra una terra straniera; ma più la conoscerai e più ti tornerà familiare, perché sei stato proprio tu "l'arco" dal quale sono stata scoccata in avanti, dritta verso il cielo. E di sicuro "l'Arciere" sarà felice di constatare la fermezza "dell'arco".

Caro Papà, oggi, quando sei arrivato, ho visto tanta tristezza nei tuoi occhi; vedrai, arriveranno tempi migliori anche per te!
Scusami se ti sono sembrata un po' "pesante". Spero sempre di riuscire a farmi conoscere ogni giorno un po' di più. Ora il foglio sta finendo.
Passo e chiudo. Fine delle trasmissioni (per ora).
Italia

30.12.1995
Caro Papà,
stavo riposando, ma nella mente passavano soltanto parole rivolte a te. Allora perché non metterle su un foglio e consegnartelo?
Tutto quello che dal profondo sento di dover fare, lo voglio fare perché, in caso contrario, sarebbero questi i famosi "peccati di omissione". Se sappiamo di dover fare qualcosa e non lo facciamo, per paura o per pigrizia, questo è un errore.

Ho iniziato a pensare, con il cuore dolorante, all'abitudine terribile (scusa se i miei termini ti sembreranno pesanti), molto diffusa oggi, di nutrirsi di tutto ciò che c'è di più sporco, brutto e cattivo nel mondo.

Non mi riferisco al cibo (di questo parleremo in un altro momento), ma all'abitudine di ascoltare notizie, che televisione e giornali riportano sulle bassezze umane, sulle depravazioni e malattie umane.

Il bene è sempre cento volte più grande del male! Ma non fa notizia e non fa guadagnare i giornalisti.

Il problema, caro Papà, è che, come già insegnava Gesù con diverse parabole, e come oggi ci ricorda Sai Baba, noi diventiamo tutto ciò che pensiamo, tutto ciò su cui la mente si sofferma.

Se la nostra mente ha quindi l'abitudine (provandone un sottile piacere) di soffermarsi sul brutto, sul cattivo, su tutto ciò che in parole povere è impuro, a lungo andare queste caratteristiche vi si insinuano. Da qui il detto: "Chi va con lo zoppo, impara a zoppicare".

Noi non ci nutriamo solo di cibo, non abbiamo solo il corpo fisico (ti ho già spiegato i cinque involucri che ricoprono il Sé). Tutto ciò che i nostri sensi percepiscono diventa il nostro cibo; ci nutriamo anche di ciò che vediamo, tocchiamo, ascoltiamo e annusiamo.

Ritornando al proverbio di prima, per imparare a zoppicare, non è detto che si debba camminare a fianco dello zoppo, basta guardarlo con interesse e continuamente.

Insomma, chi rivolge l'attenzione alle virtù degli altri, di queste prima o poi, si approprierà. Chi rivolge la sua attenzione ai difetti degli altri, prima o poi li assumerà in sé (se non li ha già). Chi guarda e segue con attenzione persone sante, diventa santo. Chi guarda i giornali pornografici diventa un maniaco.

Chi osserva continuamente le malefatte, gli assassini, ecc., prima o poi, in un momento in cui perde il controllo, rischia di fare anche peggio di coloro che guarda con rabbia, sdegno e biasimo. Chi ama ascoltare le calunnie politiche, diventa anch'egli un calunniatore. Chi guarda sempre i libri di cucina diventerà un bravo cuoco. Chi leggerà in continuazione leggi e decreti, diventerà un buon burocrate; ma chi si diletterà nel far entrare dentro di sé, attraverso gli occhi e le orecchie, il brutto e il marcio, inevitabilmente, incomincerà a imbruttire e a marcire.

Baba racconta che Gesù, avendo visto la carogna di un cane, mentre gli altri dicevano: "Che orribile visione! Che puzza!", riuscì a soffermarsi solo sul bello e disse: "Che bei denti bianchi aveva quel cane!" Può sembrare puerile, questa storia, ma racchiude il grande insegnamento di ascoltare, vedere e riempirsi solo del bello e del buono.

Ho letto recentemente queste parole di Sai Baba:

"Non ascoltare storie cattive e viziose. Questa tendenza rivela una mente malata. Quello che si ascolta, s'imprime come carta carbone, attraverso le orecchie, nel cuore. Si danneggia se stessi indulgendo in queste cattive abitudini" (Sathya Sai Speaks - vol. XV - Sri Sathya Sai Books & Publications Trust - pag. 116);

"Non bisogna guardare indiscriminatamente qualunque cosa per il semplice fatto che si possiede la facoltà della vista. A volte guardando certe cose, gli istinti si risvegliano e i sensi sfuggono al nostro autocontrollo";

"Una persona che aspira alla realizzazione, e vuole assicurarsi la visione di Dio, deve rifiutare la vista di cose cattive, l'ascolto di cose cattive, la consumazione di cibo cattivo. Il giorno in cui avrà preso questa decisione segnerà l'inizio di un cammino verso la meta desiderata". (Corso estivo 1978 - pagg. 192 e 195).

Io ora vedo tante persone invischiate in un pantano. Si trovano nelle sabbie mobili, ma poiché non hanno sperimentato un posto migliore, pensano che la loro situazione sia normale, come l'animale che è nato e cresciuto nel fango e non sa che esistono boschi e prati fioriti.

Tu che, come tanti, pensi che la vita sia questa, hai forse paura di rinunciare a piccole briciole di torta (i piaceri fisici che ci incatenano) e non vuoi andare invece a mangiare la torta intera (la beatitudine). Forse non hai mai saputo che esiste una torta intera che ti aspetta, o forse non sai quale strada del labirinto imboccare per raggiungerla. A volte siamo così tanto affezionati a queste briciole, che, per non perderle, siamo disposti ad ignorare chi ci indica la strada per il "Dolce Supremo", per la Grande felicità.

Sai Baba è tornato per indicarci la strada giusta, all'interno del labirinto nel quale ci siamo persi.

Tu non credi se non vedi, lo so, ma perché intanto non leggi quello che Egli dice? Dio è venuto per tutti gli uomini di buona volontà. Tu hai una grande volontà, perché non la indirizzi sulla strada della "Grande Felicità?" Sei entrato nel 70° anno di vita; questa, almeno per due terzi, è già volata, non buttarla via tutta! Ora sei in pensione, hai tanto tempo. Ma se anziché riempirti di rabbia abbeverandoti alla televisione e ai giornali, tu leggessi qualcosa per il tuo vero Essere, saresti più felice. Del resto possiamo aiutare il mondo solo migliorando noi stessi.

Quante cose abbiamo letto nella nostra vita: alcune utili, altre cose inutili, e tante dannose. Ma cosa può esserci di più importante della parola stessa del Signore? Non quella tagliata, trasformata, tradotta, tramandata in modo incompleto e inesatto dagli uomini, ma quella diretta e contemporanea! Pensaci seriamente, perché una volta persa questa opportunità, c'è da mangiarsi le mani!

Papà, non è vero che all'ultimo momento, con una semplice preghiera prima di morire, si può conquistare un posto in paradiso. Non è cosi semplice!

Solo chi si purifica, chi si pulisce e si mette elegante, può comprare un biglietto per la "prima a teatro", gli altri rimangono fuori.

Leggi, informati! Quello che Gesù aveva detto è stato riportato dalla Chiesa solo parzialmente. Solo pochi "iniziati" hanno custodito le Verità metafisiche, per ritornare a fondersi in Dio, per ritornare a quella Coscienza che noi chiamiamo Dio.

Papà, scusami, ma so che non sei più giovane, e soprattutto sei mio Padre e ti sono grata per la vita che mi hai permesso di riavere.

Io ora so con certezza che avevo un appuntamento con l'Altissimo, proprio nel mio 33° anno di vita, e tu hai permesso che ciò avvenisse. Io, insomma, ti voglio bene e mi dispiace saperti a raccogliere misere briciole, quando so per certo che la torta è lì che ti aspetta. Devi solo avere il coraggio di cambiare strada, cambiare rotta, e poi sarai felice di averlo fatto.

Un bacio.
Italia
P.S. Non preferire l'uovo oggi anziché la gallina domani!

Prima di concludere questo capitolo, sento di dover apportare un chiarimento su ciò che ho scritto a proposito del nostro viaggio di ritorno alla "Casa del Padre", a Dio.
In realtà noi non facciamo nessun vero e proprio viaggio.
Come anche Baba ha detto, noi tutti siamo già Dio. La differenza fra noi e l'Avatar, sta nel fatto che Lui sa di essere Dio, ne ha la consapevolezza (e Lo dimostra), mentre noi ancora no.
Quello a cui dobbiamo tornare, è quindi un diverso stato di coscienza. Noi non dobbiamo diventare qualcosa che non siamo; noi siamo già il Tutto nel tutto, il macrocosmo nel microcosmo.
Dobbiamo soltanto ricordarcelo, riconoscerlo, risperimentarlo.
Swami ha infatti detto che il nostro bisogno più profondo è di tornare a noi stessi, di tornare all'Esistenza, alla Consapevolezza, alla Beatitudine, che è ciò che siamo sempre stati e che sempre saremo.
Nel momento in cui abbiamo preso un corpo fisico, maya, l'illusione, ci ha nascosto la nostra Vera Natura: la Verità Immutabile.
Il nostro compito la nostra aspirazione, la nostra meta, è quella di strappare i "veli di maya", per riscoprire ciò che già siamo.
Il nostro è, quindi, un cammino di risveglio della consapevolezza divina, di riconoscimento di noi stessi.
Noi non andiamo in qualche luogo diverso, né diventiamo qualcosa di diverso. E' solo la nostra consapevolezza che cambia, per accedere a quello stato di coscienza che noi chiamiamo Dio; che è diverso dalla veglia, dal sogno e dal sonno profondo, che normalmente sperimentiamo.
Chi è costantemente in quello stato di coscienza, è onnisciente, onnipotente, onnipresente; trascende tutte le leggi fisiche, è padrone della materia, del tempo e dello spazio; è capace di creare, conservare e distruggere; è Verità, Bontà e Bellezza; è Beatitudine infinita e Amore Puro.
Tutto ciò è Sathya Sai Baba; ecco perché è Dio!
Ma il bello è... che Egli è venuto per darci la chiave per riaprire la nostra "porticina segreta", che ci fa accedere al "quarto stato di coscienza", per farci tornare a Casa (realizzazione del Sé).
I Suoi consigli sono quindi, per noi, Oro.

CAP. 18 - ANCORA IN UMBRIA

Fa parte della natura umana
il desiderio di giungere alla presenza dell'Onnipotente,
di vederLo e di stare sempre con Lui,
perché è profondo nel cuore umano il
desiderio di tornare al luogo da cui si è venuti,
di riavere la gioia perduta, la gloria sfuggita.
Baba

Erano gli ultimi giorni di febbraio del 1996, quando Donato mi accompagnò alla mia temporanea dimora.
Rimasi sdraiata sul sedile anteriore per tutto il viaggio, che fu, per me, lungo e difficile.
Non mi sentivo per niente bene, soprattutto quando attraversavamo i grandi centri urbani: Milano, Bologna, Firenze; in più dovevamo fermarci in continuazione, per il mio ossessionante, continuo, bisogno di urinare. Dentro ero comunque piena di fiducioso ottimismo. Avrei lavorato a pieno ritmo, per cercare di ristabilire il mio equilibrio psico-fisico, per poter tornare al più presto al mio compito di moglie e madre. Mi sentivo, quindi, tranquilla.
Il posto mi piaceva. Ero a ottocento metri di altitudine, con un bellissimo panorama; dietro l'edificio, c'era una collina completamente ricoperta di pini.
Mi piaceva immaginare San Francesco, che camminava ancora per quelle terre, santificandole.

Mi inserii senza difficoltà nella vita della comunità. Avevo deciso di rendermi utile il più possibile, nonostante i miei limiti fisici, nella consapevolezza che proprio lavorando disinteressatamente per gli altri, avrei superato tali limiti. Avrei, in questo modo, riacquistato fiducia nelle mie capacità fisiche.
Fui felice quando la mia proposta di fare il pane, fu accettata.
Potevo gestire il lavoro in base alle mie esigenze. Potevo, infatti, lavorare mezz'ora per l'impasto, che eseguivo ripetendo continuamente il Nome del Signore, e riposare per tutto il tempo della lievitazione.

Seguita da una responsabile della comunità, tenni un diario, nel quale annotavo ciò che mangiavo, ciò che facevo nelle varie ore del giorno ed il mio andamento energetico.
Incominciai a rendermi conto, sempre di più, dei cibi che mi disturbavano, come pure dell'influenza esercitata sul mio fisico, dalle attività svolte.
Appena sveglia facevo degli esercizi di "ricarica energetica", seguendo gli insegnamenti di Yogananda.
Nei momenti liberi, quando non ero costretta a riposare, cercavo di mantenere il più possibile il mio corpo in attività.
Camminavo spesso a piedi nudi sotto i pini, ripetendo ad ogni passo: "Sono sana! Sono forte! Sono viva! Sono guarita!" Battevo i piedi con enfasi ad ogni esclamazione, stimolando tutto il corpo, attraverso il massaggio plantare della terra, del muschio e degli aghi di pino; ed in più, sostituivo il mio vecchio "disco" di pensieri antivitali, con uno nuovo, ricco di positività ed entusiasmo.

Il tempo passava ed io mi sentivo sempre più rigenerare, al passo con la primavera che, in quella natura incantevole, si faceva davvero sentire.
Riuscivo a lavorare in cucina per tempi sempre più lunghi, preparando dolci, tartine salate, ecc..
Impastare il pane, mi resi conto, era una vera e propria terapia. Oltre a tonificare i muscoli delle braccia, veniva stimolato tutto il sistema nervoso, così come succedeva quando camminavo a piedi nudi.
Nella mia camera, al ritmo dei bajans cantati da Sai Baba, ballavo per qualche minuto, e cercavo di prendere i primi raggi di sole caldo che la primavera mi donava.
Non ero fra devoti di Sai Baba, ma ero comunque fra persone che amavano Dio, senza pregiudizi sulle Sue diverse manifestazioni.

Furono moltissimi i segni di presenza e d'Amore che il Signore quotidianamente mi donava.
Già la prima notte, in cui dormii nella nuova dimora, Baba venne a trovarmi in sogno per darmi il benvenuto.
Vi racconto una parte del sogno che fa riferimento al luogo in cui mi trovavo:

- Io e Antonella entriamo in un edificio che inizialmente mi sembra l'atrio di una lussuosa banca (simbolo di un luogo dove vengono custoditi dei tesori, dei beni preziosi); dopo un po', mi sembra invece l'ingresso di un albergo (con chiari riferimenti all'edificio che mi stava ospitando, che era inizialmente proprio un albergo).
Saliamo per le scale ed entriamo in cucina, dove troviamo ragazzi e ragazze che lavorano in armonia, ridendo e scherzando. Io li interrompo per domandare: "Scusate, dov'è Sai Baba?" "Qui non c'è Sai Baba, questo non è il posto di Sai Baba!", rispondono prontamente.
(La comunità, infatti, seguiva gli insegnamenti del Santo Yogananda). Io, non convinta, proseguo: "Ma io so che è qui!"
Mi rispondono: "No, non c'è Sai Baba!... E' inutile che cerchi!"
Ridiscendiamo le scale, ma io rimango della mia convinzione. Ed infatti ... ecco Baba che entra dalla porta d'ingresso!
Indossa un vestito a strisce bianche ed arancioni, davvero insolito: un "mix" di Gesù e Sai Baba. Correndo si avvia a salire le scale. Io, prontamente, Lo chiamo per chiederGli un'interwiew. Egli mi guarda e, proseguendo a passi veloci, mi fa cenno di no con il dito. Io allora aggiungo: "Non è arrivato il momento, vero?" Poi, accettando la Sua Volontà, Gli dico: "Ti amo! Ti amo! Ti amo!"
Egli, che nel frattempo era salito al terzo gradino, mi manda un bacio con la mano. Sono molto grata e felice, per questo gesto d'Amore e piango di gioia, invasa di dolcezza.
Dopodiché Baba, che era salito ancora un po', si abbassa, rimanendo accovacciato, con le ginocchia piegate, affinché la Sua testa si trovasse al mio stesso livello (che scena commovente! L'Avatar che si abbassa al livello dei suoi devoti, come la mamma si china per prendere in braccio il figlioletto!).
Io, allora, ho l'opportunità di avvicinarmi al Suo viso. Vedo che i Suoi occhi sono lucidi, come i miei, di lacrime d'amore. Io, prontamente, Lo accarezzo sulla guancia attraverso le sbarre della ringhiera che ci divide. Una sensazione dolcissima mi invade; ho toccato la cosa più morbida che abbia mai provato! Ed il Suo sguardo è il più amorevole che abbia mai ricevuto!
Antonella è rimasta tutto il tempo dietro di me, senza dire una parola. Quando Baba, in un guizzo, sale le altre scale e scompare

alla nostra vista, mi rivolgo a lei: "Hai visto com'era bello?" "Sì!", mi risponde, "Era proprio bellissimo!" -
Finito il sogno, rimasi nel dormiveglia a dire: "Ti amo! Ti amo! Ti amo!" Il senso di beatitudine che avevo provato, rimase in me per diverso tempo e ritorna ogni volta che la mia mente lo rievoca.
Il Maestro mi inviò, con questo sogno, un chiaro messaggio: sebbene la comunità che mi ospitava non Lo riconoscesse come il Signore del Creato (il Principio Divino che lo stesso Yogananda aveva invocato e perdutamente amato), Egli era comunque lì, come dappertutto. Era sopra di me, sotto di me, al mio fianco.
Non potevo desiderare un benvenuto migliore!

Tornò ancora a trovarmi in sogno, il giorno della festa del papà (19 marzo), per darmi un bellissimo messaggio riguardante, questa volta, proprio mio padre.
Papà avrebbe superato i suoi blocchi mentali, si sarebbe avvicinato a me e Sai Baba, comprendendo ed approvando il nostro amore, un giorno in cui ci sarebbero stati i carri di carnevale.
Al risveglio guardai il calendario, felicissima di constatare che era proprio il giorno della festa del papà!
Ringraziai Baba per quel bellissimo messaggio.
Avevo tanto pregato affinché avesse aiutato mio padre a rompere gli schemi mentali che gli precludevano la Conoscenza. Seppi, quella mattina, che Egli aveva ascoltato le mie preghiere e che quanto avevo auspicato, si sarebbe avverato senza ombra di dubbio, perché il Suo Nome è Sathya: Verità.

In quei mesi, lontana da casa, stavo ricostruendo la mia individualità e la fiducia in me stessa, che la lunga malattia aveva minato.
L'aria buona, il contatto con la natura, con le amiche che lavoravano con me nella mensa, contribuivano a vivificare sempre più il mio corpo. Mi sentivo tornata a casa, nella terra dove ero nata. Percepivo che avevo l'occasione di riconciliarmi con il mio passato.

Un giorno, Papà e Mamma mi annunciarono che sarebbero venuti a trovarmi.

Sentii telepaticamente che mio padre non comprendeva la mia assenza da casa, e che sarebbe venuto quasi per sgridarmi, per riportarmi alle mie responsabilità di moglie e di madre.
Prima di partire non li avevo messi al corrente della gravità della mia situazione fisica. Non avevo voluto allarmarli. In quei momenti, per me tanto delicati, essi avrebbero recato altra ansia che avrebbe aggravato il mio, già precario, equilibrio fisico ed emotivo.
Attendendo la loro visita, scrissi una lettera, che poi lessi loro. Con le mie parole riuscii a comunicare i motivi per i quali, mio malgrado, ero stata costretta ad allontanarmi dalla famiglia.
Decisero di portarmi per tre giorni nella loro casa di Fano, da dove avrei potuto raggiungere un veggente che viveva in un paese vicino e del quale avevano sentito parlare molto bene.
Rimasi sorpresa di quella loro idea, visto che in passato Papà aveva dichiaratamente espresso un parere negativo su tale categoria di persone.
Mi affidai, come sempre, a Baba, convinta che stesse senz'altro organizzando per me qualcosa di buono. Ed infatti l'esperienza fu molto utile.
Il veggente, dopo aver parlato di fatti del passato riguardanti la mia famiglia, evidenziò la funzione che io avevo sempre svolto nei confronti dei miei genitori fin da bambina; disse che ero stata il loro "Cireneo", che li aveva aiutati a portare la "croce".
Avevo appena raccontato a Papà e Mamma, con la mia lettera, di come percepissi di aver sempre svolto un ruolo di "parafulmine", di "grossa spugna"; ed ora, essi avevano la conferma delle mie parole, da parte del veggente.
Quest'ultimo pronunciò anche un'altra frase molto importante, per la quale ringraziai tanto l'Altissimo: "State attenti ai vostri pensieri, perché la raggiungono ovunque ella si trovi!" Li invitò, quindi, a indirizzarmi solo pensieri positivi, per non aggravare la mia situazione.
Quante parole avevo dovuto scrivere, e con quanto sforzo, per esprimere questo concetto; per far comprendere loro, che questo corpo non ce la faceva più a ricevere altri dardi!
Che gioia sentire che lo stesso concetto veniva ora chiaramente ribadito da quet'uomo sorprendente, che ebbe la funzione di accrescere la mia credibilità in Papà e Mamma!

Ci diede alcuni consigli, poi ci congedò dicendo: "Vi ho detto tutto quello che avevo da dirvi".
Mio padre gli offrì del denaro, per ripagarlo del tempo che ci aveva dedicato, ma il veggente lo rifiutò categoricamente, dicendo che già percepiva una pensione di lavoro con la quale viveva bene, ed invitò Papà a donare in beneficenza quel denaro, a qualcuno che ne avesse avuto davvero bisogno.

Vedevo, ogni giorno di più, come le preghiere vengono sempre ascoltate, quando nascono da un cuore sincero, e quando ciò che chiediamo è per il nostro bene.
L'esperienza del veggente, cambiò qualcosa dentro di me. Era come se avessi finalmente "digerito" il mio passato. Un capitolo si era chiuso, nel libro della mia vita.
Il mio rapporto con Mamma e Papà era sempre più libero e sempre più d'amore.
Quello che mi restava ancora da "digerire", erano i miei anni di malattia, che iniziarono quando, da fidanzata, il "morbo di Basedow" colpì violentemente il mio corpo.
Il fatto di non essere stata in salute per tutto il periodo del matrimonio, aveva pesantemente inciso sul mio rapporto con Donato.

Era arrivata la primavera. L'aria era profumata ed io, rapita, rimanevo a guardare il panorama. Mi sedevo spesso ai piedi di un'enorme quercia, da dove si vedeva tutta la valle e il sole arancione del tramonto. Rimanevo in contemplazione e cantavo a Baba, con mie parole, il mio amore per Lui, come non smisi più di fare.
Quando sarei stata in grado di vederLo fisicamente? L'attesa era per me lunga, lunghissima.

Un giorno, ero a tavola con degli ospiti della comunità provenienti da Roma. Parlavano, con una responsabile della comunità stessa, di un viaggio in India che avrebbero fatto tutti insieme, da lì a poco.
Ma la loro meta non era Puttaparthi. Sarebbero andati nel nord dell'India, nella terra dove il corpo di Yogananda fu seppellito.
Fu per me una dura prova da superare.

Io che mi struggevo dal desiderio di vedere il Cristo Vivente, io che Lo avevo tanto pregato di darmi la salute, almeno per riuscire ad affrontare il lungo viaggio che mi separava dal Corpo che aveva ora assunto, ero lì, silenziosa, a dover ascoltare quelle parole di gioiosa eccitazione, dette da chi andava a trovare... una tomba.
Quanto più gioiose potevano essere quelle parole, se dette da chi consapevolmente sapeva di andare a trovare il Cristo Vivente?
Sentivo che dovevo starmene in assoluto silenzio, ma dentro di me dicevo: "Se sapeste che Krishna, il Signore del Creato, alla cui visione anelate in ore ed ore di meditazione, può essere davanti ai vostri occhi; se sapeste di poterLo toccare, di poterGli parlare, quanto sareste più felici!"
Purtroppo, Sai Baba viene paragonato, da chi non Lo conosce, ad uno dei tanti guru, che, dopo una vita di pratiche spirituali, hanno acquisito alcuni "siddi" (poteri yogici). Viene paragonato ad uno dei tanti santi, come ce ne sono sempre stati in India, dove i "Veda", le scritture sacre più antiche del mondo, hanno sempre indicato la strada per la realizzazione del Sé. Per questo, molti ricercatori della Verità, non hanno il desiderio di verificare ciò che si racconta su di Lui. In più, molti hanno quasi la paura di "tradire" la Forma di Dio alla quale sono affezionati, rivolgendo la propria attenzione ad un'altra Forma. Questo perché non si rendono conto che tutte le Forme sono Sue, e che il Signore non è né geloso, né invidioso, né si sente trascurato se noi Lo amiamo in più di una forma; tantomeno se Lo riconosciamo ed amiamo nella Sua Forma fisica attuale.
Mi tornano in mente le parole di Baba: *"Voi tutti siete più fortunati degli uomini della generazione precedente, perché avete Me come guida e Custode, che vi osserva e vi ammonisce quando i vostri passi vanno nella direzione sbagliata. Fate un buon uso di questa rara opportunità. Non saltate in giro come le rane, ignorando il Fiore di Loto che cresce accanto ad esse"* (La vita di Sai Baba - Satyam Shivam Sundaram - Mother Sai Publications - parte I - pag. 258);
"Non negate, né dubitate, né esitate nel riconoscere il Signore, nel momento che si è reso tanto accessibile, grazie alle vostre preghiere" (videocassetta "Sotto le finestre di Dio" di Riccardo Castagnari).
Non posso nascondere che provavo un velo di tristezza, per quelle anime che, pur andando vicino al "Fiore di Loto", ne ignoravano

l'esistenza. Ma ricordandomi che Baba aveva detto che presto tutti gli uomini della terra L'avrebbero conosciuto, i miei occhi ripresero a brillare, nella consapevolezza che quelle stesse persone, in futuro, al momento giusto, non avrebbero perso l'opportunità di beneficiare della Presenza dell'Avatar.

Che buffa la vita! Io che ardentemente desideravo andare in India per vedere il Signore, non ero in condizione di poterci andare; e quelli che ci potevano andare, non erano in condizione di riconoscere il Signore! Come mi suonava vero il detto: "Il pane a chi non ha i denti"! Ma sapevo che tutti, prima o poi, avremmo avuto sia il pane, che i denti, e questa considerazione mi allietò.

Non mi restava, intanto, che guardare Sai Baba in fotografia e dedicare a Lui queste parole:

I FIORI CADUTI

Ti guardo nella foto
mio Signore.
Per terra
lacrime di commozione,
di infinito amore,
come piccoli fiori
appena aperti
ai primi raggi di sole.
Sono questi i fiori
che da me escono.
Sono questi i soli fiori
che Ti posso offrire,
mio Signore.
Accettali!
Prendili!
Sono caduti a terra
per poter salire fino al cielo.
Da te
Mio Signore.
Con Te
Mio Signore.
Per sempre
Mio Signore!

Il giorno trenta marzo, ebbi un'altra bella prova di distacco emotivo da superare.
Solitamente mangiavo in camera, perché la sala da pranzo era per me troppo affollata. Quel giorno, invece, sentii che dovevo consumare il mio pasto in compagnia.
Mi sedetti ad un tavolo, dove c'erano alcuni amici. Uno di questi mi chiese notizie di Donato. Risposi che proprio il giorno prima era stato il suo compleanno, e che Sai Baba era venuto a trovarmi in sogno, con un messaggio che riguardava proprio Donato.
Un signore, seduto allo stesso tavolo, si intromise nel discorso dicendo che era stato il mio inconscio a farmi fare quel sogno, non certo Sai Baba. Presa "in contropiede", risposi che Baba stesso dice che è Lui a venire in sogno per dare messaggi, insegnamenti, o semplicemente per concedere la Grazia del Suo darshan.
Il mio interlocutore incominciò, allora, a denigrarLo, dicendo che Egli fa dei volgari trucchi di magia e che quindi le Sue parole non sono degne di essere prese in considerazione. Poi mi chiese: "Ma tu conosci come lavorano i prestigiatori?" "No!", risposi, e continuai: "Ma non sono tanto le Sue materializzazioni ad interessarmi, quanto il Suo Amore ed i Suoi Insegnamenti".
Una gomitata di un'amica seduta alla mia destra, mi ricordò di non cadere in una "trappola", in un brutto gioco di "botta e risposta". La stessa amica poi disse: "Per favore non iniziamo con i soliti discorsi sul mio guru e sul tuo guru!"
Rimanemmo zitti per un po', ma poi ripresi a parlare, con più calma e distacco emotivo.
Dissi che Baba mi aveva dato molti segni della Sua Divinità e che per questo credevo alle Sue parole. Poi aggiunsi: "Certo... tu puoi pensare che io sia una povera illusa, come io posso pensare che tu sia vittima di un inganno, che ti preclude la verità. Di certo, ognuno di noi è nella posizione giusta per sé stesso, in questo momento".
L'altro, ammorbiditosi, annuì, dicendo di capire le mie parole.
La discussione, dopo un brutto inizio, fu comunque garbata.
"Beh!... Certo... magari Sai Baba è poi una bravissima Persona!"
Con queste parole, il mio interlocutore cercò di riconciliarsi con me.

Era chiaro che non conosceva Swami, ma mi fece davvero sorridere l'idea che qualcuno potesse ammettere che l'Incarnazione stessa dell'Amore potesse anche essere... una brava Persona!

Volli raccontargli l'esperienza, che avevo letto, di un professore americano il quale aveva studiato a lungo le aure, che vedeva bene, e che aveva rilasciato questa dichiarazione, dopo essere stato da Sai Baba: "Io non sono cresciuto con credenze indù. Sono cattolico, educato nella fede cristiana. E appartengo alla comunità scientifica. Nel mio paese è difficile accettare qualcuno come Dio, perché non è scientifico. Quando dico di avere visto il volto della Divinità i cui occhi erano luminosi, metto in giuoco la mia reputazione scientifica e i miei colleghi possono pensare che sia uscito di senno. Ma non vi bado. Perché, secondo il mio giudizio e la mia esperienza, Sai Baba è, quanto all'aura, esattamente quello che dice di essere e che vorrebbe che tutti noi fossimo. E' puro e semplice Amore: un Amore che cammina su due gambe. E un tale Amore privo di ogni egoismo non è altro che Divinità" (Sai Baba la Divinità Vivente - Ed. Armenia - Shakuntala Balu - pag. 52).

Riferiva che era rimasto sbigottito nel vedere che da Quel Corpo Divino, si estendeva una nuvola del colore che indica proprio l'Amore Divino, che avvolge completamente le migliaia di devoti seduti per il Suo darshan. Questo uomo di scienza aveva esaminato, in passato, l'aura di diversi saggi e maestri indiani; ma quello a cui assistette, esaminando Baba, non era niente di simile a quello che aveva visto in passato.

Quando tornai nella mia camera, continuarono a venirmi in mente delle parole di risposta alle maldicenze che avevo sentito sul Maestro.

Forse la mia mente si era sentita in qualche modo minata e volle, quindi, portare a galla tutte le conoscenze che contraddicevano le parole di quella persona. Perché, altrimenti, continuavano ad affiorare frasi di risposta a quelle ciniche parole?

Forse, in qualche modo, queste ultime avevano messo a dura prova la mia fede. Per questo Baba dice: *"Il Signore può essere capito solo dal devoto e il devoto può essere capito solo dal Signore. Nessun altro li può capire. Perciò, non stare a discutere argomenti che si riferiscono al Signore con chi non ha devozione. Simili*

discussioni fanno calare la tua devozione" (Colloqui - Mother Sai Publications - pag. 157).
Avevo sbagliato a menzionare il Suo Nome?
Decisi, comunque, di scrivere il turbinio di pensieri che quell'esperienza mi aveva suscitato:
- Un volgare prestigiatore, un mago che fa questo per mestiere, non lo è dalla nascita. Sai Baba, invece, è nato con tutti i poteri della Divinità, che dimostrò di avere fin dalla culla, e ancor prima.
Tutta la Sua vita è stata piena di miracoli di ogni tipo.
Da bambino, come racconta il Prof. Kasturi, spesso materializzava doni per i Suoi compagni di scuola: quaderni, matite, gomme, dolci e tutto ciò di cui gli altri erano sprovvisti.
Non materializzava, invece, nulla per Sé. Aveva solo due camicine, senza bottoni, che Egli chiudeva con le spine.
Un giorno il piccolo Sathya, trasformò delle rane, catturate da alcuni "monellacci", in altrettante rondini, che volarono via, verso la salvezza.
A dieci anni, dopo che ebbe affermato di essere Dio, disceso ancora una volta in Terra, per ricondurre l'Umanità sulla strada della salvezza, e dopo che i Suoi prodigi si facevano sempre più eclatanti, i familiari incominciarono a pensare che gli strani fenomeni a cui assistevano, dipendessero da uno spirito maligno, che si fosse impossessato del Corpo di Sathya. Lo portarono, per questo, da un esorcista, che Lo sottopose ad una serie di torture fisiche, che Sathya sopportò con il sorriso sulle labbra, dando prova di essere completamente staccato dal corpo.
Gli scienziati di tutto il mondo, Lo esaminano da più di sessanta anni, per rendersi conto che la loro scienza non è in grado di spiegare i Suoi miracoli.
Non credo che un mago, per quanto esperto, sia capace di dirti i tuoi segreti più intimi, o addirittura quello che la tua stessa mente aveva dimenticato.
Non credo che un volgare prestigiatore sappia tutto di tutto e tutto di tutti, come Sai Baba.
Esiste un mago che trasforma un anello che hai al dito, con un semplice soffio? Esiste un mago capace di guarire in un istante il proprio corpo affetto da paresi ed infarto? E guarire il corpo degli

altri, con il tocco, con uno sguardo o semplicemente con un pensiero?

Può, un prestigiatore, restituirti un oggetto, perso anni prima in un altro continente; un oggetto molto personale, con segni distintivi ben visibili, materializzandolo all'istante con un sorriso? Poteva averlo tenuto nella manica per tutti quegli anni?

C'è un bravo prestigiatore in grado di resuscitare i morti, come Baba fece con i Signori: RadhaKrishna e Walter Cowan? Oppure trasformare con uno sguardo una persona dedita alla malavita ed indurla a cambiare totalmente il carattere?

C'è, sulla terra, un mago che con il solo potere dell'Amore, promuove la costruzione di scuole, ospedali, pozzi e acquedotti, da parte di volontari, di anime nobili che lavorano completamente gratis per il servizio agli altri? Che attira a Sé milioni di uomini, provenienti da tutto il mondo, di tutte le religioni, per farli sedere, fianco a fianco, in assoluta armonia e pace?

Esiste un prestigiatore che fa giochi di "magia" solo per la felicità degli altri, senza mai accettare un soldo, o altri doni, se non un cuore colmo d'amore?

Forse un mago in gamba riesce a fare alcuni giochi davvero grandi, ma senz'altro, i miracoli più numerosi e più importanti, come cambiare i cuori, portandoli sulla strada dell'Amore universale, un volgare prestigiatore non sarà mai capace di farli! Solo il "Mago del Cosmo" può fare tanto!

Certo, anche Gesù era stato accusato di essere un mago. Non era stato creduto nemmeno da chi aveva visto con i propri occhi. Non Lo hanno creduto e Lo hanno crocifisso!

So che il tempo farà sparire dubbi e pensieri ingiuriosi e calunniosi, dalle menti senza fede.

Comunque, se davvero esiste un mago che sa fare tutto ciò che ho detto, e molto di più, beh... allora io Quel Mago Lo voglio proprio conoscere bene! Lo voglio vedere ed ascoltare, perché quel Mago ...è DIO! -

Quell'uomo che pensava di denigrare il Mio Adorato Maestro, altro non era che un Suo strumento, mandato per mettere alla prova la mia fede ed il mio amore per Lui. In più mi consentì di esprimere queste riflessioni e di comunicarvele. Lo ringrazio per tutto questo.

Mi viene in mente che Baba, nel discorso del 1968 col quale rivelò al mondo perché Si è incarnato, dice anche: *"Alcuni di voi hanno fatto rilevare che Ramakrishna Paramahansa* (un Santo indiano) *ha detto che i poteri "siddhi" o yoga* (miracoli che alcuni yogi riescono a compiere) *sono ostacoli frapposti al cammino del sadhaka* (aspirante spirituale).
I siddhi possono condurre sulla falsa strada il sadhaka. Egli deve tenersi ben saldo per non lasciarsi travolgere. Se non osteggia la tentazione di far mostra dei suoi poteri yoga, il suo ego lo schiaccerà. Questa è la pratica corretta a cui ogni cultore dello spirito dovrebbe attenersi.
Sbagliano coloro che pensano di eguagliarmi al sadhaka, come colui che Ramakrishna volle aiutare, guidare e consigliare. Questi poteri siddhi o yoga sono inscindibili dall'Avatar, nessuno all'infuori di Lui può dispensare protezione e gioia durature. La conservazione e la distruzione avvengono solo per mano dell'Onnipotente...
I cinici ironizzano perché non sanno. Se anch'essi apprendessero le Sastra (sacre scritture) *e si attenessero all'esperienza diretta, allora potrebbero capirmi.*
La vostra innata pigrizia è una barriera che si frappone agli esercizi spirituali intesi a rivelare la natura di Dio. Non esitate a liberarvi dalla pigrizia. Sappiate estirparla comunque si mistifichi. Questa è la mia missione. Il mio compito non è solo lenire o debellare la miseria dell'uomo, è qualcosa di gran lunga più importante. Il mio compito principale è di dar lustro ai Veda e alle Sastra, rendendone partecipi tutti gli uomini. In questo Compito riuscirò, senza limitazioni o ritardi. Quando il Signore decide e ordina, la sua volontà divina non conosce ostacoli. Potreste aver udito parlare di me come un mago. Ma il manifestarsi del potere divino non può essere interpretato in chiave di magia. I maghi ricorrono ai trucchi per procurarsi benessere materiale e fama terrena. Le loro azioni si reggono sulla falsità e la loro fortuna nasce dalla frode; in quanto manifestazione di una volontà divina non potrei mai scendere a simili bassezze. In questa deliberazione di Dio a manifestarsi in forma fisica si cela Sathya (la Verità). *La risoluzione divina è sempre verità. Ricordate che nulla è negato al potere divino. Può tramutare la terra in cielo e il cielo in terra; dubitando di ciò darete prova dell'incapacità di comprendere la grandezza dell'Universo.*

Sono venuto per erudirvi sull'essenza dei Veda, affinché tutti possano beneficiare di questo dono prezioso, per diffondere il culto del Sanathana Dharma (la legge eterna).
La mia missione è dispensare felicità, perciò mi troverete pronto a venire fra di voi non una, ma due, tre volte, quanto voi mi vorrete. Molti di voi pensano che, dal momento che giungono a Puttaparthi persone da ogni parte dell'India e anche da paesi stranieri, tutti costoro debbano riversare i loro tributi nei forzieri del Nilayam (Prashanti Nilayam: nome dell'Ashram di Sai Baba). *Lasciate che vi dica la verità: non raccolgo alcunché da nessuno, eccetto amore e devozione.....*
Laddove si raccoglierà denaro, lo si accumulerà e se ne farà ostentazione, Io non ci sarò. Io sarò solo dove si glorificano la sincerità, la fede e la rinuncia. Solo le menti inferiori amano esibirsi. Queste menti non hanno nessun rapporto con gli Avatar. Gli Avatar disdegnano i clamori della pubblicità..." (L'Uomo Santo e lo psichiatra di S. Sandweiss, pagg. 105-106 – Ed. Milesi).

Quella giornata era ormai al tramonto. Chiesi al Maestro: "Baba, ho parlato troppo oggi a
tavola? Non dovevo dire il Tuo Nome, menzionarTi o sei stato Tu a guidarmi?"
Aprii il libro: "Il mio messaggio è amore", (pensieri ed aforismi per ogni giorno - Ed. Mediterranee). Nella prima pagina aperta a caso lessi: "Sii al di sopra della mente e della paura". Aprii ancora e lessi: "Pensate al Signore, parlate di Lui!".
Ancora una volta il mio Caro Amico mi aveva tolto ogni dubbio.

In quei mesi lontano da casa, vennero a galla tutti i problemi che c'erano stati nella mia vita matrimoniale.
Come il presbite, per vedere bene un oggetto deve mettersi a debita distanza da esso, anch'io, lontano da casa, avevo avuto modo di vedere bene, dall'alto, da lontano, tutto ciò che prima, ad un metro dal naso, non riuscivo a focalizzare.
Nella mente passavano tante immagini, come di un film, nelle quali rivedevo tutto il mio passato, compresi i litigi molto accesi, durante i quali ero talmente in preda all'energia emotiva, da averne paura.

Rivedevo tutte le situazioni, gli atteggiamenti che mi avevano ferito, ed il mio modo inadeguato di rispondervi. I miei momenti di rabbia, di tristezza, di sofferenza, ed anche quelli di Donato, che non aveva una moglie che rispondeva alle sue aspettative.
In passato non ero stata capace di stare nella verità, la mia paura me lo aveva impedito.
Mi rendevo conto "ora" che avevo sempre cercato di essere come mi volevano gli altri, per non deluderli, per meritarmi l'affetto che inconsapevolmente mendicavo.
Non ero riuscita a darmi da sola tutto ciò di cui avevo bisogno. Non ero riuscita ad amarmi, ad essere vera, ad avere il coraggio di essere io, diversa da tutti, pur se unita a tutti.
Così facendo, avevo fatto del male a me stessa ed anche agli altri, in quanto, assecondandoli nei loro errori, non li avevo aiutati a cambiare, a migliorare.
Tutto mi appariva limpido. Capivo che non c'era nient'altro da fare che ricominciare tutto daccapo.
La nostra relazione matrimoniale doveva basarsi su altre regole, altri schemi, altre abitudini.
La vita ci chiedeva ora una svolta, per poter crescere spiritualmente insieme. Questa sarebbe stata l'unica possibilità di salvare il nostro matrimonio e la nostra salute.
Eravamo ad un bivio, e non ci restava altro da fare che prendere la strada maestra che, dritta dritta, ci avrebbe portati entrambi, mano nella mano, alla Meta.
Baba, in sogno, il giorno del compleanno di Donato, mi aveva fatto capire che potevo risolvere il mio karma matrimoniale, che io e il mio sposo potevamo andare in alto, insieme.
Dovevo riconoscere in mio marito Lui stesso, il Signore in persona, per imparare ad amarlo profondamente. Tutto, allora, sarebbe andato per il meglio.
Dall'esterno, in passato, eravamo sembrati una coppia perfetta. Nessuno poteva sospettare i nostri conflitti interiori.
Posso dire che eravamo una coppia da perfezionare. C'erano, dentro di noi, tutti gli strumenti per raggiungere quella condizione, ma non eravamo ancora in grado di usarli.
Senza rendercene conto, avevamo adottato lo schema matrimoniale, la mentalità, dei nostri genitori. Non conoscevamo

allora un altro sistema di rapportarsi l'uno all'altra; non ne avevamo gli esempi.
Ma quello schema mentale, che avevamo ereditato, non si addiceva affatto a noi che eravamo nati in un'epoca diversa, proiettati, come frecce, nell'Era dell'Oro.
Per non essere stata sempre vera, avevo assopito la mia creatività, il mio intuito, la mia spontaneità. Avevo perso quindi le armi che mi erano state date da Madre Natura per prendere decisioni importanti, per discriminare.
Sbagliavo ancor di più, quando credevo di poter adottare i sistemi mentali del mio sposo, che avevo accettato, e dai quali mi ero lasciata avviluppare.
Quelli erano gli strumenti di Donato e solo lui poteva farne uso. Con gli altri non funzionavano, come non funzionavano i miei sistemi con lui. Non avevamo capito l'importanza di essere se stessi fino in fondo, per poter dare anche all'altro.
Io non potevo annullarmi in lui e nemmeno lui in me.
La vita era, per il mio sposo, programmazione razionale e attività frenetica, ed io facevo i salti mortali, per stare al suo ritmo.
Certamente non era lui ad imprigionarmi, ma la mia paura di essere biasimata, sgridata, lasciata sola.
Anche se ero stanca, facevo il possibile affinché Donato, al ritorno dal lavoro, avesse trovato tutto come egli si aspettava, affinché non avesse avuto nulla da ridire.
Non mi rendevo conto che, così facendo, stavo spegnendo il meglio di me: l'intuizione ed i miei talenti, per adeguarmi al suo modo di vivere, diverso dal mio. Non riuscendo più ad esprimermi, la mia energia, soffocata, diventava sempre più debole.
Stavo nascondendo il meglio di me, in un corpo già pieno di problemi fisici.

Avevo letto, un giorno, le parole del poeta K. Gibran a proposito del matrimonio. Non potevano essere, le sue, parole più sagge:
"Voi siete nati insieme e insieme starete per sempre.
Insieme, quando le bianche ali della morte disperderanno i vostri giorni.
Insieme nella silenziosa memoria di Dio.
Vi sia spazio nella vostra unità,

e tra voi danzino i venti dei cieli.
Amatevi l'un con l'altra, ma non fatene una prigione d'amore:
piuttosto vi sia tra le rive delle vostre anime un moto di mare.
Riempitevi a vicenda le coppe, ma non bevete da una coppa sola.
Datevi cibo a vicenda, ma non mangiate dello stesso pane.
Cantate e danzate insieme e siate giocondi, ma ognuno di voi sia solo,
come sole sono le corde del liuto, sebbene vibrino di una musica uguale.
Datevi il cuore, ma l'uno non sia rifugio all'altro.
Poiché soltanto la mano della Vita può contenere i vostri cuori.
Ergetevi insieme, ma non troppo vicini:
poiché il tempio ha colonne distanti,
e la quercia e il cipresso non crescono l'una all'ombra dell'altro".

Ero lontana da casa. Mi trovavo ora in un bel posto, immersa nella natura, lontana da tutti i conflitti del passato.
Il mio corpo aveva ripreso forza. Mi sentivo molto meglio e temevo che quel bel sogno, una volta tornata a casa, sarebbe svanito in un duro risveglio, che mi avrebbe riportata alla malattia.
Chiesi, come al solito, aiuto a Dio per superare le mie titubanze e i miei timori, per ritornare a casa, perché sentivo che era lì che dovevo lavorare, insieme a Donato e ai miei figli.
Sarebbe stata solo codardia, scappare dalle prove che dovevo imparare a superare.
Volevo raggiungere la salute insieme alla mia famiglia, senza fuggire dal mio passato.
Tornai a casa il diciotto luglio, con il proposito di non cadere più negli errori degli anni trascorsi e di essere vera fino in fondo.

Fu una durissima prova, per Donato, sentirsi vomitare in pochi giorni, gli errori di dieci anni di matrimonio, dei quali non avevamo mai discusso. Ero tornata a casa dopo tanto tempo e gli chiedevo, ora, di rivedere tutti quegli aspetti del suo carattere che mi disturbavano e mi impedivano (almeno così mi sembrava) di guarire le mie vecchie ferite. Forse, solo continuando a sentire dolore, potevo accorgermi delle mie ferite ed avere, quindi, l'opportunità di

guarirle; o, forse, avendone già preso coscienza, non serviva più ora riaprirle.
Con le mie parole, misi letteralmente Donato con "le spalle al muro": "O il nostro rapporto cambia, o non posso più stare con te!". Parole durissime, per un uomo che mi aveva sempre amata, accudita, aspettata e che, se aveva sbagliato, lo aveva fatto inconsapevolmente.
Ma io ero decisa a star bene e sapevo che se il mio corpo fosse tornato alle condizioni di quando dovetti allontanarmi da casa, probabilmente me ne sarei andata di nuovo lontano.
Solo con un corpo sano potevo intraprendere il viaggio di ritorno alla "Casa del Padre", e se le condizioni esterne, l'ambiente in cui vivevo, erano per me troppo ostili, e più forti della mia volontà, mi sarebbe stata preclusa l'energia necessaria per poter cambiare e migliorare.
Capivo che lasciarmi morire passivamente non sarebbe servito, né a me, né agli altri che mi desideravano con loro. Senza salute, che madre e moglie potevo essere?
Se eravamo riusciti a vivere separati per cinque mesi, meglio di quando eravamo insieme mentre ero molto ammalata, avremmo forse potuto star bene tutta la vita: loro senza di me come io senza di loro.
Questo tristissimo pensiero era l'alternativa al fallimento del programma di revisione e rinnovamento totale del nostro rapporto matrimoniale. Questa non era comunque la voce della mia coscienza, ma solo quella della mia paura di restare di nuovo bloccata in un letto, e di non rialzarmi più, almeno in questa vita. La paura del potere degli altri di farmi star male, con un semplice sentimento o pensiero negativo: un sentimento di rabbia, di tristezza, di non accettazione della mia malattia, del mio modo di essere al di fuori degli schemi comuni. Adesso che mi sentivo finalmente me stessa, liberata da quegli schemi che mi schiacciavano fino a togliermi il respiro, era certamente duro, per gli altri che avevo sempre assecondato, accettarmi nella mia originalità, nei miei limiti e nelle mie stranezze.
Io ero quella che col sacco a pelo, andava in pieno inverno, a dormire sotto gli alberi; ero quella che, se voleva, si prendeva la pioggia battente sulla pelle nuda; quella che si rotolava, sempre

quasi nuda, sulla terra appena arata e non poteva trasmettere agli altri, le sensazioni meravigliose che provava.
Quanto avevo perso, in passato, per star dentro le regole comuni! Quanta gioia mi era stata preclusa, per la paura di essere giudicata male!
La malattia, la disperata ricerca di un benessere fisico, mi avevano portato a non rinunciare più alla mia spontaneità. Cercavo solo di non scandalizzare troppo gli altri, scegliendo, per le mie "stranezze", i momenti in cui sapevo di essere sola e non oggetto di osservazione.
Papà e Mamma, i miei suoceri e Donato, aspettavano pazientemente che le mie "pazzie" terminassero, che non avessi più bisogno di quei contatti con la natura. Ma io capivo che, anche in una situazione di raggiunto benessere fisico, non avrei potuto più rinunciare alla ricchezza che quei contatti mi donavano.
Non ero più disposta a tornare al posto che, nel loro schema mentale, avevo prima della malattia. Mi ero ormai liberata da tante catene e non desideravo assolutamente rimettermele addosso.
Mi disturbava molto, l'aspettativa degli altri di farmi tornare quella di prima. Per me equivaleva al desiderio di rimettermi in prigione. Quanto avevo dovuto soffrire, proprio per cambiare! Come potevo desiderare, quindi, tornare indietro?
Certamente io ero cambiata troppo in fretta. Non avevo concesso, ai miei familiari, il tempo di adattarsi ai miei cambiamenti. Ma forse questo era stato il modo con cui la vita aveva costretto anche loro a porsi delle domande.
Tutto avviene in una perfetta armonia, che possiamo vedere solo dall'alto, quando ci stacchiamo dal corpo, dalle emozioni, dai pensieri. Allora tutto rientra nel perfetto piano della vita.
Capivo che Dio chiedeva a me, così come ai miei cari, di essere felice, di accontentarmi, di accettare totalmente la situazione.
Non potevo dire: "Sarò felice quando sarò completamente guarita", oppure non poteva dire Donato: "Sarò felice quando mia moglie sarà completamente guarita", perché così, avremmo chiuso la porta alla felicità. Infatti non sarebbero mai arrivate né la salute, né la gioia, se non avessimo imparato ad accettare la vita, ad abbandonarci ad essa con una carica di ottimismo e di serenità.

Ci viene chiesto di superare gli ostacoli, più o meno alti, e ci viene chiesto di superarli con entusiasmo. Non possiamo aggirarli perché la vita, generosamente, ce ne darà in continuazione, finché non impareremo a sormontarli.
La tristezza di chi si aspettava la mia salute piena, ritardava, quindi, sempre più quell'appuntamento.
Parlai, questa volta chiaramente, con Donato: "Cerca di essere il più possibile felice, di accontentarti di ciò che la vita ti ha dato, compresa questa moglie "sgangherata".
Non essere ansioso di raggiungere chissà quale felicità, legata al mio stato di salute ripristinato. Se non sei in grado di essere felice ora, questa tua aspettativa verrà delusa!"
Come avrebbero reagito i miei cari, se fossi rimasta su una sedia a rotelle?
Forse, per loro, sarebbe stato più semplice rassegnarsi davanti a un evento irrimediabile, che non aspettare, con impazienza ed ansia, una guarigione che tardava così tanto ad arrivare.
Questo è un chiarissimo esempio di come siano proprio le aspettative e i desideri, a toglierci il sorriso.
Comunque, era certo più facile per me, rispetto a loro, capire l'importanza di sapersi accontentare, di essere felici. La mia salute, infatti, mi costringeva ad esserlo, perché diversamente molte delle mie funzioni vitali sarebbero diminuite sensibilmente.
Avevo dentro il corpo un perfetto "metal-detector", che segnalava tutto ciò che poteva danneggiarmi, tutto ciò che non mi si addiceva.
Per i miei familiari era necessario uno sforzo di volontà superiore al mio, per controllare i pensieri ed i sentimenti. Dovevo quindi avere molta pazienza.
Quello che potevo fare, era solo non farmi mancare il sorriso, e ricordare loro quanto quest'ultimo fosse importante.
Era il minimo e, in quel momento, anche il massimo che potevo fare. Confidavo poi nel loro amore per me e nell'aiuto che il Signore, anche tramite loro, mi avrebbe sempre dato.

CAP. 19 - LA FAMIGLIA SI ALLARGA

*Il punto di partenza per un cammino spirituale
è nel satsang, ossia nel frequentare la compagnia
di coloro che condividono quel sentiero.*
Baba

I primi mesi dopo il ritorno a casa furono davvero duri.
Quello era un momento cruciale per la nostra vita matrimoniale. Stavamo mettendo le basi per una relazione adulta, sempre più spiritualizzata, passando sul nostro ego, con una "schiacciasassi".
Donato riprese a leggere alcuni libri su Sai Baba ed insieme prendemmo la decisione di partire per l'India, a fine anno, consapevoli che solo Lui avrebbe potuto aiutarci a superare le nostre difficoltà.
L'amore che ci legava era comunque troppo profondo, per non resistere a tutte le bufere.
Mi venne in mente una cartolina che, quando eravamo fidanzati, avevo spedito a Donato che era militare.
Ritraeva un pino, che era cresciuto, incredibilmente, su una parete di roccia completamente verticale.
Furono queste le parole che scrissi allora, tredici anni prima, su quella cartolina: "Questo pino, fra mille difficoltà, riesce ad imporre tutta la sua forza e la sua vitalità. Così pure è, e sempre sarà, il nostro amore".
Già allora, inconsciamente, sapevo che sarebbero state molte e dure, le prove da superare, ma ero certa che l'amore avrebbe sempre vinto. L'ottimismo e la fede mi avevano accompagnato sempre, nella vita; ma in passato non sapevo che quel sentimento profondo, che non mi faceva mai mancare il sorriso, si chiamasse fede.

A settembre trascorsi ancora qualche giorno al Gaver, con Angelo, che ci stava aiutando a superare quel periodo delicato.
Per la prima volta, però, non mi sentii a mio agio.
Io, che pensavo a Baba ogni istante, non ero in grado di nascondere il mio sentimento per Lui, ma gli altri non erano in grado

di comprenderlo. Del resto, il Signore può essere capito solo dal Suo devoto e quest'ultimo può essere capito solo dal Signore.
Tranne la mia cara amica Antonella, le persone intorno a me, non conoscendomi, e non sapendo nulla del mio passato di malattia, non potevano spiegarsi i miei momenti di stanchezza, durante i quali preferivo riposare vicino ad un albero, in meditazione.
Un giorno un ragazzo mi disse: "Tu hai un problema serio: ti identifichi con il Tuo Maestro!"
Da quelle parole causate dall'incomprensione, nacque in me, dopo un primo momento di disappunto, una grande gioia.
Quello che per gli altri era un problema era, invece, per me il raggiungimento della meta, l'obiettivo della mia vita.
Baba aveva detto: *"Vedete in Me Voi stessi... Perché Io vedo Me stesso in Voi Tutti!"* (Prema Dhaara - ed. Milesi - pag. 41).
Il fatto che gli altri percepissero in me un sentimento di identificazione con il mio Maestro, era la conferma che viaggiavo sui binari giusti.
Mi rendevo sempre più conto che il rapporto fra adorante e adorato, porta, gradatamente, al senso profondo di unità (adwaita).
"Bakti Yoga", cioè lo Yoga della devozione, significa: essere continuamente uniti a Dio.
Perché mai il Signore prenderebbe un corpo umano?
Proprio per permettere al devoto di identificarsi con Lui, di riconoscere di essere Lui, nient'altro che Lui, attraverso quel dolcissimo processo alchemico, chiamato devozione.
Prima di passare alla consapevolezza di essere la Luce, il devoto passa prima dalla fase: "Io sono nella Luce" e poi: "La Luce è in me e permea tutto il mio Essere", per poter asserire infine: "Io sono la Luce". Questi tre stadi, corrispondono anche alle affermazioni di Gesù: "Io sono il messaggero di Dio", "Io sono il figlio di Dio", "Io sono uno con il Padre".
Cosa può esserci di più desiderabile, del riconoscersi uno con il proprio Maestro, se questo maestro è ... il Signore del Creato in Persona?!
Il ragazzo che, con preoccupazione, mi pronunciò quella frase tanto significativa, non conoscendo Sai Baba, aveva temuto che io potessi perdere la mia individualità, per annullarmi in un altro Jivi (anima individualizzata).

Quello che io volevo, in realtà, era proprio questo: perdere la coscienza egoica di essere Italia Rizzo, un Jivi, un'onda dell'Oceano, per identificarmi direttamente con l'Essere Supremo, l'Oceano stesso.

Io non vedevo Dio solo in Sai Baba, ma vedevo Sai Baba in tutto ed in tutti, quindi anche in me stessa, come in ogni atomo della creazione.

Dio è presente nel cosmo intero; è la base, il substrato della Creazione.

Sai Baba ha dato ad alcuni suoi devoti, la visione della Sua Vera Realtà; come fece quando era Krishna, con la madre adottiva Yasoda, che vide, dentro la Sua bocca aperta, tutto l'universo, scintillante di galassie e di stelle.

La preoccupazione del mio interlocutore era nata, come al solito, da una mancanza di conoscenza della Realtà di Baba, il Quale viene spesso scambiato per uno dei tanti precettori spirituali, che abbondano nel mondo.

"Sai-Krishna" nella Bagavad Gita (la Bibbia dell'Induismo. Letteralmente "Canto del Beato Signore"; nome dato ad un capitolo del Mahabharata, che contiene l'eterno messaggio di Krishna al genere umano), aveva svelato ad Arjuna la Sua Natura, nel Canto nono: *"Come un gran vento che va dovunque senza mai tuttavia uscire dallo spazio, rifletti, nello stesso modo gli esseri dimorano in Me. O figlio di Kunti (Arjuna), alla fine di un eone, tutti gli esseri vanno a questa mia natura cosmica* (Big Krash), *poi, all'inizio di un eone Io li emano di nuovo* (Big Bang). *Padroneggiando la mia natura cosmica Io emetto sempre di nuovo tutto questo insieme di esseri, loro malgrado e grazie al potere della mia natura... E' attraverso di me, suo sorvegliante, che la natura genera l'universo. Questa è la ragione, figlio di Kunti, per la quale l'universo esiste.*

Gli smarriti mi disconoscono, perché ho assunto un corpo umano; essi non riconoscono la mia essenza suprema, né in me il Sovrano Signore degli esseri. Le loro speranze, le loro opere, la loro scienza, sono vane; essi hanno perduto il giudizio, e la natura che assumono è generatrice di errore, sia essa rakshasica o asurica.

Ma, o figlio di Partha (Arjuna), i magnanimi che si attaccano alla mia natura divina, mi adorano senza distrazione, riconoscendo in Me l'immutato principio degli esseri...

Io sono il Padre di questo mondo dei viventi, sua madre, il suo fondatore, il suo avo, l'oggetto della scienza sacra, il purificatore, la sillaba OM, la stanza, la melodia e la formula sacrificale. Io sono il fine, il sostegno, il signore, il testimone, la dimora, il rifugio, l'amico, l'origine, il dissolvimento, la permanenza, il ricettacolo, il germe, l'immutabile...
Le persone che pensando a me e a nessun altro mi servono e mi onorano, io stesso porto, a loro che mi sono perpetuamente devoti, l'acquisizione e la conservazione del benessere.
Quanto ai devoti di altre divinità, che, pieni di fede, le onorano con sacrifici, sono io, o figlio di Kunti, che essi pure onorano con quei sacrifici ....
Ciò che tu fai, mangi, offri in libagione, doni, le austerità che pratichi, o figlio di Kunti, tutto ciò fallo dedicandolo a me, sarai liberato dai legami dell'atto, siano buoni o cattivi i suoi frutti...
Con l'anima unificata dalla disciplina della rinuncia, affrancato tu verrai a me..... Sia tutto per me il tuo pensiero, come la tua devozione; siano per me i tuoi sacrifici; rendimi omaggio. Dopo aver così unificato il Tuo essere e non curandoti d'altro che di me, verrai a me" (Bhagavadgita - Adelphi edizioni).

Molti pensano di essere sminuiti nell'adorare una figura umana, non rendendosi conto di adorare nient'altro che sé stessi: il vero Sé, che, come dice Baba, ha fatto un passo fuori dal nostro cuore perché noi possiamo vederLo. Non adoriamo quindi qualcosa di estraneo a noi, ma noi stessi, la Realtà Immutabile.
Quando dipinsi per la prima volta Baba, proprio lì al Gaver, sapevo che stavo dipingendo me stessa, il mio Vero Essere. Quindi c'era sempre stato in me questo senso di identificazione con la Sua Forma.
Sempre nella Bagavad Gita, Sai-Krishna spiega il vantaggio di adorare Dio in un corpo umano. Nel dodicesimo capitolo, Arjuna chiede a Krishna: "Fra quelli che, perpetuamente unificati, ti servono con devozione e quelli che onorano l'Imperituro non-manifestato, quali sono i migliori esperti nello Yoga?" Il Beato Signore disse: *"Coloro che, unificati, assorbendo la mente in me, mi adorano costantemente, e che possiedono una fede estrema, costoro, ai miei occhi, sono gli yogin più perfetti.*

Ma coloro che onorano l'Imperituro indefinibile e non-manifestato, onnipresente, inconcepibile, inalterabile, immobile e saldo, reprimendo da ogni parte la schiera delle loro funzioni sensibili e mantenendo il pensiero uguale in ogni punto, costoro, nella loro passione per il bene di tutti gli esseri, accedono a me.
Ma di coloro il cui cuore si attacca al non-manifestato assai maggiore è la pena, perché la via del non-manifestato è di doloroso ed arduo accesso per gli esseri legati ad un corpo.
Ma coloro che in me depongono tutti i loro atti, che non hanno altra gioia che me e mi adorano raccogliendo in me il loro pensiero con una disciplina esclusiva, per costoro io sono colui che li ritrae prontamente dall'oceano della trasmigrazione e della morte (il Salvatore che li conduce fuori dal ciclo vita-morte), *essi, figlio di Partha* (Arjuna), *che in me inseriscono il loro cuore"* (Bhagavadgita - Adelphi edizioni).
Io non mi sentivo ancora equanime in ogni situazione, sentivo di non avere ancora il dominio su tutti i sensi, così da poter facilmente raggiungere Dio onorandoLo solo come Immanifesto. Il "treno espresso" che l'Avatar rappresentava, era quindi sceso anche per me.
E poi, com'era dolce per me questo gioco di maya, questo rapporto fra adorante ed adorato! Anche se sapevo che non c'era distinzione fra me e Lui, anche se sapevo che questa vita era tutta una rappresentazione teatrale, visto che comunque, avendo preso un corpo, ero nella dualità, per me non poteva esserci niente di più dolce, di più gratificante di quel rapporto d'Amore Puro che mi legava al Signore del Creato e che gradatamente mi portava a fondermi in Lui, a cancellare ogni senso di separazione fra me e Lui.

Da quell'esperienza al Gaver, nacque una preghiera: poter conoscere i miei fratelli e le mie sorelle spirituali, con i quali, finalmente, poter liberamente condividere i miei pensieri e le mie emozioni più profonde.
Io che vivevo nel costante ricordo della visione di Sai Baba, avevo un impellente bisogno di stare vicino ai miei simili, per poter dividere con loro quella gioia profonda che non riuscivo più a trattenere solo per me.

Ma dov'erano quelle anime innamorate come me, "pazze" come me del Signore Sathya Sai?...
Proprio vicino a me! A pochi metri da casa mia!
Mi ero sempre chiesta come mai, fra tanti bei paesi italiani, ero capitata proprio qui, in questo posto pieno di industrie, al quale, apparentemente, nulla mi legava. Avevo già in mente il progetto di tornare a vivere in collina, in mezzo al verde, quindi di andarmene da qui; finché il Signore, rispondendo alla mia preghiera, mi fece conoscere coloro che sarebbero diventati parte della mia famiglia.

Era la fine di settembre, quando, conobbi Marina e poi gli altri. Seppi che aveva uno studio di bioarchitettura in paese e, senza pensarci andai a trovarla.
Mi presentai; anche lei aveva già sentito parlare di me.
Incominciammo un dialogo spontaneo, così schietto, così profondo, da avere la sensazione di esserci sempre conosciute e di esserci riviste dopo solo qualche mese.
Le raccontai di come avevo conosciuto Baba e le recitai la mia poesia "il Grande appuntamento".
Vedevo i suoi occhi luccicare e sentivo nel profondo di me stessa di essere compresa.
Le dissi che avevo programmato, già da Pasqua, di partire finalmente per l'India, e che il viaggio si sarebbe svolto probabilmente a gennaio. "A gennaio?.... Ma allora vieni con me!", disse Marina, e proseguì: "anch'io ho programmato di partire a fine dicembre o ai primi di gennaio!"
Dopo Marina conobbi Maria, un'altra sorella, un'altra "gopi" (pastorelle che adoravano Krishna). Infatti mi veniva spontaneo credere che fossimo già state insieme, tutte e tre, ai piedi di Krishna, e dopo chissà quanti anni potessimo continuare ora il nostro tragitto, sempre ai piedi del nostro Amato Signore.

Ben presto la cerchia si allargò. Conobbi Savino, Stella, Giuliana e poi molti altri.
Iniziò per me un periodo meraviglioso. Finalmente io e Donato potevamo crescere, spiritualmente, insieme a questi nostri fratelli ritrovati.

Iniziammo a cantare i bajans (canti devozionali), a studiare la parola di Baba, a condividere la nostra devozione in maniera sempre più profonda.

Dopo il primo viaggio in India, iniziammo a riunirci ogni giovedì, per i canti e per lo studio, e quasi ogni sabato sera, per guardare insieme un film: "il Mahabharata", il grande Poema Epico nel quale si racconta la storia dell'Avatar Krishna e la lotta fra le forze del bene e del male. Ne guardavamo un pezzetto, poi mettevamo in pausa il videoregistratore e commentavamo le scene, approfondendo sempre più il messaggio contenuto.

Ci rendemmo conto ben presto del grande dono del "satsang" (buona compagnia), della grande opportunità che avevamo, di comprendere sempre più gli insegnamenti di Swami per applicarli alla nostra vita quotidiana.

Come un diamante ha più sfaccettature, tutte ugualmente brillanti, dalle quali singolarmente la luce viene riflessa per formare un tutt'uno, di un armonioso splendore, così, il contributo che ciascuno di noi dava ai circoli di studio, era proprio come una faccia del diamante. Alla fine potevamo, quindi, avere una visione completa dell'argomento che stavamo affrontando, tenendo conto dei diversi punti di vista, che armoniosamente si legavano, formando una gemma splendida di conoscenza. Dalle diverse opinioni, non nacque mai la rottura o l'incomprensione.

Il nostro lavoro, basandosi sulla profonda fede nel Cristo Cosmico, che ci legava tutti, e sulla forte volontà di liberarci sempre più dall'ego, rafforzava la nostra unione, rendendoci via via più palese il principio "dell'Unità nella Diversità".

Non c'era tra noi il minimo sentimento di antagonismo, competitività, invidia, o critica. Ci amavamo e basta. E proprio questo amore totale, sincero e profondo, ci permetteva di vedere i nostri errori.

Ci aiutavamo, l'un l'altro a smussare sempre più gli eventuali spigoli non ancora arrotondati del nostro carattere. Tutto ciò avveniva senza scontri, senza sofferenza; perché alla base di ogni nostra parola c'era l'amore, l'amore totale per il Dharma, per la Verità, che ci faceva desiderare, più di ogni altra cosa, di liberarci da ogni impurità in pensieri, parole ed azioni.

Questo poteva attuarsi, perché c'era fra noi una profonda unidirezionalità d'intenti. L'unica cosa che ci interessava era mettere in pratica la "voce del Dio Vivente", e quindi conoscerla sempre più profondamente.

Non volevamo perdere altro tempo preziosissimo, leggendo e seguendo le parole di altri guru minori, o facendo altre esperienze che ormai non ci servivano più.

Eravamo consapevoli di essere già arrivati alla "rampa di lancio".

Tutte le esperienze del passato ci erano servite per poter acquistare un biglietto per salire su Quel "Missile Speciale" che ci avrebbe portati, mano nella mano, insieme nell'Infinito.

Quanti altri mezzi avevamo provato in precedenti vite, o in questa stessa?

Avevamo viaggiato a piedi, pungendoci con le spine, in bicicletta, in carrozza, anche in treno. Ma ora, finalmente, ci era stato permesso di accedere alla rampa di lancio per il "Missile Divino" che rompe le barriere dello spazio-tempo. Quindi, come avremmo potuto voler tornare alla nave o alla bicicletta?

Per comprendere la grandezza del dono del "satsang", avevo dovuto sperimentare la solitudine, pur trovandomi fra tanta gente; come per apprezzare un pezzo di pane occorre provare la fame, e per apprezzare un corpo in salute, occorre sperimentare la malattia.

Comunque, proprio questa vita basata sulla dualità, dove sempre si alternano gioia e dolore, freddo e caldo, bene e male, ecc., mi portava gradatamente all'equanimità.

Avevo sperimentato il dolore per poter comprendere la gioia, ma ora mi veniva chiesto di rimanere sempre più imperturbabile di fronte agli alti e bassi della vita. Mi veniva chiesto di trascendere sia il dolore, che la gioia, per stabilizzarmi in quella pace mentale chiamata "equanimità".

Come un pezzo di legno, in balia del mare, la vita mi aveva portata in continuazione sott'acqua, sbattuta dai cavalloni, poi su, sulla cresta dell'onda, poi ancora giù, con una capriola, per farmi di nuovo risalire, con un guizzo, in superficie ed essere baciata ancora dal sole.

Questa continua altalena mi aveva fatto capire che quel pezzo di legno, in balia del mare, rimaneva comunque sempre lo stesso, sia che fosse asciutto o bagnato, sia al buio che in pieno sole. Non si

scioglieva, non si rompeva, al massimo avrebbe riportato qualche graffio, qualche macchiolina. Rimaneva comunque sempre un bel ciocco di legno, che via via, proprio grazie al movimento del mare, si avvicinava sempre più alla riva "dell'Isola del Tesoro", la Meta che una volta raggiunta, mi avrebbe liberata per sempre dal mare del "samsara" (ciclo nascita-morte).
Perché quindi angustiarmi troppo per ogni "tuffo sott'acqua" ed esultare ad ogni risalita? Meglio rimanere sempre serenamente tranquilla, nella consapevolezza che il viaggio procede comunque verso la Meta della Gioia Perfetta.
La fede, il distacco emotivo, l'abbandono, la pazienza, rappresentavano il vento favorevole, il quale mi avrebbe spinto sempre più velocemente a riva.
In questi ultimi anni avevo trovato un valido sistema per "gabbare" il tempo durante la "traversata" dell'oceano della vita: consisteva nel fissare costantemente il pensiero sulla Meta. Erano molti i mezzi per ottenere ciò: la ripetizione del Nome del Signore, i canti sacri, la meditazione sulla luce, l'offerta a Dio di ogni azione e pensiero, senza attaccamento ai frutti dell'azione, o più semplicemente, guardare una fotografia del mio Amato Signore.

In passato, fra me e Donato, c'era stata una discussione, sul mio desiderio di aver in ogni stanza della casa una foto di Sai Baba.
Certo, può sembrare questo, un atteggiamento di puro fanatismo, ma un giorno Baba mi permise di chiarire a me stessa e a Donato, il motivo del mio desiderio di vederLo in continuazione.
Mi avevano regalato due crisantemi bianchi, con il gambo reciso, ed io li avevo messi in due ciotoline da macedonia.
A vederle, sembravano due scodelline colme di panna montata (di quella che esce dalle bottigliette di metallo, schiacciando il beccuccio a forma di stella).
Sembrava così reale, quell'immagine, che io sentii l'impulso di affondarci il dito, pregustando mentalmente la sua morbidissima consistenza ed il suo sapore.
Tutte queste sensazioni le avevo catturate solo con la vista.
Usando anche solo gli occhi, tutti gli altri sensi avevano "sentito".

La stessa cosa succede quando tagliamo un limone. Ne percepiamo già il sapore acre in bocca, prima ancora di assaggiarlo, e le ghiandole salivari si mettono già in funzione.
Anche in questo caso, da un'immagine catturata con gli occhi, scaturiscono nel nostro corpo tutta una serie di sensazioni diverse; così cogliamo l'essenza di ciò che vediamo.
Dopo aver affondato il dito fra i bianchi petali, subito queste parole attraversarono la mia mente: "Adesso puoi capire, Donato, perché mi piace vedere Sai Baba in fotografia. Anche se è solo un'immagine colta con gli occhi, tutto il mio Essere reagisce come se Lui fosse qui, con me, in carne ed ossa.
Così come nasce l'acquolina in bocca, al solo vedere un fiore che sembra panna (anche se panna non è), a maggior ragione puoi capire che guardando il Maestro in fotografia, io possa percepirNe il Calore, l'Amore, la Dolcezza, la Potenza. Posso carpire le Sue qualità, usando anche solo gli occhi fisici. E mi sembra questo il miglior modo di usare i sensi. Passando e incrociando il Suo sguardo io mi sento letteralmente inondata d'amore, di energia, di dolcezza. Pensa quante volte, mentre giro in cucina, Lo vedo! E pensa quante volte, se il mio pensiero si distrae, ritorna a Lui!
Mi sembra questo un ottimo sistema di meditazione, per fissare la mente sul Divino, anche mentre sto lavorando, mentre mi muovo e devo avere gli occhi aperti.
Mi ricordo, così, di offrire ogni azione a Lui, perché Egli è sia l'agente, che il fruitore di ogni cosa.
Vedendo la Sua Forma esteriore, io Lo sento anche all'interno, perché percepisco il sentimento dell'Amore svilupparsi in me e diffondersi tutt'intorno. E cos'è Lui, se non quest'Amore, quest'Energia che sento dentro di me?"
In questo Kali Yuga (era delle tenebre), avevamo bisogno di una grossa agevolazione per metterci in contatto con Dio. E così Egli è sceso, prendendo una forma esterna come la nostra.
Chi ha messo da parte la propria personalità, o il proprio giudizio sull'aspetto fisico che Egli ha scelto (non è né alto, né biondo, né molto fotogenico), può percepire tutta la Sua Grandezza, al solo guardarLo in fotografia.

Mi colpirono molto, un giorno, le parole di un'amica. Mi raccontava di aver mostrato una fotografia di Sai Baba ad un pastore che viveva in alta montagna, isolato dal resto del mondo.
Appena egli la vide esclamò: "Ma chi è? ... Non ho mai visto un uomo così bello!"
Che cuore puro aveva, quel pastore, per fare una tale affermazione! Era riuscito ad andare oltre la forma esteriore e a carpire, con gli occhi, la Bellezza Suprema del Signore.
Egli, che viene definito nei Veda come: "Verità, Bontà e Bellezza" (Satyam, Shivam, Sundaram), era stato riconosciuto all'istante, da quell'anima pura.
Il libro scritto dal Prof. Kasturi (biografo ufficiale di Baba), che racconta la vita di Sai Baba, si intitola proprio: "Satyam Shivam Sundaram", perché questi tre sono i sostantivi, che nella limitatezza umana nel descrivere il Divino, più di tutti si addicono a tale scopo.
Io comunque aspettavo trepidante il momento di vederLo di Persona. Forse le fotografie, erano state per me, solo un modo per allenarmi gradatamente a "sopportare" il Suo Splendore.

CAP. 20 - FINALMENTE L'INDIA

*Non avrete in nessun altro luogo
questa occasione di essere così vicini
alla più grande Fonte di Gioia.
Eccola qui, vicinissima,
tanto facile da raggiungere,
così piena di grazia!
Se vi rinunciate, difficilmente
potrete avere un'altra opportunità.*
Baba

Tutto era pronto per la partenza. Avevo preparato le valigie da tempo, quasi per essere sicura di non dover restare a casa, come per dire a Baba: "Vedi? E' già tutto pronto perché io venga da Te, non fare quindi scherzetti all'ultimo momento!"
Mi aveva, infatti, un po' preoccupata un messaggio che avevo ricevuto, forte e chiaro, nella mia mente, un pomeriggio mentre ero nel dormiveglia: "Che tu venga da Me, o che Io venga da te, è la stessa cosa!" Capii solo due mesi più tardi queste parole; ma allora sentii di rivolgermi così a Lui: "Vero che non mi dici questo perché all'ultimo momento resterò qui in Italia? Ti prego, voglio venire da Te, anche se può essere la stessa cosa vederTi in sogno o da sveglia, anche se so che sei sempre accanto a me, anche se io sento sempre il Tuo Amore, non negarmi la gioia immensa di vedere il Corpo nel quale Sei sceso! Sono due anni che Ti chiedo, con le lacrime agli occhi, questa grazia; Ti prego!"
Ma subito dopo il mio sfogo emotivo, continuai: "Sia fatta comunque la Tua volontà! La accetterò, qualunque essa sia, perché so che tutto ciò che mi dai è per il mio bene".

Volli mettere in pratica quella che Baba chiama simpaticamente: "la devozione del gattino", il miglior tipo di devozione. Il gattino, infatti, si abbandona completamente alla mamma gatta, dalla quale, senza il minimo dispendio d'energia, si lascia trasportare di qua e di là, penzolando dalla sua bocca.
Sapevo che per affrontare un viaggio così lungo, come in ogni altro momento della vita, non mi restava altro che affidarmi

completamente a Lui, con l'assoluta fede e fiducia che Egli avrebbe provveduto a tutte le mie necessità, che mi avrebbe aiutata a superare tutti i miei limiti fisici, proteggendomi.

Finalmente arrivò il 28 dicembre!
In aereo riposai quasi tutto il tempo ad occhi chiusi, con il viso di Baba davanti a me, completamente assorta in Lui. Aprivo gli occhi solo qualche momento per mangiare, per rispondere a qualche domanda dei miei bambini, che affrontavano la loro prima esperienza aerea con non poca eccitazione, e per cantare a bassa voce qualche bajans, insieme ai miei amici.

Arrivammo a Bombay all'una di notte, ora locale. Aspettammo altri tre compagni che arrivarono poco dopo con un'altra compagnia aerea. Allo sbarco si erano accorti che era andato perso un bagaglio. Aspettammo diverso tempo che le cose si sistemassero, ma alla fine, essendo ormai tutti molto stanchi, decidemmo di precederli in albergo.
Le ore di attesa in aeroporto furono per me molto stressanti. La lunga fila in piedi in mezzo a tanta gente, l'odore di nafta, la stanchezza di un intero giorno di viaggio alle spalle, il cambio di clima e di fuso orario, mi avevano messo K.O.. Anche i bambini, che non avevano riposato un attimo in aereo, avevano ormai "esaurito le pile", come me.
Ce ne stavamo, quindi, seduti sopra le valigie, uno addosso all'altro come tre cuccioli. Fu un vero sollievo sentir dire alla capogruppo che potevamo finalmente andare: aveva incontrato la guida che ci stava aspettando per condurci al modesto albergo.
Uno spettacolo impressionante ci attendeva all'uscita dell'aeroporto. Erano ormai le tre di notte ma, nonostante l'ora tarda, un numero inverosimile di persone attaccate ai vetri (alcune con il naso letteralmente "spiaccicato" contro), attendeva i viaggiatori provenienti da oltre oceano. Chissà da quanto tempo stavano aspettando! Tenendo in mano, ben visibili, cartelli che riportavano i nomi delle persone o dei gruppi che attendevano.
Centinaia di occhi speranzosi erano puntati su di noi.
Provai una strana e buffa sensazione: io che avevo deciso di fare questo lungo viaggio per stare in mezzo a migliaia di persone ad

aspettare che il Signore uscisse dalla Sua stanza, per poterLo mangiare letteralmente con gli occhi, appena messo piede in India, mi sentii attesa con impazienza da quelle centinaia di occhi che mi facevano "la radiografia". Avevo forse potuto sperimentare una briciola di quello che prova Baba ogni giorno, da sempre.

In albergo qualcuno riuscì a dormire per qualche ora. Io non mi ero curata delle zanzare; non sopportando l'aria condizionata, preferii aprire un po' la finestra, senza immaginare "l'attacco aereo" che avrei subito, poi, per tutta la notte.
Ma nulla poteva togliermi il buon umore: ero in India, sempre più vicina a Baba e l'indomani, in serata, sarei stata a Prashanti Nilayam, ai Suoi Piedi.
In mattinata prendemmo l'aereo per Bangalore. Subii un leggero malessere per una partenza un po' troppo brusca, ma subito mi ripresi, aiutata anche dalla vibhuti che non dimentico mai di portare con me.
Da Bangalore a Puttaparthi, viaggiammo per quattro ore sugli ormai mitici taxi indiani.
Io, che solitamente sono piuttosto apprensiva durante i viaggi in macchina, mi sentii così rilassata per tutto il tragitto, da suscitare lo stupore di Donato, che ben ricordava come fossi stata, in passato, stressante con la mia ansia e la mia paura.
Ma ero ormai, dall'inizio del viaggio, nella condizione del "gattino" e sapevo che se Baba aveva permesso che partissimo, era per farci arrivare sani e salvi.
Eravamo completamente in braccio a Lui, cosa avrebbe potuto mai succederci?

La strada era una striscia d'asfalto molto stretta in mezzo alla campagna. Quando si incontrava un altro veicolo: un camion, un pullman o un carro tirato dai buoi, ogni volta sembrava prossima la collisione, ed invece, come per incanto, all'ultimo istante, ci si schivava a vicenda. Comunque ero tranquilla. Ero ospite di quel popolo che mi dava sicurezza. Del resto, devo dire, non avevo mai visto un guidatore di taxi tanto abile quanto il nostro, nel "mancare il bersaglio" all'ultimo momento!

Durante quelle ore di viaggio potei ammirare la bellezza della campagna indiana: un paesaggio da favola!
Attraversammo villaggi di capanne di fango e paglia dove, in assoluta dignità, vivevamo uomini e donne, sempre belle ed eleganti nei loro sari regali. Qua e là mucche, bufali ed altri tipi di bovini, che non avevo mai visto prima.
Attraversammo zone coltivate con risaie verdissime, palme ed altri alberi giganteschi e stupendi, traboccanti di fiori arancioni.
Sempre, qua e là, c'era un piccolo tempietto. Poteva trattarsi solo di un altare in mezzo a chilometri di campagna, ma ciò mi fece capire come questa gente, povera e semplice, non ha bisogno dei distributori di benzina, visto che qui tutti percorrono chilometri e chilometri a piedi, o in carri tirati dai buoi. Il loro carburante è infatti la preghiera, la devozione, il pensiero costante di Dio. Per questo ogni "tot" chilometri, ecco un altro altarino a dare rifugio, conforto e "benzina" a quei piccoli piedi nudi, che non si stancano mai di andare.

Il viaggio, fra buche e scossoni, era un vero e proprio "documentario", piacevole ed interessante.
Qualcuno mi aveva chiesto: "Come farai in taxi, tu che hai spesso bisogno di andare in bagno?" Eravamo una comitiva di cinque taxi, e non era certo agevole farli fermare tutti, ogni qual volta io avessi lanciato i miei S.O.S..
Baba mi aiutò anche in questa difficoltà: viaggiai tranquillamente per ben tre ore finché il taxi non si fermò ad un posto di ristoro, per aspettare gli altri che erano rimasti indietro.
Era una specie di bar. Appena vi entrai ebbi una bella sorpresa: sulla parete di fronte alla porta vi era una grande fotografia di Baba, sorridente e benedicente; proprio la stessa, fra mille, che avevo nel mio salotto, ed alla quale mi ero rivolta per chiederGli di proteggere la nostra casa durante la nostra assenza e tutti noi durante il viaggio.
Mi commossi, capii che aveva voluto dirmi: "Sei partita da casa rivolgendoti a questa immagine di Me, e Mi vedi ora in questa stessa immagine. Capisci, allora, che vi ho seguiti passo passo, proteggendovi? Stai tranquilla siete tutti nelle Mie mani!" Queste

furono le parole che attraversarono la mia mente, guardando il Suo dolce sorriso.

Non mi lasciai impressionare dal luogo, davvero molto singolare. Per andare alla toilette (se così si poteva chiamare), passai in un locale, dove al buio, al solo chiarore di grandi fuochi, degli uomini lavoravano a torso nudo, completamente sudati: stavano cucinando.
Mi indicarono una porticina di legno ed entrai in uno stanzino di un metro quadrato con un buco per terra. Mi tornavano in mente delle scene di alcuni film, ambientati ai tempi degli antichi romani, dove gli schiavi lavoravano in luoghi simili all'inferno.
Ma l'inferno era solo apparente, perché percepivo che quella gente era tranquilla e serena: stava semplicemente lavorando per guadagnarsi il pane quotidiano.

All'uscita del locale, un uomo monco chiedeva l'elemosina ripetendo: "Sai Ram! Sai Ram!" Dopo di lui si avvicinarono altre due persone molto anziane, pelle ed ossa.
Divisi tra di loro il cibo che avevo nello zaino e ripartimmo.

Un tuffo al cuore alla vista del primo cartello: "Prashanti Nilayam".
"Mamma mia! Madre Sai! Non è un sogno, mi sto avvicinando sempre più a Te!"
Passammo per altri villaggi. Vidi, in una minuscola capanna, un barbiere al lavoro; negozietti di due metri quadrati con tante "cose" appese: cibo, ortaggi ed altra merce per me sconosciuta; bambini gioiosi, pecore, buoi, occhi curiosi e sorrisi rivolti a noi.
Finalmente arrivammo alla prima porta: un piccolo arco col simbolo del Sarva Dharma (l'emblema di Baba). "Ci siamo!", pensai, ed invece... ancora chilometri e chilometri prima di arrivare ad un'altra porta, con scritto: "Benvenuti a Prashanti Nilayam". Ma ancora altri chilometri di campagna sempre più brulla.
"Ma dov'è la Tua dimora Baba?"
Sembra quasi che il pellegrino venga avvisato, molto tempo prima, che sta per giungere in un luogo magico e sacro, perché abbia il tempo di lasciarsi tutto alle spalle: ansie, paure, difficoltà, nervosismo, tristezza, ecc..; perché abbia il tempo di prepararsi, di

rendersi conto di quale sublime privilegio è oggetto: poter sfiorare, con i propri piedi, la terra carica delle potenti vibrazioni d'amore che emanano da Quel Corpo Divino: il Corpo del Signore del Creato!

Finalmente il paesaggio cambiò. All'improvviso vidi alla nostra destra una meraviglia architettonica: lo splendido ospedale nato, per volere di Baba, dal lavoro di migliaia di volontari e donatori; Qui, per puro spirito di servizio altruistico, lavorano gratuitamente medici e infermieri provenienti da tutte le nazioni del mondo, compresa l'Italia.
Avevo da poco visto una videocassetta che parlava di questo ospedale divino dove, gratuitamente, vengono eseguite, ogni giorno, le più complesse operazioni cardiochirurgiche, con le più moderne apparecchiature. Tutto questo in un paese dove, in altre strutture, per poter essere operati, non bastano i guadagni di una vita di lavoro.
Più che un ospedale sembrava un palazzo da sogno, da favola: ricami e disegni in colori pastello, cupole, archi, giardini, ecc.. Credo proprio che un malato, al solo varcarne la soglia, si senta già meglio!

Proseguendo ebbi la gioia di vedere Gita, l'elefantessa di Baba, sulla quale si raccontano diversi aneddoti; come il fatto che ogni volta che Baba si congeda da lei, dopo averla accarezzata, le lacrime sgorgano copiose dai suoi occhi, che vorrebbero continuare a posarsi su Quella Visione, e per non perdere neanche un istante il darshan del Signore, finché non Lo vede scomparire all'orizzonte, cammina all'indietro, pur di non voltarGli le spalle.
Gita camminava in mezzo alla strada, proprio vicino all'ultima porta, che alcuni seva (volontari addetti al servizio d'ordine), aprirono, vedendo i nostri taxi arrivare.

Scendemmo proprio davanti all'ufficio di accoglienza dei pellegrini.
Gli uccelli di Prashanti Nilayam ci accolsero con i cinguettii più assordanti che abbia mai sentito. Gli ultimi raggi di sole si posavano su quella sacra terra, e queste creature alate, che dal rumore parevano migliaia, sembrava stessero cantando, tutte in coro, un bajan per salutare il Sole; proprio come fanno le migliaia di uomini

seduti sotto il porticato del Mandir, prima che il Bagawan (Signore, Dio) rientri nella Sua stanza.
Con il buio, all'improvviso, tutto tacque.

Dopo il lungo viaggio il mio corpo era stanchissimo; ma sapevo di trovarmi nella "Dimora di Pace Suprema" (Prashanti Nilayam), ed ero felicissima mentre aspettavo che Donato, insieme agli altri, espletasse le formalità burocratiche, per poter finalmente raggiungere il giaciglio per la notte.
Non importava se fossero stati liberi solo i posti nei capannoni, il mio corpo aveva tanto bisogno di riposo, che qualunque angolo di quel sacro suolo sarebbe stato per me un comodo letto.
Iinvece Madre Sai, generosamente, volle che proprio Donato fosse il primo del gruppo ad avere una chiave di una stanza con bagno, per la nostra famiglia.
Alle ore ventuno eravamo finalmente in camera. Dedicai le mie ultime energie a pulire, con mezzi di fortuna, il bagno; dopodiché, tutti e quattro, spossati, ci sdraiammo con i nostri sacchi a pelo sopra alcuni materassi che trovammo già per terra nella stanza: un altro regalo di Swami! Infatti non sarei stata in grado di aspettare neanche il tempo occorrente per l'acquisto di materassi nuovi.
Ero arrivata ormai al limite della mia resistenza; talmente stordita dalla stanchezza, da non accorgermi che non c'erano vetri alle finestre, ma soltanto delle retine di ferro contro le zanzare; così aprii una finestra per assicurarmi un ricambio d'aria durante il sonno, ma invece dell'aria (che già c'era), mi assicurai un secondo attacco "aereo", dopo quello subito la notte prima a Bombay!

La sveglia era puntata per le quattro e mezza, in modo che potessimo essere pronti all'appuntamento con gli amici del gruppo, per metterci in fila ad attendere il nostro primo darshan.
Fu soltanto la gioia di poter vedere finalmente il Signore, a permetterci di tirarci su dal letto, dopo una seconda notte trascorsa quasi completamente insonne!
Uscimmo nel buio della notte. Un'incredibile e silenziosa folla era per le strade, diretta come noi verso il Mandir, desiderosa e impaziente come noi di avere un contatto con l'Avatar.

Sembravamo tante formichine dirette ad una scodella colma di miele.
Ci sedemmo, gli uomini da una parte, e noi donne dall'altra, in un grande piazzale adiacente al Mandir.
Le donne che erano a capo di ogni fila estrassero un numero da un sacchetto. La fila che avrebbe avuto il numero uno, sarebbe entrata per prima sotto lo splendido porticato del Mandir, avendo ricevuto, così, la Grazia di poter sedere proprio ai Piedi del Signore; dopodiché, in ordine numerico, sarebbero entrate tutte le altre file.

Rimasi in un meraviglioso silenzio, ad osservare le migliaia di donne ordinatamente sedute, la luna e le stelle sopra di noi, il porticato del Mandir illuminato a festa, così come il balcone della stanza di Baba.
Parlavo con Lui mentalmente: "Ti stiamo aspettando Dolcissimo! So che sai tutto, so che conosci i pensieri di ognuno di noi. Finalmente sono arrivata e Tu lo sai. Grazie Signore, di avermi permesso di sperimentare la gioia di questa attesa! Esci nostro Dolce Amato! Siamo in migliaia ad aspettarti!"
Pian piano l'aurora tinse il cielo di rosa.
Delle voci angeliche ruppero il silenzio, per cantare soavi inni di lode all'Altissimo: voci colme di devozione e di gioia, che con le loro vibrazioni riempirono il mio corpo di brividi.
Finalmente, verso le sei, le file, ad una ad una, incominciarono ad entrare sotto la "Sai Kulvant Hall" (il grande porticato davanti al Mandir).
Arrivò il nostro turno; un tuffo al cuore! Il momento dell'appuntamento era sempre più prossimo. Cosa sarebbe successo? Cosa avrei provato?
Ogni secondo di quella lunga attesa era un momento magico. Mi sentivo dentro una favola; però era una favola vera!
Mi ritrovai seduta nelle prime file, ad ascoltare gli uccelli che, con canti festosissimi, salutavano il nuovo giorno ed annunciavano, come tante campane a festa, o come squilli di tromba, l'arrivo del Re.
Un'altra preghiera scaturì dal mio cuore: "Ti prego Baba, fa che il mio corpo emotivo non rimanga troppo scosso, perché io possa assaporare appieno la Tua Dolce Presenza!"

All'improvviso gli uccelli si zittirono. Qualche secondo di assoluto silenzio... poi una musica dolcissima annunciò che il Signore era ormai uscito dalla Sua porta, e stava percorrendo un tratto di pochi metri prima che tutti Lo potessero vedere.

Alla prima nota della dolce musica, migliaia di mani si giunsero, quasi all'unisono.
Uno spettacolo commovente: mani scure, mani chiare, mani di tutto il mondo; mani giunte, allineate come tanti aghi di innumerevoli bussole, tutte puntate verso il Nord, verso Quella Ciclopica Calamita capace di attrarre a Sé, in un unico grande corpo, cristiani, indù, mussulmani, sik, buddisti, ebrei, parsi, ecc..
Vidi tutto il mondo unito ad aspettare il Signore! Da tutti atteso, profetizzato... da tutti amato.

Io ero privilegiata, fra migliaia di privilegiati, seduta in attesa del Suo darshan.
Questo pensiero mi commuoveva e mi riempiva di gratitudine, anche perché avevo letto le Sue parole: *"No! Nessuno può venire a Me senza che Io lo chiami, anche se cento persone lo persuadono o lo trascinano o lo spingono...*
E' la Mia Volontà che ha portato ciascuno di voi in questo posto..."
(La vita di Sai Baba - Satyam Shivam Sundaram - Kasturi - Mother Sai Publications - pagg. 202-225).
Qualunque atteggiamento Egli avesse avuto nei miei confronti, compresa la totale indifferenza (apparente), sarebbe stato per il mio bene. Di questo ero consapevole. Ma, come quasi tutti gli altri intorno a me, non riuscivo a non desiderare di poterLo guardare negli occhi, di parlarGli o addirittura di accarezzarLo.
Baba parla spessissimo di dare un tetto ai desideri. I desideri infatti sono la principale causa della sofferenza umana, ma è impossibile eliminarli tutti, essendo per noi delle molle che ci spronano ad agire. Meglio quindi indirizzarli verso il Divino, fino ad arrivare ad un unico ultimo desiderio: quello di fonderci in Lui.
Io desideravo ardentemente un Suo sorriso, un gesto, un segno. Mi sentivo come una figlia unica, pur seduta fra migliaia di fratelli e sorelle che aspettavano lo stesso Padre e la stessa Madre.

Eppure sentivo che mi veniva chiesto di trascendere anche questi desideri, queste aspettative.
Dovevo solo abbandonarmi alla Sua Volontà.
Del resto, il solo vederLo era un dono meraviglioso, oltre ogni dire. Baba aveva infatti ricordato: *"Trovate sempre un angolo calmo, dopo il Mio darshan, dove poter restare in silenzio e ricevere il completamento delle Mie benedizioni. La Mia energia fluisce da Me quando passo in mezzo a voi. Se iniziate a parlare con gli altri, immediatamente questa energia si dissipa e torna a Me inutilizzata. Siate sicuri che qualsiasi cosa cada sotto il Mio sguardo, viene vitalizzata e trasmutata. Voi venite trasformati giorno per giorno! Non sottovalutate ciò che viene compiuto attraverso l'atto del darshan. Il Mio camminare in mezzo a voi è un dono ardentemente desiderato dagli Dei dei cieli più elevati, e qui ricevete giornalmente questa grazia!"* (Sathya Sai Baba - La rivelazione continua - M. L. Donà - ed. Blu International Studio - pagg. 50-52).

Io ero lì, a mani giunte, ad aspettare questa grande Grazia.
Finalmente Lo vidi:

Oh Baba... sei proprio Tu!
non è un miraggio... sei proprio Tu!
Il mio corpo è qui seduto,
ma io Ti danzo intorno.
Sto piangendo.
Sto piangendo d'Amore.
Scherzo con Te,
Ti sfioro, Ti accarezzo e rido.
Rido, rido, rido... rido di gioia!
Ho lasciato per un attimo
questo corpo mortale
e mi sono ritrovata,
come fossi nel mondo astrale,
a danzare con Te,
unita a Te, avvolta a Te.
Ho riprovato, per un attimo,
quella gioia immensa,
della quale, fin dalla nascita,
ho sempre avuto una struggente nostalgia.

> Perché Ti ho sempre conosciuto;
> e Ti ho anche sempre avuto,
> ma mi sembrava di averTi perso!
> E quanto soffrivo nel sentirmi da Te lontana!
> Ecco perché son nata:
> per ritrovarTi qui!
> Ecco perché son venuta:
> per ridanzar con Te!
> Ecco perché son scesa:
> Per risalire insieme a Te!

Tutta la vita avevo aspettato quel momento!
Questa dimensione terrena, che a volte, inconsciamente, non avevo accettato, sempre per quella nostalgia che sentivo dentro di me, ora aveva un senso.
Ora sì che volevo vivere su questa terra!
Se la Coscienza Pura, Dio in Persona, camminava e parlava con un corpo come il mio, accanto al mio, allora quest'ultimo non era più un carcere per me, ma un dono meraviglioso!
Ed ora più che mai desideravo ardentemente tappare ogni falla di questa mia barca che, se avesse fatto acqua, non mi avrebbe permesso di attraversare l'oceano della vita.
Ora, finalmente, ero consapevole di voler guarire profondamente. Ero sicura che l'inconscio ed il cosciente andavano perfettamente d'accordo. Non avevo più dubbi: volevo guarire! Non volevo perdermi l'occasione di poter salire, insieme a tanti altri fratelli, in groppa a Quel Meraviglioso Cavallo Alato, che era sceso, per Amore, per riportarmi lassù, fino al cielo più elevato.

Dopo questa danza dell'anima, questa festa d'incontro, mi stupii delle mie reazioni emotive: "Oh Baba, mi hai fatto una tenerezza incredibile! Ti ho visto incedere con un corpo stanco, come se in quel momento Tu avessi preso la malattia di un devoto, e all'improvviso ho sentito nel mio cuore, l'amore di mille madri per Te!
Tu, la Madre Divina, sei diventata il mio bambino, da accarezzare, da avvolgere, da cullare.

Per un attimo i ruoli si sono invertiti: io ero Tua madre e Tu il "Bimbo Cosmico", il mio bambino che io amavo di un amore infinito. Quale altro amore umano può avvicinarsi di più a quello Divino, se non quello di una madre per il proprio figlio? Per di più di una madre che vede il figlio sofferente?
Io infatti vedevo sul Tuo volto i segni del tempo, la stanchezza, la malattia. I Tuoi capelli erano più corti e non più fitti come in passato; eppure eri bellissimo! Nessuna fotografia Ti fa onore! Ma dopo qualche secondo, ai miei occhi Ti sei trasformato. Ti ho visto, allora, in tutta la Tua Maestà; non più stanco, ma energico, elegante, altissimo, pur nel Tuo metro e cinquantatré di statura. Ho visto allora il Re dei Re, il Dio degli Dei!
Il mio ego si è inginocchiato di fronte a Tanta Regalità, di fronte a Tanto Splendore!"

In seguito riflettei sulla mia inaspettata sensazione.
Baba afferma di farci da specchio. Perché vidi, in un primo momento, un corpo stanco e sofferente? Perché probabilmente era così che io vedevo il mio corpo.
Perché sentii quella indicibile dolcezza e tenerezza? Quel profondo amore materno?
Credo che Baba abbia trovato il modo migliore per farmi sperimentare anche solo un briciolo dell'Amore che Egli nutre per ciascuno di noi.
Ho compreso cosa ha provato la mia Dolce Madre Divina, nel vedermi in questi anni di malattia, di sofferenza e spossatezza. Ho capito con quanta premura, con quanta tenerezza e compassione, mi ha assistita, coccolata, accarezzata, consolata!
Baba dice di essere il nostro Sé, la Realtà Immutabile. E' sceso in forma umana con tutti i pieni poteri affinché ciascuno di noi possa rispecchiarsi, riconoscersi in Lui, ricordarsi di essere come Lui.
Io mi ero vista, in un primo momento, stanca, malata, bisognosa di tanto amore e protezione; per poi, subito dopo, andare ancora più in profondità, e riconoscermi per quella che veramente sono realmente: l'Indivisibile Supremo Assoluto, davanti al quale il mio piccolo egoico "io", non può che arrendersi, inchinarsi, annichilirsi.
Che bella lezione mi aveva dato Baba, nei pochi secondi di quel primo darshan!

Continuai a guardarLo, mentre ormai mi voltava le spalle e si dirigeva dalla parte degli uomini. Mi sembrava che a volte non camminasse nemmeno, ma sfiorasse appena il pavimento.
Baba dice che solo tramite l'amore ci si può mettere in contatto con Lui, perché Egli è Puro Amore. Come ho già detto, occorre girare l'interruttore del nostro cuore verso l'amore, affinché l'energia elettrica passi dalla "Centrale" alla "lampadina", perché questa si accenda.
Io avevo girato il mio interruttore e posso dire, in base alla mia esperienza, che non ci sono proprio dubbi: Lui è Amore. Un Amore travolgente, rigenerante, da togliere il fiato! Un "Amore che cammina su due gambe", come è già stato soprannominato.

Dopo quel primo darshan, rimasi senza parole.
La commozione e la stanchezza mi spinsero a tornare immediatamente in camera. Mi rituffai nel sacco a pelo e sprofondai nel sonno. Non ebbi la forza di recarmi in mensa e fu così pure per i giorni seguenti.
Per fortuna mi ero portata da casa una buona scorta di gallette integrali e di mandorle.
Il mio corpo era intollerante a molti cibi, non volli quindi rischiare di rimanere completamente a digiuno.
Comunque, in mensa si riusciva quasi sempre a trovare qualche cibo adatto a me, e Donato, premurosamente, mi portava tutto in camera. Ad ogni modo, la mia scorta di cibo si era rivelata preziosissima per integrare la mia dieta: qualche piccola scodella di legumi o verdure cotte, la frutta che Donato comprava nell'ashram (che io scrupolosamente lavavo con acqua e amuchina e sbucciavo), qualche galletta e qualche mandorla, furono, per me, un cibo più che sufficiente in quei meravigliosi giorni, durante i quali mi nutrii principalmente dell'Energia Divina che il Maestro elargiva.

Alle ore quattordici fui pronta per l'appuntamento con le altre donne del gruppo, per le pre-file del darshan del pomeriggio.
Non incontrai le mie compagne perché ero arrivata in anticipo rispetto a loro; pensando, invece, che fossero già sedute nelle pre-

file, mi affrettai ad entrare, sapendo che ormai non sarei stata vicino a loro.
Sai Baba, nel pomeriggio, usciva dalla Sua camera, verso le ore quindici e si recava nella stanza delle "interwiews", dentro il Mandir. Soltanto alle ore sedici, usciva da quella stanza per aggirarsi fra la folla ed elargire i Suoi doni e la Sua Grazia.
Non so cosa facesse in quell'ora. Parlava, forse, con qualche responsabile dell'Ashram? Organizzava? Dava consigli?
Mi fece ridere la frase che disse Stefano qualche giorno dopo: "Però... Baba esce dalla Sua casa, entra lì dentro, guarda la televisione, si beve due caffè e noi stiamo qui ad aspettarLo per un'ora!" Non che Stefano credesse realmente questo, era soltanto una sua battuta scherzosa, con la quale mostrava il suo disappunto per quell'esercizio di pazienza e disciplina, che rappresentavano le lunghe attese a gambe incrociate. Fu comunque una nota di colore, che fece ridere, oltre me, tutte le altre compagne, rompendo il silenzio di quell'attesa.
Era proprio divertente immaginare il Signore, comodamente seduto in poltrona, a sorseggiare più di un buon caffè e a guardare un bel cartone animato in televisione. Era esattamente quello che avrebbe fatto Stefano (magari sostituendo i caffè con due morbidi gelati), anziché stare fermo e zitto ad annoiarsi!
Durante quel darshan, Baba non si soffermò dalla parte delle donne, passò, anzi, scivolò velocemente, lanciando solo qualche sguardo qua e là, dirigendosi subito dalla parte degli uomini.
Incominciai allora a parlarGli mentalmente: "Ti prego, va' da Donato e dagli altri uomini del gruppo! Hanno tanto bisogno di Te!"
Vidi alcuni uomini, che erano stati scelti per l'interwiew, alzarsi con il viso pieno di gioia. Ero felice per loro, ma speravo di poter vedere anche i nostri compagni.
Il darshan finì quando Baba fece entrare nella stanza coloro che erano stati scelti per la Sua diretta Cura Divina.
Il canto dei bajans sarebbe stato alle diciassette. Molti se ne andarono, dando la possibilità a chi, come me rimaneva, di potersi scegliere un posto migliore, nella speranza di poter vedere il Maestro più da vicino, quando, dopo i canti, sarebbe passato ancora davanti alle donne, per ritirarsi nella Sua camera.

Mi alzai per andare ai servizi e con chi mi scontrai in mezzo a quella miriade di persone? Con la mia amica Silvia, che mi stava venendo a cercare per darmi una bella notizia! Non è certo facile incontrarsi fra migliaia di persone, ma come ebbi modo di constatare sempre più nei giorni che seguirono, Swami ci muoveva, decideva i nostri posti e, se anche ci perdevamo di vista, alla fine ci ritrovavamo sempre vicine.

Con il volto gioiosissimo Silvia mi disse: "Italia, stavo pregando Baba di andare da Donato... e ci è andato davvero!" "Anch'io ho fatto la stessa preghiera!", le risposi. Poi continuò il racconto:

Donato era proprio in prima fila insieme agli altri del gruppo ed aveva chiesto a Baba, mentalmente, un segno, un gesto di attenzione. Swami allora si girò di scatto, per guardare Donato dritto negli occhi e chiedergli: "Da dove venite?".

Donato si era talmente immerso nel Suo sguardo che rimase immobile, senza parole. Il compagno alla sua destra gli diede, allora, una gomitata dicendogli: "Ce l'ha con te!" a questo punto egli rispose: "Italy!"

"Quanti siete?", gli chiese poi Baba. "Venticinque circa", (si erano aggiunte altre persone al gruppo originario) rispose Donato.

Prima che Swami si allontanasse, Donato poté anche toccarGli i piedi!

In quel primo giorno di permanenza all'ashram, il mio sposo, in pochi istanti aveva avuto: "darshan, sparshan e sambashan" (vedere il Signore, conversare con il Signore e toccarLo).

Nelle sacre scritture indiane si legge: "Vedere il Signore distrugge tutti i peccati, conversare con il Signore, distrugge tutto il dolore, toccare il Divino, libera da tutti i legami karmici".

Che emozione! Che dono! Che benvenuto!

Swami, rivolgendo la parola a Donato, lo aveva messo sotto la Sua ala. D'ora in avanti sarebbe stato tutto diverso. L'era dell'Oro stava iniziando a schiudersi anche per il mio sposo.

Le domande di Baba avevano rafforzato, in noi, la speranza di poter essere ricevuti.

L'interwiew sarebbe forse stata concessa il giorno in cui saremmo stati tutti presenti al darshan, visto che qualcuno era rimasto ammalato nella stanza?
Ma mi rendevo conto che, come noi, altre migliaia di persone speravano, ad ogni darshan, che fosse il momento buono per un'interwiew.

Anche i miei figli ebbero il loro benvenuto da parte di Baba.
I loro materassi erano proprio sotto un grande poster di Swami sorridente. Quel giorno vi trovarono attaccate due caramelle, che nessuno di noi aveva visto la sera prima, quando arrivammo.
In un altro momento, mentre stavano litigando per un gioco, sentirono entrambi, nello stesso istante, un piccolo "scappellotto" sulla testa. "Perché mi hai dato la sberla?" Chiese uno all'altro. "Io? ... Ma se sei stato tu a darla a me!"
Li zittii e, intuendo che dicevano entrambi la verità, dissi loro: "E' stato Baba a darvi la sberla, perché, evidentemente, non è contento di sentirvi litigare!"
Rimasero stupiti, zitti e buoni.

Nell'ashram, chi ha fretta, chi è impaziente, chi ha aspettative, poca tolleranza, ecc., ha una buona occasione per vedere bene in faccia i propri difetti e cercare di trasformarli in virtù.
Sembra proprio che la forte energia che pervade quel Luogo Santo, sia come un vento che scoperchia le nostre capanne di paglia, dentro le quali nascondiamo gli oggetti più inutili e dannosi; dandoci così l'opportunità di prenderne coscienza e sbarazzarcene per sempre.
Mi accorsi ben presto del lavoro di pulizia che l'Avatar stava effettuando nella mia mente.
Ebbi, in quei pochi giorni, diversi insegnamenti dal mio Amato Maestro, affinché superassi, una volta per tutte, alcune tendenze negative che mi trascinavo da chissà quante vite.
La mia emotività, durante i darshan, non mi permise, a volte, di godere appieno della pace che dona la Sua Presenza. Ero frastornata, non riuscivo a cogliere tutte le sfumature, i messaggi sottili che Baba continuamente mi dava con i Suoi atteggiamenti, i

Suoi sguardi, ecc.. Ero comunque consapevole del fatto che, col tempo, avrei poi maturato e messo a fuoco diversi concetti.
Una cosa era certa: mi stava dando quello di cui avevo bisogno.
Avevo la necessità di tenere l'ego sotto controllo, di vedere alcuni miei lati indesiderabili, ed i Suoi insegnamenti furono quindi Oro, per me.
Avevo portato con me una bozza di questo libro, non ancora terminato, nella speranza che Lui lo firmasse. Questo non accadde ed io Lo ringraziai perché, comprendo, sarei tornata a casa con l'orgoglio più gonfio, anziché diminuito. Mentre ero al darshan, buttò, sì, uno sguardo sopra il libro che avevo sulle ginocchia, ma non si fermò. Io fui comunque molto felice, nella consapevolezza che tutto ciò che cade sotto il Suo sguardo, viene trasmutato e vitalizzato. Era come se avesse voluto dirmi: "Lo so benissimo che hai portato la bozza del tuo libro, ma ancora devi lavorarci molto. Non ti preoccupare, vai avanti! Ne riparleremo quando sarà finito!". Nello stesso tempo, mise alla prova la fiducia in me stessa. Se io avevo sentito forte, dentro di me, l'impulso di scrivere questo libro, perché mai avrei avuto bisogno della Sua approvazione esterna? Non mi bastava, forse, quella che mi dava dal di dentro?

Mi fece comprendere, più volte, che mi dovevo abbandonare totalmente a Lui e mi fece vedere, a più riprese, che stavo perdendo del tempo a chiedere delle cose insignificanti.
Un giorno vidi, vicino a me, due mani protese verso di Lui, con le palme riunite a coppa; due mani vuote che Egli riempì di vibhuti, materializzata al momento, davanti ai miei occhi. Quelle mani Lo aspettavano in quella posizione da tempo.
In un attimo questo pensiero attraversò la mia mente: "Che stupida sono stata a chiedere una firma, una semplice firma! Quanto più preziosa è la tua vibhuti!! Oh no, Signore, la prossima volta verrò anch'io a mani vuote! Riempi Tu le mie mani di ciò che è giusto per me! Tu sai cosa mi occorre!
Io voglio solo Te, il Tuo Amore, la Tua Grazia! Solo questo voglio!"

In altri momenti mi sentii, invece, premiare.
Pur nel mio stato precario di salute, riuscivo a star seduta per tanto tempo, anche se con molta fatica. A volte mi sembrava di cadere, di

non farcela più a rimanere in quella posizione. Il mio corpo chiedeva insistentemente di sdraiarsi. Allora io pregavo mentalmente Baba, di darmi l'energia per resistere, per poter godere del Suo darshan fino alla fine. E proprio mentre stavo per accasciarmi, a volte, Lui buttava lo sguardo verso me, pur essendo anche molto lontano. Io allora, come un fiore appassito, al quale vengono donate alcune gocce d'acqua, subito mi riprendevo, il mio "stelo" si rimetteva in piedi.
Quel piccolo, ma potentissimo, fugace sguardo, mi donava la forza per andare avanti un'ora, due ore ancora. Con la Sua Grazia riuscii a non perdere neppure un darshan.

Una mattina, io e Maria decidemmo di entrare nel Mandir, per cantare i bajans. Per noi, che amiamo cantare per Lui ogni giorno e ogni momento, sarebbe stato davvero un regalo meraviglioso, poterlo fare davanti a Lui, dentro il Tempio.
Mentre le nostre compagne si avviarono verso la mensa per la colazione, noi ci sedemmo in un piccolo spazio angusto, sul nudo pavimento di quel Sacro Tempio.
Non eravamo informate sugli orari dei bajans; ci ritrovammo così ad assistere ad un rito vedico, per un tempo davvero lunghissimo, per le nostre schiene già doloranti. Eravamo comunque felici di essere riuscite ad entrare in quel Luogo Santo, che Baba, ogni giorno, inonda delle Sue vibrazioni d'amore. Speravamo che alla fine di quel rito, ci sarebbero stati i canti.
Guardavamo la poltrona vuota, dove Baba si sarebbe seduto, e non ci sembrava poi così vuota!
Quando il sacerdote del tempio terminò il rito, fummo invitate, invece, ad uscire dal tempio, perché i bajans si sarebbero tenuti nel pomeriggio.

Quello stesso giorno, prima del darshan, dovetti recarmi alla toilette, che si trovava dietro il Mandir. Nello stesso istante si alzò anche la mia amica Silvia, per lo stesso motivo.
Baba era da tempo dentro la stanza delle interwiews.
Mentre camminavamo dietro il Tempio, una signora addetta al servizio d'ordine, ci fermò per dirci: "Aspettate! Fermatevi qui un attimo!", e ci fece cenno di guardare dentro la finestra del Tempio.

Che meraviglia! Proprio in quel momento Baba uscì dalla stanza e si fermò un attimo a guardarci, da dietro le sbarre dell'altra finestra in fondo al tempio.
Che gioia infinita incrociare il Suo sguardo! Anche se ci dividevano due grate di due finestre.
Pensai: "Oh Baba! Quali sono le sbarre che mi dividono ancora da te? Dimmelo!"
Anche nel sogno che avevo fatto la prima notte in Umbria, accarezzavo il mio Dolce Maestro attraverso le sbarre della ringhiera delle scale. Percepii questo messaggio: "Hai ancora qualche sbarra da eliminare, prima di essere libera dalla Tua prigione. Hai ancora qualche barriera da abbattere, e poi più nulla ci dividerà!".
Pregai: "Ti prego, Baba, indicami quali sono queste sbarre, e come posso segarle, per evadere il più in fretta possibile dalla prigione di Maya!"

Dopo il regalo di quello sguardo inaspettato, ci recammo in bagno, ma al ritorno, non potemmo più entrare nella Sai Kulvant Hall. Era ormai troppo tardi; Baba stava iniziando il giro del darshan. Chiedemmo allora alle Seva, se avessimo potuto accedere alle file per poi entrare nel tempio a cantare i bajans davanti a Baba. Ci venne detto che quello non era il giorno giusto; soltanto i volontari addetti al servizio d'ordine potevano, infatti entrare nel Mandir, quel pomeriggio.
Ma un altro "angelo", mandatoci da Baba, con un sorriso ci invitò a sederci vicino ad una colonna, fuori dal Tempio. Che gioia! da quella posizione, attraverso la porta aperta del Mandir, vedevamo proprio la poltrona dove Baba si sarebbe seduto!

Arrivò, si sedette ed incominciò a battere il tempo con la mano, mentre ascoltava i canti.
Era a soli sei-sette metri da noi che, anche se non era il giorno giusto, anche se non eravamo dentro il Mandir, potevamo cantare per Lui ed inebriarci della Sua Visione!
Ero come una bambina, senza inibizioni: mentre cantavo piangevo di gioia e Gli mandavo i baci con la mano, a ritmo di musica. Una

donna argentina, seduta vicino a me, rideva di gusto nel vedermi e condivideva con me quella grande emozione.
Mi sentivo un po' ridicola nelle mie manifestazioni di gioia e d'amore, ma in quel momento non riuscivo a fare altrimenti. Mentalmente dissi a Baba: "Certo, riderai di noi, ma abbi compassione per questi tuoi bimbi che sono troppo, troppo felici di vederTi!".

Altri doni seguirono, doni meravigliosi!
Il giorno di Capodanno, per Grazia, assistemmo ad uno dei Suoi innumerevoli miracoli.
Un ragazzo seduto sulla sedia a rotelle, fu chiamato in interwiew insieme ai suoi parenti ed amici. Dopo cinque minuti circa, uscì dalla stanza, camminando sulle sue gambe!
Un fragoroso applauso di giubilo lo accolse ed un forte brivido attraversò la mia schiena, quando vidi un uomo, forse il padre del ragazzo, chiudere la carrozzella, alzarla con le braccia verso il cielo e sventolarla come una bandiera. Con quel gesto stava silenziosamente "urlando" a tutti i presenti (migliaia e migliaia di persone): "E' finita con questa prigione!"
Piangemmo tutti come bambini, davanti a quella manifestazione dell'Amore Infinito, dell'Onnipotenza del Signore.

Sempre in quel giorno di festa, le seva distribuirono a tutti dei doni: libri e dolcetti benedetti da Swami. Egli, infine, distribuì personalmente i doni ai seva, dopo che tutti noi ne avevamo avuti.
Che bell'insegnamento! E' proprio vero che la Sua Vita è il Suo Messaggio!
Volle essere Lui il "Servo dei servi", Lui che ha detto: *"Io sono il servo di tutti..."* (Diario Spirituale 2 - Mother Sai Publications - pag. 107).
Ogni Suo gesto è un insegnamento, ogni Sua parola, un mantra sacro.

Un pomeriggio, mentre eravamo in terza fila, Baba si avvicinò a noi e, rivolgendosi ad una signora, anch'essa italiana, esclamò: "Oh... Italy!"

La Sua voce era infinitamente dolce. Io mi commossi nel sentire pronunciare quella parola, che è anche il mio nome di battesimo, con tanto Amore! Non stava apparentemente dialogando con me, ma, dalla mia forte emozione, capii che stava "prendendo due piccioni con una fava". Non era certo un caso che avesse fatto quell'esclamazione quando si trovava così vicino a me, affinché anch'io potessi udirla!
Anche nella prima domanda che aveva fatto a Donato, il primo giorno, io sentii un velato riferimento a me. Fu infatti il mio nome la prima parola che Donato disse a Baba, come risposta alla Sua domanda. Certamente Lui sa tutto di tutti, che bisogno avrebbe di chiedere a qualcuno da dove viene? Perché poi, fra tutti gli uomini del gruppo, fece dire "Italia" proprio a mio marito? Era come se Baba, non volendo ancora parlarmi direttamente, per non scuotere il mio corpo emotivo, ancora troppo indebolito dalla lunga malattia, trovasse comunque il modo di farmi sapere che mi aveva aspettato tanto per quell'appuntamento e che era felice della mia presenza, quanto lo ero io.
Fu quello, per me, il Suo modo, delicatissimo, di darmi il benvenuto.

Un concetto che diventava di giorno in giorno più chiaro, è che bisogna andare a Puttaparthi senza aspettative, con la mente vuota, così come le mani, ma con il cuore colmo, stracolmo d'amore: quell'Amore che Lui ci donò e che così a Lui ritorna.
Un giorno mi diede, a questo proposito, una bella lezione.
Le mie compagne, spessissimo, arrivavano in ritardo all'appuntamento. Mentre le attendevo ero un po' in ansia. Avevo una gran voglia di star vicino a Baba, il più vicino possibile, ed invece capitavamo quasi sempre nelle file lontane dal Suo passaggio. Pensavo che arrivando in ritardo, non saremmo state premiate. Non mi rendevo conto che tutto era voluto da Baba, compreso, quindi, il nostro posto nelle file.
Forse Egli ci stava gradatamente preparando alla nostra esposizione alla Sua fortissima energia; la mia condizione fisico-emotiva non era probabilmente ancora in grado di reggere un Suo sguardo ravvicinato. Sarebbe stata un'emozione troppo forte.
Per essere pronta per tale appuntamento, dovevo forse rimanere a "decantare", come fa l'olio d'oliva che, dopo la spremitura, deve

rimanere negli otri per un certo periodo, per permettere a tutte le impurità di adagiarsi sul fondo.
Ad ogni darshan diventavo più "limpida", e ci avvicinavamo sempre più a Lui. Ma io allora, per la mia ignoranza, incolpavo, più o meno coscientemente, le ritardatarie per le nostre posizioni in trentesima o quarantesima fila.
Così un pomeriggio dissi alle compagne: "Domani mattina non aspettatemi; voglio venire presto e, probabilmente, quando arriverete sarò già nelle pre-file!"
Pur di stare vicino a Baba, non mi interessava l'unità del gruppo.
Il giorno seguente, Swami mi preparò un bello scherzetto: i bambini erano così stanchi, che non riuscii a tirarli giù dal letto!
In un istante dovetti abbandonare l'idea di stare vicino a Baba. Capii la Sua lezione e mi vergognai dei pensieri e dei sentimenti del giorno prima. Mi abbandonai totalmente alla Sua volontà e mi rigirai sul fianco, per riaddormentarmi vicino ai bambini. Li avrei lasciati riposare per tutto il tempo a loro necessario. Saremmo arrivati in ritardo per il darshan, rimanendo magari fuori dal cancello, a guardare Baba da lontano, ma mi ripetevo: "Sia fatta la Tua volontà!"

Ci alzammo tardi, ma appena in tempo per entrare nella Sai Kulvant Hall, visto che il Maestro non era ancora uscito dalla Sua stanza.
Da non crederci... proprio quella mattina in cui avevo apertamente abbandonato il desiderio di stare fisicamente vicino al Signore, capitai in prima fila!
Infatti le mie compagne, sedute in terza fila, non avendo visto, né me, né i bambini, si erano appositamente sedute un po' larghe per permetterci di unirci a loro. Come se non bastasse, dopo qualche istante, che trascorsi ringraziando Baba e le compagne, una signora seduta in prima fila si voltò, ed indicandomi col dito, mi fece cenno di prendere il suo posto, e se ne andò.
Come può qualcuno andarsene, ad un minuto dal darshan, dalla prima fila? Perché poi, fra così tanta gente, aveva scelto proprio me per farmi prendere il suo posto e godere di quella posizione così privilegiata?
Quante lacrime di gratitudine versai in quel momento! Lo vidi per la prima volta camminare ad un metro o poco più dal mio viso! Mi

guardava con la coda dell'occhio, con quel Suo sguardo d'intesa che ognuno comprende, quando gli viene rivolto.

Quanto mi aveva insegnato quella mattina! Avevo potuto vedere la mia intolleranza, la mia impazienza, il mio desiderio egoistico di avere Baba vicino, senza pensare alle esigenze delle amiche del gruppo, che si dimostrarono proprio tali. Avevo potuto constatare come, una volta che abbiamo compreso i nostri errori, Baba ci premia, inondandoci con la Sua Grazia.

Un pomeriggio ebbi un malessere. Rimasi sdraiata sul liscio pavimento di marmo, davanti alle amiche. Eravamo vicino all'inferriata, nei pressi dell'abitazione di Swami. Da quella posizione, Lo si poteva vedere camminare per un tratto, prima ancora che arrivasse sotto la Sai Kulvant Hall.
Le Seva volevano farmi uscire, perché era proibito sdraiarsi. Le amiche intervennero, dicendo loro che non appena Baba fosse uscito io mi sarei alzata, ma che dovevo riposare un momento per riprendermi. Prima che iniziasse la musica, che annuncia solitamente l'arrivo di Baba, io sentii dal di dentro l'ordine di alzarmi. Non appena seduta, incrociai, attraverso gli arabeschi dell'inferriata, lo sguardo di Swami. Era appena uscito dalla Sua porta e, telepaticamente, mi aveva dato l'ordine di alzarmi, perché potessi godere di quel Suo sguardo penetrante e rigenerante, oltretutto da quella posizione privilegiata!
Ancora una volta il suo Amore mi liberò dal malessere e potei restare fino alla fine del darshan. Ancora una volta potei constatare che quando ci affidiamo totalmente a Lui, per incanto tutto cambia, tutto si risolve.

Tornammo a casa da questo importantissimo viaggio, ognuno con i chiarimenti e le lezioni di cui aveva avuto bisogno e che aveva saputo cogliere.
Certamente non eravamo più gli stessi. La sola vicinanza a Quel Corpo Tanto Speciale, ci aveva trasformati, anche se non ce ne rendemmo conto subito.
Avevamo qualcosa di bello in più e qualcosa di brutto in meno.

Qualche giorno dopo il nostro ritorno dall'India, il 25 gennaio 1997, Baba venne in sogno per darmi diversi messaggi e diverse risposte alle domande che Gli avevo rivolto mentre ero sotto il porticato del Mandir.

Nella prima parte del sogno, mi fece vedere, ancor più chiaramente, l'atteggiamento egoistico che avevo avuto di volerGli stare vicino, noncurante delle esigenze altrui; di volerLo quasi tutto per me.

Nel sogno stesso, mi assalì un sentimento di vergogna per il mio atteggiamento egoistico e mi ripromisi di non averlo mai più (come già avevo fatto la mattina in cui i bambini erano troppo stanchi).

Nella seconda parte del sogno Baba sfogliava velocemente un libro: il mio libro, terminato e stampato!

C'erano alcune fotografie che riguardavano il giorno del mio matrimonio, ed anche una di quando Donato svolgeva il servizio militare. In ognuna di esse appariva Baba: nel cielo, sorridente, oppure nelle vesti di un altro militare, che aveva posato a fianco di Donato.

Con questo messaggio mi incitò a continuare il lavoro per portare a termine la stesura di questo libro, e mi confermò che ci aveva sempre seguiti, passo dopo passo; era presente in ogni istante della nostra vita.

Nella terza parte del sogno mi diede un messaggio che riguardava mio padre: un personaggio storico, che Papà ammirava molto, si trasformava in Sai Baba. In parole povere, Baba sarebbe diventato il nuovo idolo di mio padre, il nuovo eroe da adorare.

Come al solito, Swami mi chiariva ogni cosa e mi preannunciava eventi futuri, dei quali non potevo più dubitare.

CAP. 21 - IL TRAMONTO DI UN'ERA

Se voi avete una devozione genuina, lasciate concretamente a Dio la responsabilità della vostra salute, ed Egli se l'assumerà.
Baba

L'esperienza di essere stata fisicamente vicina a Quel Corpo Divino, mi aveva molto toccata.
Più mi addentravo nella Realtà di Baba, più il mio amore per Lui cresceva, e più sentivo il desiderio di comunicare ai miei amici quale occasione meravigliosa abbiamo: essere in vita nello stesso istante in cui il Purna Avatar cammina in mezzo a noi!
Dio è qui, canta e parla con noi; molti miei cari amici sono alla Sua ricerca; molti di loro stanno soffrendo perché si sentono soli nell'affrontare il travaglio della vita, sbattuti di qua e di là come una barca in mezzo alla tempesta, mentre i cavalloni della malattia, dell'insoddisfazione, dell'angoscia e dell'irrequietezza, incalzano, senza dare loro un attimo di sosta per riprendere fiato. Ed io, mi domandavo, che cosa avrei potuto fare per loro?
La voglia di comunicare, almeno ai più sofferenti, la "lieta novella", era grande; ma presto mi tranquillizzai nella consapevolezza che, come sempre, è Lui che ha in mano tutti i fili: "Non può muoversi foglia che Lui non voglia". Ogni anima sarebbe arrivata a Lui al momento giusto.

Mi ritrovai così a rispondere alle domande di chi, avido di conoscenza, bussava alla mia porta con un pretesto qualsiasi e, colpito ed attratto da una fotografia di Sai Baba, incominciava a chiedermi Chi fosse. Erano rappresentanti commerciali, operai, mendicanti, ecc. Il discorso fluiva, carico di gioia e di entusiasmo. Sperimentai spesso, con queste anime, una comunicazione molto profonda, molto più che con parenti ed amici che conoscevo da tempo, i quali, "se non avevano le orecchie per sentire", (o se volevano chiuderle), non erano in grado assolutamente di recepire il mio messaggio di gioia e di speranza.

Chi era disposto a cambiare convinzioni, abitudini di vita, schemi mentali, i quali, anche se portavano sofferenza, rappresentavano in qualche modo una sicurezza? Chi era disposto a sciogliere completamente al Sole lo strato di ghiaccio, più o meno sottile, che ricopriva il proprio cuore? Chi era disposto a riconoscere la Divinità e ad inginocchiarsi davanti ad Essa (al Sé), rinunciando alla mente egoica?
Il ghiaccio non è felice ad avvicinarsi al calore di mille soli!
Ogni energia, ogni cosa, ha la tendenza a sopravvivere, ad alimentarsi. Il ghiaccio, quindi, non vuole sciogliersi: ha paura di trasformarsi in acqua, in Nettare Divino. Per questo boicotta ogni tentativo dell'Anima di volersi esporre alla Luce dell'Amore Divino. Ecco perché quel "fuggi fuggi" alla notizia che il Signore possa essere nuovamente tornato tra noi!
In questa nostra società qualunque notizia diano i giornali e la televisione, anche la più inverosimile, viene presa in considerazione; quantomeno viene vagliata la possibilità della sua veridicità.
Ma se si sente dire: "Dio è sceso ancora una volta in un corpo umano; è qui oggi, in questo momento; è tornato a ricordarci chi siamo, da dove veniamo e dove stiamo andando", allora ci chiudiamo come un riccio, ripetendo così l'errore di duemila anni fa, quando, pur aspettando il Cristo profetizzato, abbiamo immediatamente scartato l'ipotesi che quanto Gesù diceva fosse vero.
Non furono i sacerdoti o gli uomini di potere a riconoscerLo, ma gli umili, i bambini, i puri di cuore e i semplici, che non avevano troppe costruzioni mentali.
Anche chi vide con i propri occhi i miracoli di Gesù, non volle credere: non v'è cieco peggiore di chi non vuol vedere, di chi ha paura di dover cambiare!
L'ignoranza ci porta, spesso, a non voler mollare un piccolo tozzo di pane duro (le nostre rigide convinzioni), per ricevere in cambio una pagnotta intera, appena sfornata (la Verità)! In questo modo, per non voler riconoscere il Signore, ci perdiamo l'opportunità di una guarigione profonda, che investa tutto il nostro Essere.
Come avrei potuto, dunque, comunicare alle persone che amavo, e che vedevo anche soffrire, la "lieta novella?"

Mi resi conto che avrei potuto, e dovuto, usare i talenti che Baba mi aveva donato. Egli ci insegna, infatti, che i talenti sono la volontà di Dio in noi. Li abbiamo avuti in dono per aiutare gli altri, al meglio delle nostre possibilità.

Non mi restava, quindi, che utilizzare il canto, la pittura, ma soprattutto la scrittura. Avrei tentato di tradurre in parole ciò che più mi sta a cuore: avrei terminato questo libro; poi sarebbe stato il Signore, come sempre, a farlo leggere a chi fosse stato pronto per ricevere il Suo messaggio d'Amore e di Pace ed essere quindi traghettato nell'Era dell'Oro che Baba ha annunciato.

Egli arriva sempre al momento giusto: non prima, né dopo; e la Sua Misericordia è tanto grande, che, se anche qualche anima abbia voluto ignorare il suo primo richiamo, magari ripetuto più volte, Egli continua a suonare la campana (o la sirena, come aveva fatto con me), con tocchi sempre più potenti, per richiamare a Sé quei suoi "bambini birbaccioni", che non vogliono sentire l'appello del "Maestro di scuola".

Essi hanno paura di ritornare fra i banchi ad ascoltare noiose lezioni e temono di perdere la libertà. Preferiscono, invece, correre all'impazzata nel cortile della scuola, senza entrarvi. Vorrebbero rimanere sempre all'intervallo, a scherzare e a far merenda.

Non sanno che quel Maestro non è affatto pesante, né severo, né noioso, come tanti altri maestri che si dichiarano tali; al contrario, è il Maestro più dolce, più interessante, più amorevole che possa esistere, e una volta conosciutoLo, noi bambini discolacci non vogliamo più distaccarci da Lui, neppure per un intervallo di un minuto! Questa frazione di tempo ci sembrerebbe interminabile, perché è Lui che ci offre la merenda più prelibata; è Lui che ci insegna i giochi più belli e divertenti; è Lui che gioca con noi, bambino tra i bambini; che ci accarezza con la dolcezza di mille madri; che con uno sguardo colmo d'amore, ci asciuga le lacrime sgorgate a causa di un ginocchio sbucciato.

E' sempre Lui che appiana, con una sola parola, tutti i bisticci fra noi compagni; che ci insegna le cose più interessanti e ci racconta le storie più affascinanti, delle quali noi stessi siamo i protagonisti.

Ci lascerà andare, e la campanella non suonerà più per noi, quando anche noi saremo come Lui e non avremo più nulla da imparare, perché saremo Lui, consapevolmente Lui, e faremo ciò che Egli fa.

Ma tutti i "pinocchi", alla fine, vogliono andare a scuola, perché si stancano degli eterni intervalli. Il Maestro ci lascia andare a "zonzo", a sbattere la testa di qua e di là e, quando sa che abbiamo avuto abbastanza bernoccoli, ci chiama, come la chioccia chiama i pulcini a sera, e sotto la Sua ala morbida noi ci accoccoliamo, paghi, felici di essere tornati al calduccio, lontano dai pericoli.
Per i bambini sordi, che sono tanti (e speriamo non siano anche ciechi!), occorre qualche cartello appeso qua e là nel cortile della scuola, dove essi credono di divertirsi spensierati e di non annoiarsi mai facendo gli stessi giochi (ma così non è!). A volte occorre un "uomo sandwich" che riporti le parole a grandi lettere: "Il Maestro è tornato, Il Maestro ha chiamato! E' ora! Su, alzatevi! Prendete la cartella, lavatevi le mani e tornate in classe!"
Così Baba aveva mandato per me Maria, con la campana, e più uomini sandwich (gli autori di diversi libri), in modo che io potessi ascoltare ed anche leggere il Suo messaggio prezioso.
Purtroppo sono tanti quelli che non vogliono né ascoltare, né leggere il richiamo del Maestro. Forse hanno paura di perdere chissà quale libertà. Non sanno che la vera libertà l'abbiamo quando conosciamo profondamente noi stessi; e chi, più del nostro stesso Sé, che si è incarnato per farci da specchio, può aiutarci a conoscerci?
Altri invece, un po' presuntuosi, credono di "saperla lunga" e di non aver bisogno di alcun maestro.
E' vero, non c'è bisogno che Dio si presenti a chi è ormai Dio. Ma il Signore rivela la Sua Presenza nel mondo a chi ancora non è arrivato all'ultimo balzo, a quello dell'Eternità, dell'Onnipotenza, dell'Onniscienza, dell'Onnipresenza.
Si fa conoscere anche da coloro ai quali manca solo un metro al traguardo, perché sa che hanno ancora bisogno della Sua grazia.

Ci conviene proprio lasciare da parte l'ignoranza, la paura, la presunzione, se non vogliamo perderci una gioia immensa, o, comunque, ritardarla di qualche millennio.

Dice Baba: *"Di solito quando il Signore appare in una forma, l'uomo è tormentato da dubbi, e finisce col perdere un'occasione preziosa. Domanda a se stesso e a tutti quelli che incontra: << Sarà poi vero? >>; e, prima ancora che i suoi dubbi siano dissipati, abbandona la ricerca e si perde in una banda di perché"* (Discorsi vol. IV - Mother Sai Publications - pag. 378);
"Ogni Avatar è un fenomeno sconvolgente, ma ancor più sconvolgente è il non riconoscerLo!" (Videocassetta: Sotto le finestre di Dio - Castagnari).

Qualche mio amico è dell'avviso che non vi sia bisogno di adorare il Signore in forma umana, perché è preferibile adorare Dio come Immanifesto e Assoluto.
Perché mai, allora, la Coscienza Cosmica si incarnerebbe, se noi uomini non ne avessimo bisogno? Che cosa sono scesi a fare Rama, Krishna, Gesù, Sai Baba, ecc.?
Dice Baba: *"Senza Devozione non si può capire il Signore. La Sua Energia, eccelsa e potente qual è, deve assumere anch'essa una forma umana se vuole proteggere e sostenere il mondo. Solo tale forma è adatta ad esser ascoltata, ad esser maestra di tutti. Chi non ha Devozione, la scambia per qualcosa di esclusivamente umano, perché non è in grado di afferrare il Principio Assoluto"* (Diario spirituale 1 - Mother Sai Publications - pag. 166);
"Quando il Principio dell'Immanenza Universale decide di prendere forma umana, gli uomini hanno alla loro portata una gioia e uno splendore indescrivibili. Voi tutti ve ne state in piedi sotto questo sole che scotta per ore ed ore e potete capire che cosa significhi l'offerta d'una bibita ghiacciata quando siete così accaldati. L'Avatar viene proprio per offrire quest'acqua fresca all'umanità inaridita dalla sete" (Discorsi vol. IV - Mother Sai Publications - pag. 361).

Chi, fra coloro che hanno riconosciuto in Gesù la Divinità, non avrebbe desiderato stare almeno un istante al Suo cospetto? Chi non avrebbe desiderato parlare, scherzare, cantare insieme a Lui?
I grandi santi del passato, di tutte le religioni, non hanno forse raggiunto il loro stato di unione con Dio, fissando la mente sulla Forma Divina prescelta?

San Francesco, Padre Pio ed altri, non erano forse dei grandi "fans" di Gesù?
Non pensavano a Lui tutto il giorno, amandoLo e onorandoLo in ogni creatura?
"Fate solo un passo verso di Me ed Io ne farò cento verso di voi. Versate una lacrima per me ed Io ne asciugherò cento dai vostri occhi" (Sathya Sai Baba - Il mio messaggio è amore - Ed. Mediterranee - pag. 100).
Dopo queste parole di Sai Baba, chi può non desiderare fare il primo passo? Razionalmente solo chi non Lo conosce, chi è masochista, o chi è completamente vittima delle proprie paure.
La mente oppone resistenza verso tutte le cose nuove, ed il detto: "Chi lascia la strada vecchia per la nuova, sa quel che lascia, non sa quel che trova", ha preso troppo piede nelle menti pigre ed impaurite.
Ma quando si parla della scoperta della Verità sulla nostra stessa esistenza, vale proprio la pena di fare uno sforzo iniziale, e non lasciarsi andare alla codardia e alla pigrizia! Dopo il nostro primo passo, sarà Lui, come ha promesso, a venirci incontro con il Suo Amore. La Sua Grazia arriverà, allora, come una cascata di miele.

Tornando al mio desiderio di comunicare, almeno agli amici più sofferenti, la "lieta novella", era comunque chiaro che più che parlare io avrei dovuto "essere".
Il mio comportamento avrebbe dovuto riflettere il Messaggio di Swami. Questo Egli voleva da me. Io dovevo e volevo essere solo uno strumento nelle Sue mani, un flauto, una canna vuota, senza più alcuna traccia di ego, affinché la Sua Musica Divina potesse esprimersi attraverso me.
Amore, compassione, pazienza, gentilezza, tolleranza, serenità, dolcezza, entusiasmo, sicurezza, fede: tutto ciò volevo esprimere attraverso ogni mio pensiero, con ogni mia parola, in ogni mia azione.
La mia preghiera profonda, che era partita chiaramente dal mio cuore, mentre ero al Santuario della Madonna d'Erbia, era proprio quella di essere un Suo strumento, un messaggero umile e gioioso della Sua Parola. Dovevo quindi abbandonare definitivamente ogni mio tratto indesiderabile, lasciando che il "Pasticciere Divino"

facesse di me un dolce perfetto. Egli, infatti, ha affermato di trattarci come un dolce: ci impasta, ci torce, ci batte e ci cuoce... ci rende gustosi e croccanti, facendo di noi un'offerta degna di Dio.
Io ormai Gli avevo detto "Si!", con tutto il fiato; quindi non mi restava altro che lasciare che il "Grande vasaio" dell'Universo finisse la Sua Opera: avrebbe trasformato l'argilla di cui ero costituita, in un vaso rotondo e perfetto; l'avrebbe dipinto con oro zecchino, fin nei minimi particolari; mi avrebbe trasformato sempre più in un recipiente degno del Suo Amore, del Suo Nettare Divino.
Mentre in passato Baba diceva: *"La Mia vita è il Mio Messaggio"*, oggi dice a tutti i Suoi devoti: *"La vostra vita è il Mio Messaggio!"* , responsabilizzandoci ad uno ad uno. Proprio questo io volevo, nient'altro che questo: essere un esempio vivente del Suo messaggio. Tutto ciò che mi occorreva era il coraggio di esprimere sempre l'unità fra pensieri, parole ed azioni, anche andando controcorrente, anche a costo di essere derisa e non compresa.
Alla fine, la forza del Suo amore, che tramite me si sarebbe espressa, avrebbe vinto su ogni ostacolo.
Non mi restava che abbandonarmi a Lui, nella consapevolezza che tutto ciò che mi accade è la cosa migliore che mi possa succedere in quel determinato momento. Dovevo lasciare che l'opera d'annichilimento totale dell'ego continuasse, per lasciare in me soltanto la gioia perfetta.

Un giorno di marzo (era il 1997), uscii sulla veranda della cucina e vidi in cielo una fila orizzontale, interminabile, di uccelli neri che migravano verso nord, tutti insieme, così da formare un'unica catena.
Era uno spettacolo impressionante: un numero incredibile di uccelli, completamente allineati, che in un attimo passarono oltre la mia testa e scomparvero.
Colsi, in quell'istante, un messaggio molto forte: tutte le difficoltà (gli uccelli neri), se ne sarebbero andate, non una dietro l'altra, ma contemporaneamente, in una lunga fila orizzontale.
Quella notte rividi in sogno la stessa scena, e questo rafforzava la mia sensazione. Come spesso succede, l'Anima mi stava inviando un messaggio ben preciso tramite la natura ed il sogno.

Non mi restava che aspettare l'evolversi degli eventi per constatare, ancora una volta, la veridicità dei nostri messaggi interiori.

Arrivarono i primi caldi dell'estate, e con essi mi giunse un'informazione preziosa.
Angelo mi fornì il numero di telefono di un professore in chiropratica, che lavora in un famoso istituto di Como.
La chiropratica, riconosciuta come medicina ufficiale negli Stati Uniti, ed in altre parti del mondo, fa parte della medicina olistica naturale, e si basa sull'equilibrio fra la parte strutturale (fisica), chimica e mentale dell'individuo.
Da tanto tempo Angelo aveva intuito, come del resto io stessa, che non c'era un buon passaggio di energia nella mia colonna vertebrale. Aveva aspettato pazientemente di trovare un giusto indirizzo, per non mandarmi "allo sbaraglio", per non rischiare un'azzardata manomissione di una parte così delicata dell'organismo, come la spina dorsale.
Mi disse che per l'appuntamento c'era solitamente un'attesa di almeno due mesi.
Telefonai immediatamente; si era appena liberato un posto per la settimana successiva. "E' fortunata!", mi disse la segretaria che mi rispose al telefono.

La mattina dell'appuntamento partimmo fiduciosi, io e Donato. Eravamo completamente affidati a Baba, che avevo invocato per tutto il viaggio.
Appena arrivati mi fecero compilare un modulo. Risposi ad una serie lunghissima di domande che riguardavano la mia salute, a cominciare dalla nascita.
Ebbi un colloquio con un medico che cercò di inquadrare il mio problema, e compilò un foglio, che consegnò poi al Professore che mi avrebbe visitato.
"Buongiorno, come si sente? ... E' molto stanca vero?"
Queste furono le parole con cui mi accolse il medico. Feci per rispondere qualcosa, ma egli mi interruppe: "Non mi racconti tutti i suoi sintomi, se no stiamo qui fino a domani mattina; non basterebbe un'enciclopedia medica per descriverli!"

Così mi tolse dall'imbarazzo di scegliere da dove iniziare il mio resoconto; del resto, avevo già detto molto all'altro medico che aveva compilato la scheda, e non avevo alcuna voglia di ricominciare a parlare.

Esaminò il mio corpo di spalle, attraverso un vetro suddiviso in riquadri e, come mi riferì poi Donato, portò le mani alla testa, coprendosi gli occhi ed emettendo un'esclamazione del tipo: "Mamma mia!", facendo intendere che non vedeva, come si suol dire, "rose e fiori". Mi fece sedere su una panca, mentre egli, seduto dietro di me, incominciò ad esaminare la mia schiena.
Schiacciò con un dito in un punto: "Qui le fa male, vero?" Infatti avvertii un dolore acuto. Mi fece alzare e subito mi comunicò: "Con la nascita del suo secondo figlio, l'osso sacro si è spostato ed è rimasto bloccato. Quest'osso è molto importante: funge da pompa per l'energia che scorre nella colonna vertebrale. Ad ogni inspirazione le si blocca questo passaggio, lei perde forza per il solo fatto che respira! Si renda conto di quanti respiri effettua in un minuto! Sta bene solo sdraiata, completamente dritta e in apnea! (come aveva ragione!) Ma quando si rimette in piedi e riprende a respirare normalmente, o se solo piega un ginocchio, perde le forze che ha accumulato".
Sembrava assurdo, ma era proprio così. Il mio corpo era come una macchina senza batteria, e cosa facevo io, sdraiata sotto gli alberi? Raggiungevo il rilassamento profondo per abbassare il respiro al minimo, fin quasi a fermarlo.
In quegli anni avevo imparato a ricaricarmi, per poter stare in piedi sempre un po' di più.
Poi il professore continuò, dicendo che, a causa di questo handicap, il mio corpo non era stato più in grado di eliminare le sostanze tossiche, e che, se egli non avesse prima risistemato il funzionamento di questa "pompa" (l'osso sacro), non avrebbe potuto intervenire su tutta una serie lunghissima di disturbi, conseguenti a questo handicap.
La mia, disse, era una delle forme di stress strutturale (fisico) più grave di cui si possa soffrire, per questo comprendeva bene la profonda spossatezza del mio corpo.

Mi fece eseguire alcune prove di forza dei muscoli, per farmi vedere chiaramente, come, da sdraiata, completamente dritta ed in apnea, il mio braccio riuscisse ad opporre una certa resistenza, anche se pur molto debole (a causa della mia situazione fisica globale); se invece piegavo un ginocchio o respiravo, il mio braccio era completamente inerte, i miei muscoli non rispondevano.

Poi mi chiese di sdraiarmi su un fianco, rannicchiata in posizione fetale, e con una mossa veloce, forte e sicura, mi risistemò l'osso. Mi sedetti di nuovo, riesaminò la schiena, schiacciò ancora nel punto in cui prima avevo sentito quel dolore acuto e mi chiese: "Le fa male adesso?"

D'incanto era sparito ogni dolore! "Bene.... la "pompa" dovrebbe essere ripartita! Per ora non posso fare altri interventi; devo essere sicuro che l'osso sacro abbia ripreso perfettamente la sua funzione. Ci rivedremo fra quindici giorni. Non si sentirà bene nel frattempo, ma lei non ci faccia caso" (doveva modificarsi il metabolismo). Poi continuò con un'espressione dispiaciuta: "Purtroppo ci vorranno almeno tre mesi prima che abbia di nuovo la forza che aveva prima!"

"Cosa?.... tre mesi?" Scoppiai in un pianto di felicità! Cosa potevano essere per me dei mesi, o un altro anno intero di attesa, quando mi ero ormai quasi rassegnata a dover vivere per sempre in quella condizione pietosa!?

Anche Donato pianse, ed il medico, abituato, come compresi più tardi, a risistemare in quattro e quattr'otto moltissimi disturbi, fu felicemente sorpreso della nostra gioia di fronte all'aspettativa di un'attesa, forse lunga per lui, ma breve per noi, breve come un tramonto... il tramonto di un'era di grande sofferenza fisica.

I giorni seguenti, come preannunciatomi dal professore, stetti davvero molto male, ma non mi persi d'animo. Avevo già ben compreso, per esperienza, che per rimettere profondamente in ordine una stanza, bisogna prima creare un gran subbuglio, spostando anche i mobili per poter pulire in ogni angolino.

Aspettavo fiduciosa di poter essere ancora l'Italia indaffarata ed utile agli altri.

Baba mi aveva dato molti segni della Sua presenza. Persino nel camerino, dove mi ero spogliata prima della visita, alla mia richiesta di agire attraverso quel medico, Baba mi aveva risposto e rassicurata. Aprendo a caso il diario spirituale, lessi: *"Vedimi in ognuno, io agisco attraverso ciascuno..."*
Come potevo, di fronte ai molti segni che mi dava in continuazione, non abbandonarmi alla sicurezza del Suo abbraccio?

Quando ritornai all'istituto di chiropratica, il professore constatò, con gioia, che l'osso sacro si era stabilizzato.
Mi fece tutta una serie di test sulle intolleranze alimentari, osservando la reazione della forza muscolare quando il corpo veniva in contatto fisico con le sostanze da testare, senza che io le ingerissi.
Era sorprendente vedere come il corpo reagiva, con un calo improvviso di forza, in presenza di sostanze alle quali era allergico. Però, tutto ciò che emerse dai tests io l'avevo già scoperto da sola, e già da tempo non assumevo più quei cibi. Il medico ne fu un po' dispiaciuto: doveva quindi esserci qualcos'altro, sfuggito al primo controllo, che complicava maggiormente la mia situazione fisica, già molto provata.

Continuò ad esaminarmi più profondamente, finché scoprì che avevo subito tre grossi traumi emotivi, i quali avevano gravemente inciso sulla mia salute.
Fu sorprendente sentirmi dire i periodi esatti della mia vita, in cui questi traumi avvennero.
Compresi che tutti i nostri corpi: fisico, emotivo, mentale e spirituale, sono strettamente collegati, quindi tutto ciò che si cela all'interno, si manifesta anche all'esterno.
Avevo trovato, per fortuna, un bravo "lettore" del corpo fisico: esso costituiva, per questo medico, un libro aperto.
Egli ne sfogliava le pagine e vi leggeva tutto quello che troppo spesso sfugge alla medicina allopatica (la nostra medicina tradizionale).
Schiacciando in alcuni punti particolari del corpo, sciolse, uno per volta, in sedute diverse, quei blocchi emotivi; questi, intuii, erano come degli ingorghi stradali che impedivano il libero flusso

dell'energia vitale attraverso la rete energetica del corpo (simile alla rete sanguigna o alla rete del sistema nervoso), causando disfunzioni a vari organi collegati a quei punti (nadi).

La mia guarigione stava avvenendo proprio su tutti i fronti. Il primo ed il più importante era quello spirituale. Stavo guarendo la parte più profonda del mio Essere: il corpo più sottile, dal quale dipendeva la salute dei corpi più densi. Questo accadeva grazie al grande risveglio della fede, della devozione e della consapevolezza di essere una Scintilla Divina. Il secondo livello di guarigione, era quello mentale-emotivo. Già da un po' di tempo coltivavo l'abitudine del pensiero positivo, del controllo della mente, e scartavo immediatamente ogni pensiero che riconoscevo come antivitale, impuro, negativo. La mia mente si stava purificando, via via, sempre di più, per rimanere sempre più fissa sul pensiero di Dio, mia ultima Meta.
Infine, il corpo fisico, seguendo i nuovi ordini che gli arrivavano dall'interno, stava facendo i "salti mortali" per ripristinare un equilibrio, ormai da anni gravemente minato.
La Grazia Divina, poi, mi aveva mandato un valido aiuto esterno: il dottore in chiropratica, che arrivava proprio come "la manna dal cielo".

Che bel progetto aveva avuto la Vita per me!
Attraverso un handicap fisico, avevo avuto l'opportunità di sprofondare nella meditazione, alla ricerca di me stessa. Avevo potuto imparare il rilassamento profondo e lo svuotamento della mente. Mi era stata anche offerta, così, la possibilità di fare esperienze mistiche meravigliose.
Avevo acquisito consapevolezza su molte cose, che prima mi sfuggivano; avevo visto anche l'invisibile!
Negli anni passati, prima della malattia, presa dal ritmo frenetico della vita, non avevo potuto fare quel salto di qualità che aspettavo da chissà quanto tempo.
La sofferenza fisica molto prolungata si era rivelata, per me, una vera benedizione, un'opportunità rara per far schiudere quel "bozzolo", dentro il quale ero imprigionata da ormai troppo tempo.

Ero stata come la "Bella addormentata nel bosco"; era arrivato il Principe dell'Universo in Persona a risvegliarmi, con un bacio, da quel lungo sonno, nel quale ero completamente avvolta dal velo di maya.
Pur nella mia iperattività fisica, in passato, io stavo in realtà dormendo. Con il bacio della Grazia Divina mi ero risvegliata. Invece per gli altri, che mi vedevano dall'esterno, ero sveglia prima... mentre ora iniziavo a dormire.
La vita mi aveva dato una tregua da quella corsa frenetica esteriore, che mi aveva precluso un lavoro interiore profondo.
Finalmente avevo acquietato i sensi, il turbinio dei pensieri, finalmente avevo potuto ascoltare la melodia dell'Anima, assaporare la Dolcezza del Sé, scoprire la Gioia, lo Splendore e la Potenza che si celavano in me.

Forse avevo finito di scontare i miei anni di prigione, pagato i miei debiti karmici, di questa e delle vite passate.
In tutto furono quattordici gli anni di grande difficoltà fisica.
Fra questi, almeno sette furono pesantissimi, trascorsi in una condizione energetica a volte al limite della sopravvivenza.
Dopo due volte "sette anni di vacche magre", forse avevo davvero pagato tutti i debiti! In ogni caso, con quella sofferenza, quanto mi ero purificata! Quanto ero cresciuta!

La vita mi aveva rigirato come un guanto. Ero guarita soprattutto da quella malattia profonda che prima non sapevo nemmeno di avere: l'oblio della mia Vera Natura.
Ecco perché alle parole di mio padre: "Non potevamo conoscere prima l'indirizzo di quel medico?", io risposi: "Renditi conto, Papà, che noi siamo sempre al momento giusto nel posto giusto. Sarebbe cambiata, la mia vita, se non avessi fatto tutte queste esperienze? Sarei forse ricaduta in un'altra malattia fisica, magari ancor più pesante, se non avessi imparato le lezioni che dovevo imparare, se non avessi avuto il tempo di guarire su tutti i livelli. Potevo tamponare provvisoriamente le falle di questo mio corpo, ma alla fine, se non avessi fatto un lavoro di ristrutturazione profonda, ricostruendo tutto lo "scafo", la mia "barca" avrebbe fatto acqua da tutte le parti, fino ad affondare inesorabilmente!".

Quell'estate andai due mesi in campeggio in montagna. Avevamo affittato uno chalet di legno, perché io evitassi l'afosa calura estiva della pianura.
Ero reduce dal trattamento massiccio che il dottore di Como aveva fatto sul mio corpo e, come mi aveva preannunciato, con il cambio repentino del metabolismo, espellendo anche i "veleni" che prima il corpo non riusciva ad eliminare, avvertivo una serie di malesseri.
Non bastarono tre mesi perché io riacquistassi la mia energia di base: infatti i fattori che minavano la mia salute, erano molto più numerosi di quanti ne avesse diagnosticati il chiropratico nella prima visita, e che andava scoprendo man mano, ad ogni appuntamento.
Ad ogni modo, in autunno, per la prima volta dopo anni, riuscii a svolgere personalmente i lavori domestici. Licenziare la donna delle pulizie fu per me una conquista davvero grande.

Nello chalet di montagna, mi dedicai ai miei talenti.
Dipinsi ad olio un ritratto di Baba, chiedendoGli di guidare la mia mano; ed il risultato, tenendo conto che non ho mai frequentato una scuola di pittura, fu davvero buono. Ringraziai Swami, che, come al solito, dimostrava di rispondere ad ogni mia più piccola preghiera.
Cantavo, come sempre, il mio amore per Lui ed un giorno, il 15 luglio, composi questa canzone (Guardate che forma prese il testo della canzone!):

MADRE SAI

Mi guidi Madre Sai
Mi consoli Madre Sai
Mi sorridi Madre Sai
Mi accarezzi Madre Sai
Mi abbracci Madre Sai
Mi baci Madre Sai
Mi culli
Oh Mamma
Mamma mia Dolcissima
Oh Mamma
Mamma mia Bellissima
Quanto tempo è passato mio Tesor
Prima che mi accorgessi del Tuo Immenso Amor
Gloria a Te
Rama Sai
Gloria a Te
Krishna Sai
Gloria a Te
Gesù Sai
Gloria a Te
mio Signor
Gloria a Te
Satya Sai
Gloria a Te
Dolcissimo

Terminata la composizione, mentre piangevo di nostalgia per il mio Maestro, l'altoparlante del campeggio annunciò: "La signora "xy" è attesa al telefono delle interwiew! Ripeto: la signora "xy" è attesa al telefono dei servizi!
C'era una bella differenza fra la parola "interwiew" e la parola "servizi"! L'avevo forse sentita solo io, la parola "interwiew"? Chiesi ai miei figli: anche loro l'avevano sentita come me.
Mi commossi; in un istante compresi come Baba avesse voluto, in quel modo, mettermi a conoscenza di un mio futuro appuntamento con Lui in interwiew. Ma subito dopo, per non illudermi, pensai che

avesse voluto dirmi che era comunque lì con me, come in una interwiew.

Ad ogni modo era una chiara risposta di apprezzamento alla canzone dedicata a Lui.

Lo ringraziai, felice di avere sempre segni della Sua costante Presenza.

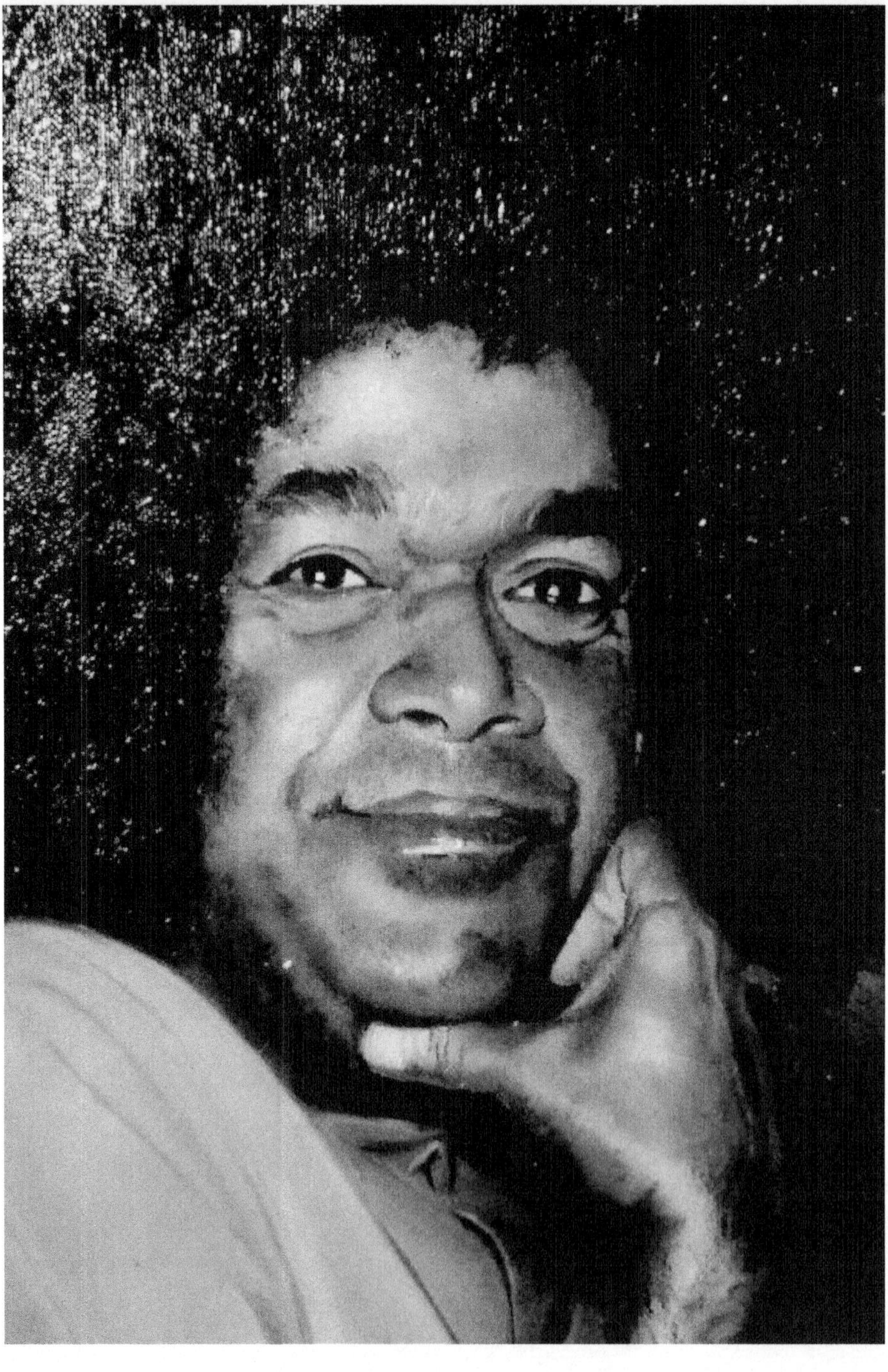

CAP. 22 - COME SAN TOMMASO

*Devi vedere, ascoltare, studiare, osservare,
sperimentare, riflettere: allora soltanto Mi capirai.
Saprai che Io sono l'Amore in Persona,
e che, con quest'Amore, Io non do altro che
Gioia Infinita
Baba*

Dopo tutte le lettere che avevo scritto a Papà, il mio racconto sul nostro primo viaggio in India e, soprattutto, dopo aver ascoltato Donato, qualcosa in lui era cambiato.
Del resto non avrei potuto dubitare che ciò, prima o poi, sarebbe successo, considerati i due messaggi, riguardanti mio padre, che Baba mi aveva inviato in sogno.
Lascio ora la parola direttamente a Papà, per riprendere il mio racconto più tardi.

- Quando per la prima volta mia figlia Italia mi parlò di Sai Baba quale Dio reincarnato nella nostra era, pensai che la sua malattia (intossicazione da farmaci) e, soprattutto, la relativa cura (il digiuno), avessero in qualche modo intaccato il suo cervello, ma cercai di non far trasparire tale mio pensiero. Le dissi che la cosa era impossibile e che si trattava di una suggestione sua e di chi gliene aveva parlato. D'altro canto, nel nostro Paese, non si era mai parlato di tale Personaggio; se non altro io non ne avevo mai sentito parlare né attraverso giornali e televisione, né attraverso letture varie, né dai discorsi di amici.
Questa notizia, mentre da un lato mi faceva ridere, dall'altro mi faceva preoccupare per la salute di mia figlia che, vedevo sì migliorare, ma lentamente.
Sino a quando, nel mio totale scetticismo, non si insinuò un minimo dubbio che potesse trattarsi della verità.
Un pomeriggio del mese di giugno 1996, mi ritrovai a pensare a Sai Baba e a dire: "Sai Baba, se veramente sei quel che si dice, dammi un segno!"
Passarono diversi secondi prima che aprissi gli occhi e mi guardassi intorno. Subito il mio sguardo fu catturato dalla sveglia

sopra il comodino, che segnava in rosso le ore 16.23 (il 23, seppi più tardi, era la data di nascita di Baba). Tale numero si rispecchiava sul vetro del comodino stesso, dove si leggeva: 16.53. Cioè, il 2 allo specchio sottostante diventava un 5. Pensai: "Sono tre numeri, 16, 23 e 53, li giocherò al lotto!"
Il pomeriggio stesso giocai il terno puntando diecimila lire su tutte le ruote. La sera dell'otto giugno uscirono, sulla ruota di Bari (Baba: due volte la sigla di Bari) i numeri 16, 22 e 55, che corrispondono esattamente all'ora in cui il mio pensiero si era rivolto a Baba quando, ancora ad occhi chiusi, Gli avevo chiesto un segno (erano infatti le 16.22 e quest'ultimo numero allo specchio diventa 55). Se avessi guardato la sveglia nello stesso istante in cui avevo formulato il pensiero, avrei giocato esattamente i numeri usciti, vincendo una bella cifra!
Quando nel giornale del giorno 9 lessi i numeri estratti sulla ruota di Bari, pensai ad una coincidenza; tuttavia aumentò in me il dubbio che questo evento potesse essere veramente opera di Sai Baba: "Potrei farti vincere, ma non devi vincere, non è dei soldi che hai bisogno", sembrava volesse comunicarmi. Dimenticai l'accaduto.

Mia figlia, subito dopo il Natale 1996, andò con tutta la famiglia in India, a Puttaparthi e ritornò molto felice, e più che mai convinta di aver visto Dio reincarnato. Quello che mi colpì di più non fu il suo racconto, ma la conferma di tale racconto da parte di mio genero Donato. Così riprese ad insinuarsi nella mente quel mio vecchio dubbio...
Nel maggio 1997 mi svegliai una mattina alle 5.25. Mi rigirai nel letto e formulai lo stesso pensiero dell'anno precedente, chiedendo a Baba di farmi vincere al lotto. Riguardai l'orologio che segnava ormai le 5.27 (allo specchio diventava: 2.57). Io memorizzai l'ora in cui mi ero svegliato, cioè le 5.25, che allo specchio diventava 2.52. Avrei dovuto giocare quattro numeri, ma io lasciai perdere il numero due, e decisi di giocare su tutte le ruote il terno: 5, 25 e 52, seguendo la logica dell'anno precedente.
Il 14 maggio, sempre sulla ruota di Bari, uscirono esattamente i numeri: 5, 27 e 57, cioè i numeri relativi all'orario in cui, anche questa volta, espressi il mio pensiero a Sai Baba! Allora mi convinsi che qualcosa di vero poteva esserci, e che Sai Baba si stava

prendendo gioco di me. La seconda volta, dopo un anno, non poteva trattarsi ancora della medesima coincidenza, sempre sulla ruota di Bari! Va precisato inoltre che io non sono un assiduo giocatore del lotto, anzi, gioco raramente, una o due volte l'anno.
Ma il fatto che più mi ha colpito si verificò nel mese di febbraio, il giorno dell'inaugurazione del Centro Sathya Sai Baba di Bergamo.
Mia figlia mi telefonò ad Albino, dove abito, per dirmi che in un certo giorno, un sabato, ci sarebbe stata l'inaugurazione di tale Centro. Mi chiese se avessi voluto partecipare anch'io; le risposi di sì ed andai all'appuntamento.
Ora lascio che sia Italia a continuare il racconto... -

Arrivai a Bergamo accompagnata da due cari amici ed aspettammo i miei genitori. Giunsero al nostro appuntamento dopo un lunghissimo tratto di strada a piedi (sembrava quasi che Baba li stesse avvisando che la strada era lunga e bisognava, quindi, camminare!).
Entrammo un po' in ritardo, in punta di piedi per non disturbare; erano infatti già iniziati i canti. Al termine di questi, la Presidente del Centro, una dolce e simpatica signora, raccontò come fossero riusciti ad avere in affitto quel nuovo locale, costruito secondo i criteri della bioarchitettura.
Papà andò a sedersi in fondo alla sala, dalla parte degli uomini, proprio sotto un grande dipinto ad olio raffigurante Sai Baba (che lui non aveva proprio notato). Potevo vedere le due teste, nero corvino, una sopra l'altra, perfettamente allineate. Mi sembrò un segno di buon auspicio; e così fu.
Iniziò a parlare l'autore di un libro su Baba (che io avevo letto), il quale, con bellissime parole spiegò cosa fosse un Centro Sathya Sai. Sembrava un discorso fatto apposta per Papà e Mamma che erano a digiuno di tutto.
Al termine del discorso tutti si alzarono per fare onore ad una tavola imbandita con dolcetti e pizzette. Papà rimase ad indugiare al suo posto. Io mi avvicinai a lui e subito, con voce molto eccitata, mi disse: "Italia! Italia!... Vieni a sederti qui al mio posto!"
Cosa doveva dirmi di così importante? Perché dovevo sedermi proprio lì?

Poi proseguì: "Dimmi cosa vedi sul muro!" "Ma dove Papà?" "Qui! Non vedi cosa c'è proprio qui sul muro?" Allora guardai bene dove Papà mi aveva indicato e scorsi, fra i rilievi e le ombre del muro, il volto di Gesù. Non ci avrei fatto assolutamente caso se qualcuno non mi avesse indicato il punto con tanta precisione.
Papà iniziò, euforico, a raccontarmi come se ne fosse accorto: stava pensando alla Realtà di Baba e all'improvviso si era sentito spinto a voltare la testa verso il muro. Il suo sguardo si posò immediatamente su quel punto e vide, con una chiarezza per lui impressionante, il bel volto di Gesù, con gli occhi chiusi e con tanto di barba.
Fu per lui, che si domandava chi mai potesse essere Sai Baba, un messaggio molto forte e chiaro, che lo toccò profondamente, al punto che volle ritornare qualche giorno dopo per scattare qualche foto all'intonaco di quel muro: anche in fotografia il volto di Gesù si distingueva in modo netto.

Quella sera tornai in macchina, molto contenta per quel segno meraviglioso che Baba aveva riservato a Papà; ciò aveva irrimediabilmente minato il suo scetticismo sulla Divinità di Sai Baba.
Ero più che mai felice e raccontai a Savino e Stella, gli amici che mi avevano accompagnata, del sogno dell'anno prima, quando proprio il giorno della festa del papà, Baba mi comunicò che mio padre avrebbe approvato il mio amore per Lui e si sarebbe avvicinato a noi, un giorno in cui sarebbero passati i carri di carnevale.
Stella subito esclamò: "Ma quel giorno è proprio oggi! Non hai visto che vicino a casa tua, siamo stati un po' fermi ad aspettare che passasse la sfilata dei carri?"
Ma certo! Era proprio così! Come avevo potuto non farci caso?...

Furono questi segni, insieme alla lettura di alcuni libri su Sai Baba, a convincere mio padre a venire anch'egli a Puttaparthi, con mia madre e con me, per rendersi conto di persona dell'incredibile Realtà di Baba.
Come San Tommaso, doveva vedere e toccare con mano, doveva avere un'esperienza assolutamente personale, nella quale credere profondamente.

Organizzammo il viaggio con un gruppetto di amici. Prima di partire, mio padre volle ancora mettere Baba alla prova. Gli chiese nuovamente una vincita, sempre al lotto, come "contributo alle spese di viaggio".
Questa volta vinse davvero! Ed esattamente la cifra del rincaro, non previsto, dei biglietti aerei, per lui e mia madre.
Il 27 dicembre 1997 eravamo in volo, diretti a Bombay.
Papà sapeva che nell'ashram è proibito scattare foto (i continui flash disturberebbero la concentrazione ed il raccoglimento); non perse allora l'occasione di fotografare il paesaggio indiano, fin da quando sbarcammo a Bombay.
Fu per lui un'esperienza davvero singolare attraversare con il taxi la campagna, con i suoi villaggi di paglia e fango, gli animali in mezzo alla strada, ed i bambini con i sorrisi più smaglianti che si possano vedere.

Come al solito, Mamma Sai provvide ad ogni cosa. All'accomodation (l'ufficio di accoglienza dei pellegrini all'ashram), speravo tanto che ci venisse assegnata una camera al piano terreno, per evitare a Mamma, che aveva dolori alle gambe, di salire le scale. Stavo cercando le parole giuste, in inglese, per spiegare questa nostra necessità, quando l'addetto all'accomodation mi chiese quanti fossimo per una camera. Risposi che eravamo in tre: io, mia madre e mio padre. Allora l'uomo alzò gli occhi per fissare mia madre e immediatamente disse: "Oh... Mamy.... downstair! Yes downstair!" (Oh... Mamma... al pianoterra! Si, al pianoterra!)
Come al solito ogni nostro desiderio e ogni nostra necessità, erano per Swami, che agiva attraverso i Suoi angeli, un ordine!

La stanza aveva due bei letti, con tanto di materasso ortopedico all'occidentale ed un tavolo. Niente male rispetto a quella dell'anno precedente! Aggiungemmo un materasso per me sistemandolo in un angolo del pavimento, dopo averlo ben lavato; dopodiché tutto era pronto per la nostra avventura.
Era ormai ora di cena e Papà, mentre Mamma ed io finivamo di pulire la stanza, decise di avventurarsi da solo alla ricerca della

mensa. Quando tornò vidi il suo volto abbattuto, le spalle basse e la testa china, come un cane bastonato.
"Cosa c'è Papà?", gli chiesi subito. "Ah... io non mangerò mai in mensa! Tutta quella confusione! Gente che mangia con le mani, senza posate! ... Io sto a digiuno!"
"Ma Papà, sei andato alla mensa indiana, non a quella occidentale! Non ti preoccupare che non starai due settimane a digiuno: mangerai bene, con tanto di posate, come in un ristorante italiano!"
Fu davvero felice di sapere che poteva scampare al digiuno, che ormai aveva accettato con rassegnazione. Infatti pensava che avrebbe mangiato solo la frutta che si vendeva nell'ashram.
Intanto aveva avuto la prima prova da superare: accettare la mancanza di comodità. Mi aveva fatto, comunque, molto piacere sentirgli dire che avrebbe mangiato solo la frutta, anziché: "Torniamo subito a casa!" Questo significava che era davvero disposto ad affrontare dei sacrifici, altrove impensabili, pur di vedere da vicino Sai Baba. Per esempio, infilarsi in quel "pigiama bianco", come lui chiamava il panjabi (casacca e pantaloni bianchi, di rigore per gli uomini che vogliano assistere al darshan di Baba), e stare per ore seduto a terra con le gambe piegate. Questa posizione era per lui davvero disagevole poiché molti anni prima aveva subito un'operazione al femore, in seguito a un incidente automobilistico: ancora oggi ha due viti nell'osso.
A proposito di viti... voglio raccontare un episodio simpatico accaduto qualche giorno prima della partenza, mentre i miei genitori ed io ci trovavamo nella cucina di casa mia, insieme a Marina, per definire l'organizzazione del viaggio.
Mio padre, ad un certo punto, disse: "Certo che per capire chi è davvero Sai Baba, mi basterebbe che mi materializzasse due viti... non un anello o un altro gioiello, solo due viti, quelle che ho nell'anca!"
Ci mettemmo a ridere per quella strana richiesta. "Ma Papà, gli risposi, devi fare tutti quei chilometri di volo, per andare da Sai Baba a chiederGli due viti? Non puoi chiederGli qualcosa di più serio?"
Dopodiché, finita la discussione sull'organizzazione del viaggio, i miei genitori tornarono a casa loro.

Era ormai l'ora di pranzo ed io mi misi a cucinare. All'improvviso vidi, appoggiate sul granito vicino ai fornelli, due viti. Chi le aveva messe lì? Domandai a Donato se ne sapesse qualcosa, ma la risposta fu negativa. Chiesi allora ai bambini, ma nemmeno loro le avevano mai viste prima.

Telefonai allora a Mamma, chiedendole, se per caso, le avesse messe lì lei, ma anche in questo caso la risposta fu negativa. "Passami Papà!" le dissi allora.

"Papà, hai per caso lasciato a casa mia due viti? Le ho trovate in cucina vicino ai fornelli!" "Cosa? Due viti? ... No, io non ho toccato niente!" mi rispose, ed io continuai: "Ho chiesto a Donato e ai bambini se le abbiano messe loro in cucina, ma sembra proprio che si siano materializzate dal nulla. Hai visto che non serve andare a Puttaparthi per chiedere due viti? Questo è proprio un "lila" di Baba, per farti capire che non puoi sprecare un'occasione tanto importante, per una richiesta così piccola. Le viti te le può dare anche a casa mia, o a casa tua!"

Papà rimase un po' in silenzio, stupito, e poi disse: "Ma guarda un po'... conservale! Quando verrò a trovarti la prossima volta, le voglio vedere!"

Non erano due viti qualsiasi, erano corte e a croce. Quando le vide esclamò: "Ma queste sono mie! Erano nel mio studio, le avevo in mano qualche giorno prima di venire da te!"

Baba non perdeva occasione per prendersi gioco di lui e minare, così, sempre più irrimediabilmente, il suo scetticismo.

Tornando alla nostra permanenza all'ashram, Papà e Mamma si adattarono immediatamente ai nuovi ritmi di vita.

Ad ogni darshan il loro interesse ed il loro amore per Swami cresceva.

Il giorno trenta, anziché il consueto darshan nella Sai Kulwant Hall, ci sarebbe stata una manifestazione sportiva allo stadio, alla presenza di Baba.

Non ce la sentimmo di stare per ore sotto il sole cocente; decidemmo allora di approfittare di quella mattinata, per recuperare un po' il sonno che avevamo perduto.

Verso le otto uscii dalla stanza per andare a cambiare un panjabi comprato il giorno prima, perché aveva qualche difetto di fabbricazione.
Passammo vicino all'abitazione di Sai Baba e vedemmo diverse donne, alcune delle quali molto vecchie, sedute, con lo sguardo rivolto verso il portoncino dell'alloggio di Swami.
"Se queste veterane dell'ashram sono qui ad aspettare, vuol dire che Baba, tra un po', uscirà dalla Sua porta!" dissi a mia madre che mi accompagnava, e così ci unimmo anche noi al gruppetto.
Dopo una decina di minuti Baba uscì davvero, salì in macchina e questa, procedendo a passo d'uomo, con i finestrini abbassati, si avvicinò a noi.
Io e mamma ci alzammo in piedi (era a due - tre metri di distanza); Egli ci guardò negli occhi e ci sorrise, con la mano alzata in segno di benedizione. Che dono! Che grazia!
Piansi di gioia per tutto il tragitto di ritorno a casa, ma prima di muovermi, mi chinai in terra a raccogliere un cuoricino di pietra rossa che era ai miei piedi, e con quell'ennesimo segno del Suo Amore in mano, seguii con gli occhi la macchina di Swami finché uscì dalla mia visuale.
Sentimmo Papà che ci chiamava dalla stradina sopra di noi, riservata al passaggio degli uomini. Anch'egli aveva assistito al darshan di Baba. Si stava avviando verso lo stadio ed aveva con sé la macchina fotografica, nella speranza di poterla usare, almeno là. A quel punto prese il coraggio di scattare qualche foto: a noi, che avevamo un sorriso così smagliante per aver appena ricevuto un darshan tanto speciale, e all'abitazione di Swami (pur sapendo che era proibito). Mi disse, in seguito, di aver pensato che, se Baba non fosse stato d'accordo con quel suo gesto, le fotografie non sarebbero riuscite. In realtà stava giustificando se stesso per la sua "marachella".

Papà si entusiasmò molto nell'assistere alla festa del capodanno.
Quanti canti gioiosi si levarono dai cuori puri degli studenti dei Colleges di Baba! Quanto trasporto, quanta devozione si percepiva in quelle voci! Poi Baba pronunciò un lungo discorso ed alla fine intonò un bajan, trascinando tutti noi a cantare insieme a Lui e a battere le mani, ad un ritmo sempre più veloce, tanto da avere

quasi l'impressione di levitare, sospinti dall'energia che dal canto si sprigionava.

Il tre gennaio, al darshan del pomeriggio, formulai a Sai Baba questa richiesta: "Dai! Baba... dà qualche segno a Papà, che ha fatto tutti questi chilometri per capire Chi Tu sia!"
Subito dopo Swami arrivò e mi guardò dritto negli occhi, sorridendomi. Pur essendo abbastanza distante dalla prima fila, io sentii il Suo sguardo, penetrante come un raggio laser. E' impossibile non accorgersene quando Swami ci sta guardando; credo che persino un cieco si renda conto quando lo sguardo del Signore si posa su di lui!
Baba non si fermò dalla parte delle donne, come fa spesso, ma si diresse deciso verso gli uomini. Dopo due o tre minuti, senza comprenderne la ragione, mi sciolsi in un pianto di commozione irrefrenabile.
Al termine del darshan tornai in camera con mia madre. Mio padre, stranamente, non c'era ancora. Di solito arrivava prima di noi e lo trovavamo già a letto, per la sua "pennichella" pomeridiana.
Giunse circa un'ora dopo, con alcuni sacchetti pieni di frutta e d'altre spese. Non appariva affatto stanco o assonnato, anzi, fischiettava ed era più "baldanzoso" che mai.
Incuriosita, domandai: "Ciao Papà... cosa è successo?" Mi rispose: "Ah... oggi è una giornata bellissima!" "Cosa è successo? Dai! ... Vogliamo saperlo!", incalzai io. Allora, con gli occhi lucidi, iniziò il suo racconto.
Durante il darshan egli si trovava in quarta fila; voleva consegnare a Baba una sua lettera, unitamente ad un'altra di un parente.
Si rese conto che da quella posizione non sarebbe stato in grado di consegnare le lettere, perché era troppo distante: chiese quindi a un italiano, seduto in seconda fila, di consegnarle in sua vece, nel caso in cui Baba glielo avesse permesso.
Swami arrivò, si avvicinò all'italiano e ritirò le lettere, ma, anziché guardare quest'ultimo, si girò verso mio padre e lo fissò negli occhi, per fargli capire che sapeva benissimo che le lettere che prendeva dalle mani di quell'uomo, erano in realtà le sue.
Lo sguardo di Baba fu così carico d'amore e così penetrante, che Papà si trovò a piangere di commozione e di gioia!

Poi mi confidò: "Italia! In tutta la mia vita ho pianto solo due volte: di dolore, quando vidi te quasi morente e chiesi al Signore di prendere il mio corpo al posto del tuo; di gioia, oggi, per la prima volta!"
Abbracciai Papà per la felicità. Gli raccontai della richiesta che avevo formulato mentalmente a Baba, qualche istante prima che uscisse, del sorriso che Egli mi aveva donato e, infine, del pianto di commozione che ciò aveva suscitato in me.
"Papà, ti rendi conto che piangevamo nello stesso momento? Tu, dalla parte degli uomini ed io al mio posto, senza neanche rendermi conto della ragione!"
Restammo per qualche istante stretti in quell'abbraccio; poi egli esclamò: "Grazie per avermi portato qui!"
Mamma, che era rimasta a guardare, aveva gli occhi lucidi.

Era stato un giorno davvero speciale! Il giorno 3 alle ore 3.33 (come aveva notato mio padre), la Divinità di Baba si era rivelata a lui: non attraverso la mente, grazie alla visione di un miracolo strabiliante o di due misere viti uscite dalla Sua mano, ma attraverso un'esplosione di gioia e d'amore, che egli sentì nel cuore per il solo fatto di avere avuto, per un istante che gli sembrò lunghissimo, gli occhi dentro i Suoi occhi. Quegli Occhi Meravigliosi, quando incontrano lo sguardo di qualcuno, non sono uguali a quelli di alcun esser umano!

In seguito a questo evento, Papà incominciò a scrivere cartoline con l'immagine di Sai Baba a tutti i suoi parenti ed amici, con frasi del genere: "Tanti saluti dalla terra del Signore reincarnato ... ecc.", noncurante del fatto di poter essere preso per matto da tutte le persone che finora l'avevano conosciuto come una persona estremamente razionale, con la "testa sulle spalle" .
Nel momento in cui fu sicuro della Divinità di Swami, per esperienza sua diretta (ebbe modo anche di assistere alla materializzazione della vibhuti e ad altri "lila"), non esitò a spargere la "buona novella", anche a costo di essere deriso, frainteso, non capito, come io in passato avevo fatto con lui.
Ovviamente, "la terra straniera" che io gli ero sembrata, dopo la mia malattia (non più l'Italia di una volta), gli diventò familiare come non lo era mai stata.

Com'è vero il detto: "Provare per credere!"
Mio padre ebbe il coraggio di provare, quindi non perse l'opportunità di fare una scoperta davvero eccezionale: riconoscere il Signore in Persona!

Mancavano ormai due giorni alla partenza, quando mia madre non si sentì bene. Volle comunque venire al darshan, per non perdere le ultime occasioni di vedere Swami da vicino.
Aveva dimenticato di prendere la medicina per la pressione che, di conseguenza, le si era alzata molto. Quando vidi che stava davvero male, al punto da non potersi muovere, andai a chiedere aiuto (Baba non era ancora uscito dalla Sua abitazione).
Vennero quattro uomini con una barella e la trasportarono, a piedi, nel piccolo ospedale (il primo costruito a Puttaparthi), non distante dal Mandir.
Durante il tragitto ripetevano: "Sai Ram! Sai Ram" (altro nome di Sai Baba, il quale è riconosciuto anche come Rama, l'Avatar che venne sulla terra più di diecimila anni fa). Invocavano così il Suo aiuto divino, e suggerirono anche a mia madre di unirsi a loro nella ripetizione di quel sacro mantra. Inoltre le fecero mangiare la vibhuti.
Mamma ebbe la fortuna di provare l'attenzione, l'affetto e le cure di quei medici e di quegli infermieri, provenienti da tutto il mondo, che lavorano gratis, assolutamente per puro spirito di servizio. Avvertì anche l'amore di tutto il gruppo di amici, con i quali avevamo condiviso quell'esperienza speciale di viaggio.
Tememmo di dover rimandare la partenza di qualche giorno, ma, in quell'ospedale divino, mia madre si rimise immediatamente. Riuscimmo quindi a prendere l'aereo prefissato, con alcune raccomandazioni da parte dei medici.

Chissà quanto karma bruciò mia madre, con quell'esperienza di forte dolore fisico, proprio lì, sotto il porticato del Mandir! Chissà quale altra esperienza peggiore le venne scongiurata, con quel malessere che, anche se intenso, durò solo un giorno e mezzo!
A volte non ci rendiamo conto che quanto ci accade, è la cosa migliore che possa capitarci in quel preciso momento.

Quante volte Sai Baba ha rivelato in interview, a più persone, i momenti della loro vita in cui Egli era intervenuto per scongiurare il peggio! Quante volte tali persone si erano inginocchiate ai Suoi piedi, ricordando quei momenti di grande pericolo, superati solo con qualche lievissimo danno!

Prima della partenza, Swami fece un altro dono a Papà, che venne a trovarsi in prima fila: gli permise, esaudendo così un suo desiderio, di toccarGli i piedi. Proprio quell'ultimo giorno, Papà poté salutare Swami così: sfiorando Quei Piccoli Piedi Divini, che tutti i devoti desiderano ardentemente toccare.
Tornammo a casa felici. Mio padre e mia madre ormai sicuri, come me, di essersi trovati al cospetto di Dio.

CAP. 23 - AI PIEDI DI DIO

Abbiate fiducia: sarete liberati.
Sappiate che sarete salvati.
Andate, e dite a tutti che
Siete stati a Puttaparthi
e che lì avete ottenuto
il segreto della liberazione.
Baba

Due mesi dopo il ritorno dall'India, avevo già nostalgia della Presenza Fisica del Signore, ma aspettavo pazientemente dicembre per poter tornare da Lui, magari con tutta la mia famiglia.
Baba venne comunque in sogno più volte, ad alleviare il peso dell'attesa e a concedermi, come sempre, le Sue fresche piogge di Grazia.

La notte fra il giorno di Pasqua ed il Lunedì dell'Angelo, mi trovavo al mare con la famiglia e gli amici: Baba mi annunciò, in sogno, un futuro evento.
- Ero al darshan con persone non identificate. Le seva mi avevano fatto spostare, finché ebbi un posto in prima fila, proprio davanti alla porticina dalla quale Baba sarebbe uscito. Poco dopo Egli uscì e mi guardò con quella Dolcezza che solo Lui, l'Altissimo, è capace di esprimere. Finito il darshan, vidi alzarsi un gruppo di persone chiamate in interwiew. In quell'istante io mi trovavo proprio vicino a Baba, allora ne ho approfittato per chiederGli se potevo entrare anch'io nella stanza delle interwiew insieme al gruppo chiamato. "Sì!" mi rispose prontamente Baba. "E il mio gruppo?" (intendevo dire se potevano entrare anche i miei amici, gli stessi che si trovavano con me al mare).
Baba si girò, come per cercarli con gli occhi, ma mi fece un gesto che indicava che non si trovavano, con me, sotto il porticato. -

Dopo circa un mese, sognai di essere in viaggio, diretta a Prashanti Nilayam. Al risveglio, appena scesa in cucina, guardai il calendario e vi vidi appuntati proprio i documenti che riguardavano il trascorso viaggio in India. Chi li aveva messi lì, in evidenza? Mio figlio

Davide, seppi in seguito; ma come mai proprio quella mattina, subito dopo il risveglio dal sogno del viaggio?

Continuarono a susseguirsi chiari segni di "chiamata": rombi di aereo quando pensavo all'India, inequivocabili parole lette in libri aperti a caso e in mille altri modi sottili, difficili persino da esprimere. Incominciai a sentire dentro di me che sarei dovuta ritornare a luglio; ma con chi? Nessuno degli amici mi risultava avesse progettato di partire così presto. Finché Marina, una sera, si rivolse a me esprimendo questo suo dubbio: "Chissà se dovremmo andare anche noi in India con Francesco e Paola (due nostri amici) che partono a luglio?!"
"Luglio?" chiesi io, "Già da un po' di tempo sento di dover partire a luglio. Non credo che i segni che ho avuto recentemente siano stati uno scherzo della mia mente: questo è un richiamo di Swami!"

Incominciò per me un periodo di lungo travaglio. Come potevo lasciare ancora i bambini e Donato? Potevamo forse andare tutti insieme a Prashanti Nilayam in vacanza?
Il lavoro di Donato non lo permetteva; inoltre egli non sentiva ancora questo richiamo.
Mi rivolsi con fervore a Baba: "Ti prego, dammi chiarezza: vuoi davvero che io venga da Te? Allora, se è così, pensa Tu a rimuovere tutti gli ostacoli!"
Con i bambini non ci fu alcun problema perché sarebbero stati, in quel periodo, al mare con i nonni. Donato incominciò a cambiare atteggiamento, ad accettare l'idea che si trattasse davvero di una chiamata rivolta a me, ma i miei dubbi non svanirono.
Una sera chiesi "categoricamente" a Baba: "Se davvero devo venire da Te, Ti prego, fammelo capire ora, subito!" Guardai d'istinto la radio sveglia che segnava: "23:23", per due volte la Sua data di nascita! E come se non bastasse continuai: "Vuoi che venga per imparare ad aver fiducia in me stessa?" (infatti temevo di sentirmi male, quindi non avrei voluto partire da sola, senza Donato o gli amici più stretti). Aprii a caso ben due libri e lessi, in entrambi, parole che riguardavano il bisogno di acquisire fiducia in sé stessi.

Dopo altri "botta e risposta", finalmente ero sicura di dover partire. Avevo capito di dovermi abbandonare alla Sua volontà lasciando ogni dubbio, ogni remora, ogni senso di colpa, ogni timore.

Mi veniva offerta un'occasione d'oro per superare la paura di ricadere nella malattia. Sarei stata da sola, avrei pensato a lavorare in mensa come volontaria, il più possibile, per dimostrare a me stessa che potevo farcela.

Per acquisire una profonda fiducia nel mio Sé, dovevo sperimentare di non aver più bisogno di appoggiarmi a qualcun altro, che il caldo dell'estate indiana non avrebbe avuto alcun potere destabilizzante sulla mia salute, così il lungo viaggio.

C'era Lui, il Signore in Persona, che mi aveva fatto sapere, in un momento di timore, attraverso un libro: *"Il signore proteggerà in ogni modo e in ogni tempo coloro i quali Lo adorano in una devozione completa e immacolata, allo stesso modo con il quale la madre protegge i suoi nati, la vacca protegge i suoi vitellini e le palpebre proteggono gli occhi, senza sforzo e automaticamente"* (Diario spirituale 1 - Mother Sai Publications - pag 12).

Mi veniva chiesta un'altra prova di fede piena il lui, di profondo abbandono. Dovevo essere, come sempre, il "gattino in bocca alla mamma gatta".

Accettai la sfida e decisi di partire, con la certezza che sarei tornata profondamente cambiata.

Baba venne ancora in sogno qualche giorno prima della partenza e mi "sistemò" la parte destra della schiena. Per tutto il giorno seguente ebbi gli stessi sintomi di quando il dottore in chiropratica manipolava il mio corpo.

Nello stesso sogno Egli mi diede anche consigli e indicazioni precise per il viaggio.

Mi appariva come una donna, la "Grande Mamma", che preparava la sua figlioletta per un evento importante; come fa ogni madre quando, per il primo giorno di scuola della figlia, le sistema il vestitino (in questo caso il mio corpo), la pettina bene e le fa le giuste raccomandazioni. Mi preparò così, Madre Sai, per l'importante appuntamento con Lei (sul piano fisico).

Il due luglio partii, con la Sua benedizione; tutto il viaggio fu una continua manifestazione del Suo Amore, della Sua protezione piena. Ebbi solo un piccolo malessere all'aeroporto di Roma, giusto per esercitarmi appieno nell'abbandono totale, poi tutto filò liscio.
Fra i miei timori c'era anche quello del viaggio in taxi: quattro ore sotto il sole cocente! Invece viaggiai su un lussuoso pullman con l'aria condizionata, perfino troppo fredda, al punto che dovetti ripararmi con una copertina!

Durante i primi giorni di permanenza nell'ashram, il cielo fu coperto da nuvoloni grigi portati dai venti monsonici, cosicché mi sentii meglio lì, a due passi dall'equatore, che nell'afosa pianura lombarda. Mi ero preparata a dormire in un capannone, sapendo che l'ashram sarebbe stato colmo di devoti accorsi per la festa del Gurupurnima (festa del Guru che cade nel giorno della luna piena di luglio); invece, appena arrivata a destinazione, mi ritrovai a condividere con Paola ed un'altra amica, un'accoglientissima stanza dipinta di rosa, pulita e ammobiliata, a due passi dalla mensa, a due passi dal Mandir! Cosa avrei potuto desiderare di più? Mi sentivo in un hotel ed ero in splendida compagnia.
Incominciarono subito alcune prove per superare il mio ormai troppo radicato timore di sentirmi male e di avere i soliti forti cali energetici, che avevano caratterizzato gli ultimi anni; ma Baba, tramite le mie compagne, mi aiutò a scrollarmi di dosso quel pesante fardello, che la lunga malattia mi aveva lasciato.
Accettai ogni prova, anche se dolorosa, con amore e gratitudine, nella consapevolezza che tutto era un Suo dono perché imparassi una lezione.
Baba mi guidava, mi proteggeva ogni istante, donandomi prove tangibili della Sua Onnipresenza e del Suo Amore. Ad esempio, una mattina in cui, al ritorno dal darshan, mi sentii molto fiacca. Era una giornata caldissima, il mio corpo richiedeva sali minerali; pensai quindi di comprare una noce di cocco per berne il succo; ma il "baracchino" dei venditori di cocco era distante e, solitamente, c'era da fare una lunga fila per acquistarlo.
Sentivo che non avrei resistito a lungo in piedi, sotto il sole; così, mio malgrado, rinunciai all'idea di bere quel succo prezioso. Ma, mentre stavo per salire i primi gradini di casa, chinai istintivamente

la testa per guardare in terra: proprio al mio fianco, c'era un pezzetto di guscio di noce di cocco, dalle curve rotonde e morbide: a forma di cuore (naturalmente)!
Di solito la buccia del cocco si rompe in pezzi molto spigolosi, ma quella era un'altra scultura, scolpita apposta per me dall'Artista dell'Universo!
"Ho capito, Baba, lascio da parte tutti i timori e vado subito a comprare il cocco!", dissi a voce alta.
Arrivai alla bancarella, stanca ma felice, con il cuoricino in mano, tenendolo stretto come se si trattasse di una reliquia.
C'erano diverse donne che aspettavano il loro turno, ma il venditore di cocco, come per incanto, non appena arrivai, diede proprio a me il frutto che aveva appena rotto! Dopo averne bevuto il succo con una cannuccia, mi misi in coda per far aprire la noce di cocco e mangiarne anche la polpa. C'erano tre persone in attesa prima di me, ma quando l'uomo che con un falcetto rompeva le noci di cocco si rivolse a chi era di turno, quest'ultimo gli fece cenno di servire proprio me!
Quanta grazia! Quanto Amore! Baba in pochi minuti mi aveva rassicurata, incoraggiata e nutrita. Non mi restava che tornare nella mia stanza per una doccia fresca e un dolce, dolcissimo riposo. Avrei potuto, dopo quest'ennesima prova della Protezione Divina, temere ancora qualcosa?
Ero in braccio a Mamma Sai, che mi cullava, mi nutriva, mi insegnava, mi incoraggiava, mi estasiava!

Il giorno cinque cadeva la festa di "Ashadi Ekadasi". Questa festività, come appresi da un volantino distribuito dalla "Sri Sathya Sai Seva Organisations" del Maharashtra, simbolizza il tragitto dell'uomo verso Dio. Dal volantino appresi che in questo giorno era essenziale che i devoti facessero una promessa al Signore.
Ripensando all'ultimo sogno in cui Baba venne a darmi diverse indicazioni riguardanti il viaggio che stavo per intraprendere, mi resi conto che Egli aveva messo l'accento sul numero cinque, e mi aveva dato più segni che riguardavano questo numero. Avevo compreso che voleva ricondurre la mia attenzione sui cinque valori umani che sono riportati nel suo Emblema: Verità, Rettitudine, Pace, Amore e Non Violenza.

Immediatamente mi resi anche conto che Baba aveva voluto la mia presenza esattamente quel giorno, cinque luglio, in occasione di quella festività, della quale prima non conoscevo il significato.
Non continuai a leggere il volantino, ma chiusi subito gli occhi e, d'istinto, formulai mentalmente al Signore Sathya Sai la mia promessa: avrei usato tutta la mia energia per poter agire sempre nel rispetto dei cinque valori umani, che erano alla base del Suo insegnamento, per essere sempre un Suo strumento. Gli domandai, infine, di darmi la forza per attuare questa promessa.
Con mia grande sorpresa un gruppo di bambini della "Sri Sathya Sai Baba Organisation", continuò a leggere ad alta voce il volantino, invitando tutti i presenti a fare altrettanto.
Leggemmo tutti insieme queste parole, che ho tradotto dall'inglese:
"Caro Baghawan (Signore), noi devoti in questo fausto giorno di Ashadi Ekadashi, Ti ringraziamo per averci dato l'opportunità di far parte della Tua Divina Missione.
Baba, noi preghiamo Te di darci forza, salute e saggezza per mettere in pratica il Tuo Divino Messaggio di Verità, Rettitudine, Pace, Amore e Non Violenza e ottenere merito in ogni sfera della vita cosicché, con il cambio del secolo, al Tuo 75° compleanno, noi possiamo deporre ai Tuoi Piedi di Loto, i nostri cuori pieni d'amore, e di fatto noi stessi, come portatori della fiaccola della Tua divina Missione".

Che meraviglia! La stessa promessa che era nata spontaneamente nel segreto del mio cuore, la stavo esprimendo ad alta voce insieme ad altre migliaia di persone! Quelle non erano parole ripetute a pappagallo senza alcuna partecipazione, ma erano esattamente la voce del mio cuore.
Swami mi aveva dato l'opportunità di esprimere la mia promessa, il mio desiderio ad alta voce, insieme a tutte quelle anime che, come me, non volevano perdere tempo nell'applicazione pratica del Suo Divino Messaggio, consapevoli che non un minuto poteva esser perso per trasformarci in Suoi strumenti e partecipare alla Sua Divina Missione.

Dopo qualche giorno di permanenza all'ashram ero già l'Italia nuova, forte e sicura, che sa di potercela fare sempre.

Fu per me una grande soddisfazione servire il cibo a quella interminabile fila di donne che riempiva ogni volta la mensa, alla quale, solo un anno prima, io non potevo nemmeno sognare di partecipare, a causa della mia grave debolezza.
Avevo tanto pregato, nei miei anni di malattia, di poter servire gli altri, di lavorare per gli altri: ed ora la mia preghiera era stata esaudita, nel posto più sacro che possa esistere sul globo terrestre!

Il giorno nove ci sarebbe stata la festa del Gurupurnima. L'ashram si riempiva sempre di più: erano migliaia le persone disposte ad investire tutto il proprio denaro e la propria energia per raggiungere, dopo viaggi lunghissimi e disagevoli, il Maestro tanto amato, per poterGli donare nel giorno a Lui dedicato, tutto l'amore di cui erano capaci.
In mensa il lavoro aumentava di giorno in giorno, ma, grazie a Dio, arrivarono anche altre persone, desiderose di prestare il proprio servizio disinteressato per il bene comune.
Pelavamo patate e cetrioli, sbucciavamo aglio e cipolle, o asciugavamo i piatti, cantando i bajans. Non c'erano limitazioni dovute alle diverse lingue; il linguaggio del cuore era, tra noi, più che sufficiente; inoltre i bajans in sanscrito erano conosciuti da tutti i devoti.
Arrivò il giorno della festa; come per incanto mi riitrovai in prima fila (come nel sogno di Pasqua). Che grazia avevo ricevuto! Già di solito, in occasione del darshan di Swami, il Porticato era colmo di persone, ma in quel giorno speciale altre migliaia di pellegrini erano rimasti fuori, nonostante nella Sai Kulvant Hall i devoti, appiccicati l'un l'altro come sardine in scatola, riempissero ogni minimo spazio.
Quando Baba uscì, Lo ringraziai mentalmente per avermi dato l'opportunità, in un giorno tanto speciale, di starGli più vicino che mai. Baba, nella Sua infinita dolcezza, prima di dare il darshan a noi, seduti nella Sai Kulvant Hall, uscì dal cancello per concedere il Suo preziosissimo darshan alle migliaia di anime assetate del Suo Amore, che avevano dormito anche nei sacchi a pelo, sotto il cielo stellato, per poter essere presenti in quel giorno speciale e poter vedere anche solo un "flash" del vestito del Guru dei guru (Maestro dei maestri).

Alcuni bambini dei colleges cantarono degli inni vedici: un'ondata di emozione scaturì da quelle sante vibrazioni. Poi Baba li benedisse, ad uno ad uno. Avvertii la gioia di quei bambini dentro di me: eravamo infatti come un'unico bimbo, che la Madre Divina accarezzava. Com'era forte il senso di unità, ai piedi del Maestro! Che momenti splendidi ci stava concedendo!
In seguito Baba iniziò a cantare, deliziandoci con la Sua voce. Dopo il canto fece un discorso piuttosto lungo. Riuscii a cogliere ben poco della traduzione in inglese, ma non era importante, in quel momento, comprendere ogni parola che il Maestro pronunciava: avrei avuto in seguito l'opportunità di leggere direttamente la traduzione in italiano; l'importante era non perdermi un istante di quel lunghissimo darshan.

Ero a conoscenza del fatto che spesso Baba riceve in interwiew i gruppi di lavoro della cucina, quindi era viva in me la speranza che si sarebbe totalmente avverato il sogno di Pasqua. Come in quel sogno, ero nell'ashram, non con il mio solito gruppo di amici, ma insieme ad altre persone; come nel sogno mi era stata data l'opportunità di essere in prima fila in un momento tanto importante, come la festa del Gurupurnima. Si sarebbe avverato anche il fatto di potermi unire ad un gruppo chiamato in interwiew?

Cos'era più importante chiedere al Signore, nel caso in cui mi avesse ricevuto? Avevo sempre pensato di dirGli che avrei voluto imparare ad amarLo con tutta me stessa, ma Baba mi aveva fatto capire, sempre nell'ultimo sogno, che, sotto sotto, c'era in me una paura che riguardava questa richiesta.
Sapevo che Baba ci dà esattamente ciò che chiediamo e che imparare ad amarLo con tutto il cuore, con tutta la mente e l'Anima significa imparare ad accettare tutto, nel modo più completo.
Allora mi avrebbe messa subito alla prova? Avrei avuto un altro grosso ostacolo da superare? Desideravo un attimo di tregua: sentirmi bene, finalmente, dopo anni di tribolazioni.
La mente, come al solito, mi stava facendo brutti scherzi: infatti stavo mettendo in discussione l'infinito Amore di Baba!
Dubitavo delle Sue parole, le quali invece mi assicuravano che avrei potuto raggiungerLo dedicando a Lui ogni pensiero e ogni

azione con gioia ed entusiasmo, nella certezza che il Signore protegge i devoti da ogni male.

Perché mai avrei dovuto passare ancora attraverso un profondo dolore, avendo capito la lezione di quello appena vissuto? E poi, considerato che tutto viene per il nostro bene, perché mai avrei dovuto temere di soffrire?

Il mio timore nascosto (che mi era stato rivelato in sogno) evidenziava che non sempre riuscivo a raggiungere il profondo abbandono che desideravo.

In ogni momento, e grazie a ciascun avvenimento, mi era possibile verificare in quale punto del mio progresso spirituale mi trovassi. Ogni occasione era buona per vedere "dove fossi collocata" e per dirigermi sempre più speditamente verso la Meta.

Ad ogni modo, Baba, nella Sua compassione, mi tolse dall'imbarazzo.

Sempre nel sogno fatto prima della partenza, io dichiarai a Baba: "Ti amo con tutta me stessa!" (anziché "voglio imparare ad amarTi con tutta me stessa", per i timori sopra esposti). Swami prontamente mi rispose: "Sì, lo so! Lo so!"; e con queste parole mi fece capire che avrei potuto permettermi di chiederGli qualcos'altro. Che cos'è questa, se non la manifestazione del Suo Amore infinito? Egli, che ci dà sempre prova di conoscere, meglio di noi, ogni nostro recondito segreto ed ogni più impercettibile dubbio, cura i dettagli della nostra vita fin nei minimi particolari.

Avrei potuto chiederGli subito la cosa più importante: la liberazione stessa, ma l'avevo già chiesta più volte, anche in quello stesso sogno: "Baba, voglio raggiungerTi!", "Ma quando? Adesso?", mi rispose; ed io: "No! Ci sono i bambini!" (volevo prima portare a termine il mio compito su questa terra). Baba quindi rispose con un: "Aaah..." di approvazione, intendendo: "Meno male che hai compreso di dover concludere il tuo compito in questo mondo, prima di fonderti nella Mia Realtà!"

Così, alla stregua di ciò che mi aveva chiarito in sogno, decisi che, se ne avessi avuto l'opportunità, Gli avrei chiesto di perdonarmi tutti gli errori compiuti in passato e di aiutarmi a svolgere il mio dharma al meglio: il mio compito di moglie, madre e ogni altro compito che Egli mi avesse affidato, in piena salute ed energia.

Avevo con me alcune lettere di amici e qualche foglio su cui erano trascritte alcune mie canzoni dedicate a Lui. Sapevo per certo che, nella Sua Onniscienza e Onnipresenza, Egli già conosceva le canzoni, che del resto Egli stesso mi aveva dettato (essendo il mio Sé), ma desideravo offrirGliele perché avevo letto che il fatto che un Avatar accetti un omaggio da un devoto, costituisce per quest'ultimo una grande grazia.

I giorni passavano, si avvicinava sempre più il momento della partenza ed io, che non volevo tornare a casa con le lettere che mi avevano affidato gli amici, chiesi ad una signora che era stata chiamata in interwiew, di consegnarle a Baba per mio conto, unitamente ad un foglio dove avevo scritto il testo della mia ultima canzone per lui:

GRAZIE
Quella Tua piccola mano bruna
che l'universo tiene su
fra le mie io stringerei
negli occhi Ti guarderei
e con amore tutto il mio amore Ti direi:
grazie perché sei ancora qui tra noi
canti e ridi, parli con noi
grazie perché non abbiam più paura
con Te questa vita è una bella avventura
grazie a Te, a Te Satya Sai
che ci togli ogni volta dai guai.
Sei per noi la Luce del faro
sei Padre e Madre, l'Amico più caro.
In questa giungla, in questa città
Ti sentiamo vicino e la tristezza va...
Quei Tuoi piedi di Loto blu
che accarezzano il pianeta
dolcemente io sfiorerei
teneramente bacerei
e con amore tutto il mio amore Ti direi:
grazie perché ci hai sempre amato

anche quando Ti abbiamo scordato
grazie perché quando Ti stiamo accanto
voliamo in alto lassù sopra il mondo
grazie a Te, sei proprio Tu
la Cosa Stupenda che abbiamo quaggiù.
Non c'è più nient'altro per noi da cercare
nessun'altra cosa a cui aspirare
sei solo Tu che riempi la vita
di bellezza e di gioia infinita.
Grazie perché ci hai perdonato
anche se tanto abbiamo sbagliato
grazie perché con il tuo immenso Amore
stiamo guarendo da ogni dolore
grazie a Te, a Te Sathya Sai
che ci togli ogni volta dai guai.
Vogliamo solo saperTi amare
con tutta l'anima con tutto il cuore
e rispondere al Tuo dolce sorriso
che ci porta con Te in Paradiso...

Ormai mancavano due giorni alla partenza e fra le ragazze del gruppo di cucina si incominciava a sentire frasi del genere: "Ormai non ci chiama più...", "...Chissà se ci chiamerà..."... ecc.
Io, fino all'ultimo darshan, non volli perdere la speranza di poter baciare la Sua "piccola mano bruna", di poterGli parlare, di poter avere i miei occhi dentro i Suoi, di poter accarezzare i Suoi piedi ed avere una Sua mano sulla testa, come spessissimo avevo desiderato; ma mi sarebbe bastato semplicemente starGli vicino, molto vicino.
Così Lo pregai: "Baba, se è giusto che Tu chiami qualcun altro, invece del nostro gruppo, perché più bisognoso di noi della Tua cura divina, sia fatta la Tua Volontà; però, Ti prego, pensa anche a tutti coloro che a casa sperano tanto che io possa parlarTi. Pensa a Donato, a Papà e Mamma, che mi hanno detto che sarebbero più felici se fossi io ad avere un'interview con Te, piuttosto che essi stessi! Pensa a loro che sperano che toccandoTi, io possa finalmente, definitivamente, chiudere col mio passato di malattia, che tanto li ha fatti soffrire! Chiamaci, Amore! Fallo per noi, per i

nostri cari, e per tutti gli amici che sono rimasti a casa e che potrebbero godere della gioia del nostro racconto!"

L'ultimo pomeriggio, prima della partenza, Paola era in prima fila. Vedemmo Baba avvicinarsi col Suo passo lieve e fermarsi proprio davanti a lei, per rivolgerle la parola. Ella non perse l'occasione per dirGli: "Baba, è l'ultimo giorno, siamo in partenza..." Baba la interruppe chiedendole: "Quanti siete?" "Venticinque!", rispose Paola (in realtà quelli che sarebbero dovuti partire l'indomani erano una trentina) "Go!" (andate) disse Baba.
Questa volta non stavo sognando! Questa volta davvero Baba ci aveva ordinato di andare ad aspettarLo vicino alla stanza delle interwiew!
Incominciai a piangere, di un pianto "a dirotto". A nulla valsero le parole di chi, abituata ad essere chiamata in interwiew, mi ripeteva che Baba non ama vederci piangere. Il mio era un pianto di gioia, troppo forte, per poter essere frenato; era un fiume in piena al disgelo delle nevi dell'Himalaya! Nessuna diga avrebbe potuto fermarlo, se non Dio stesso.
Chiesi aiuto a Lui, mentalmente, ed il pianto scemò, sostituito da un'incredibile calma. Da quella condizione di calma levai a Lui un'ultima preghiera: "Fa' che io comprenda tutto quello che dirai in inglese e donami la calma emotiva, affinché possa essere presente ed assaporare ogni attimo trascorso vicino a Te!"
Poi la mia mente si svuotò e rimase solo tanta gioia e pace.

Eravamo una trentina, in una stanzetta di circa tre metri e mezzo per tre. Vi era solo una poltroncina nell'angolo ed un grosso ventilatore, che Baba azionò, accompagnando questo gesto con uno smagliante sorriso. Per muoversi doveva quasi scavalcare i corpi di noi figli, seduti sul pavimento, così attaccati uno all'altro, da formare un unico grande corpo, desideroso soltanto di essere abbracciato dal Padre tanto amato.
Egli allentò la tensione facendo qualche battuta sul caldo, che per noi occidentali era eccessivo, e per questo azionò il ventilatore al massimo, dimostrando tutta la sua premura, affinché noi potessimo sentirci a casa nostra, in tutto e per tutto. Dondolò la testa, sorridendo in quel modo speciale che Gli è proprio, e che scioglie il

cuore al solo vederLo. Quando fu sicuro che tutti ci trovassimo a nostro agio, si sedette e rivolse subito la parola ad una donna greca, senza marito, con un figlioletto di pochi mesi, addormentato, ed una bimba di quattro o cinque anni. Quest'ultima cantò a Baba una commovente preghiera vedica che dice: "Tu sei mia Madre, Tu sei mio Padre... ecc."

Baba l'ascoltò, sorridendo per tutto il tempo, poi esclamò: "Good girl! Good girl!" (Brava ragazza! Brava ragazza!); quindi si rivolse ad una signora con la quale avevo fatto amicizia. Ella aveva perso un figlioletto di cinque anni, strappato alla vita da un tumore. Baba fu molto dolce con lei: la coccolò e la rincuorò, invitandola a non pensare più al passato.

Poi disse che tutti i nuovi (intendendo coloro che non erano mai stati ricevuti in interwiew) potevano accomodarsi nell'altra stanzetta, quella delle interwiew private.

Io mi ritrovai, non so come, ad entrare fra i primi nella stanza e a sedermi in un posto davvero speciale: esattamente ai piedi della poltrona di Baba!

Quando tutti fummo seduti, Egli entrò lanciando occhiate qua e là, con quello sguardo, fra il dolce e il birichino, che dice di "saperla lunga". Si divertiva, forse, per tutti i nostri pensieri umani, ed era palesemente felice di poter dare a ciascuno di noi ciò di cui avevamo bisogno.

Ruppe il silenzio (che silenzio non era davvero!) chiedendo a qualcuno di noi cosa facesse nella vita.

Ad un certo punto, Swami, da bravissimo attore, con uno sguardo malinconico, un sospiro e una vocetta femminile, esclamò: "Ormai non ci chiama più..."

Scoppiammo a ridere: era davvero simpatico in quella splendida imitazione di noi stessi! Si trattava di una divertentissima, ma efficace, lezione sulla fede e sull'abbandono, nonché sull'Onniscienza e Onnipresenza di Swami.

Mi accorsi che le mie mani erano vicinissime ai Suoi Piedi, quei piccoli "Piedi di Loto Blu", che tanto avevo desiderato accarezzare. Li sfiorai, con tanta dolcezza, felice per l'opportunità che Egli mi aveva offerto.

C'era fra noi una donna designata da Baba come interprete, per chi non conosceva l'inglese (anche se mi risulta che Baba abbia parlato perfino in dialetto veneto!). Io non ebbi bisogno del suo aiuto perché, come Gli avevo chiesto espressamente, comprendevo ogni Sua parola.
Baba invitò, chi avesse voluto, a rivolgerGli delle domande.
Io sentii che era giunto il mio turno per parlare. Egli mi guardò ed io colsi l'occasione per dirGli: "Baba, I wish Your pardon!" (Desidero il Tuo perdono!); mi rispose: "Yes! Yes!" con un grosso sorriso; poi vide che avevo in mano dei fogli piegati, sporchi di vibhuti e sgualciti: vi erano scritti i testi di alcune mie canzoni per Lui. Mi vergognavo un po' di offriGlierli in quelle condizioni, ma Baba mi tolse dall'imbarazzo, facendomi cenno con la mano di passaGlierli.
Li esaminò e chiese: "Sono Canzoni?" "Si, per Te!" Gli risposi. "Sei una cantante?" "Si, in casa mia!".
A quel punto accadde una cosa meravigliosa: Egli incominciò a cantare, in italiano, la canzone "Madre Sai", che avevo scritto esattamente un anno prima, in campeggio! Ne cantò i primi versi, con la musica giusta, così come io stessa la cantavo; sembrava persino volesse imitare la mia voce!
Abbassai lo sguardo, in un attimo di profonda commozione e gratitudine.
A stupirmi non fu la Sua dimostrazione di onniscienza e onnipresenza, ma il Suo Amore che vuole esaudire anche le più piccole preghiere!
Infatti avevo letto in un libro che Egli aveva già cantato una canzone offertaGli da un musicista, che l'aveva composta a migliaia e migliaia di chilometri di distanza, come nel mio caso. Allora avevo formulato questo pensiero: "Che bello se lo facesse anche con me!"
Era un desiderio banale, che però mi permise di constatare la veridicità delle Sue parole: Egli afferma appunto che Dio risponde sempre alle preghiere di un cuore sincero.
Ecco cosa significava quel messaggio che ricevetti da Lui esattamente un anno prima, quando, appena finito di comporre la canzone "Madre Sai", sentii annunciare all'altoparlante: "La signora "xy" è pregata di recarsi al telefono delle interviews!"

Solo ora potevo comprendere quanto mi stava annunciando: esattamente un anno dopo, mi avrebbe cantato quella stessa canzone in interwiew!

Subito dopo, senza che io dicessi nulla, con il dito puntato verso di me, ed in modo affermativo, quasi imperativo, disse: "Sei una scrittrice!", dandomi così il benestare e l'incoraggiamento a concludere questo libro.
Swami mi lasciò a smaltire tanta dolcezza, e rivolse ad altri la Sua Preziosa Parola.
Io, intanto, mi rendevo conto sempre più di essere letteralmente ai Piedi di Dio: solo trenta centimetri separavano il mio dal Suo Corpo umano!
Lo mangiavo letteralmente con gli occhi, assaporando tutta la Dolcezza che emanava da ogni Sua cellula.

Ad un certo punto, vidi alcune mani, delle persone sedute dietro di me, allungarsi per cercare le Sue. Egli, con un sorriso, protese le braccia verso di loro, per concedere quel tocco, che quelle mani affamate e assetate, tanto desideravano.
Anch'io, allora presi coraggio ed "osai" tanto. Ad un tratto mi accorsi che la Sua mano era proprio davanti ai miei occhi, in attesa del mio atto di coraggio.
Strinsi quella "piccola mano bruna", fra le mie, con infinita dolcezza. La baciai, ripetendo mentalmente: "Grazie! Grazie! Grazie!".
Stava proprio rispondendo alla mia preghiera espressa nella canzone che Gli avevo fatto pervenire qualche giorno prima.
Tutto il mondo, Egli afferma, sta nella Sua mano; ed io, fra le mie, avevo proprio quella Piccola Infinita Mano. Avevo in mano l'Universo intero!
Sentivo che le mie mani stavano svolgendo il compito per le quali erano nate. Avrei potuto adoperarle anche solo in quell'istante e rendermi conto che esse avevano raggiunto lo scopo della loro esistenza: toccare Dio. La stessa cosa valeva per i miei occhi, che si stavano posando sulla Forma più Sublime a cui potessero mai aspirare. Sarebbe valsa la pena persino di essere stati ciechi per tutta la vita, pur di vedere, ora, Tanta Bellezza!

Ecco perché questo mio involucro fisico era per me, adesso, tanto prezioso da desiderare ardentemente il suo funzionamento pieno! Ecco a cosa servivano i sensi: a vedere, udire, toccare il Divino, riconoscendoLo sempre e in ogni cosa.
Questo fu l'insegnamento che ricavai dalle mie sensazioni. Quante cose, negli anni passati, avevo visto e toccato, senza rendermi conto della preziosità di tutto ciò che avvertivano i miei sensi! Non mi rendevo conto che tutto è Dio: Egli ha voluto prendere mille forme e mille colori, per giocare a "nascondino" con noi ed obbligarci a ritrovarLo!
Non che le mie mani non avessero, in passato, toccato Dio nelle mille Sue manifestazioni, ma ora ne avevo la piena consapevolezza, aiutata da Quella Forma Sublime che racchiudeva in Sé tutti gli attributi della Piena Divinità.
Dopo aver sperimentato quel senso di immenso valore, che il tocco e la vista del Divino mi avevano suscitato, avrei potuto ricordarlo e riprovarlo in ogni istante: toccando, guardando e sperimentando ogni cosa.

Mentre Baba parlava con una ragazza, io pensavo a Donato, che mi aveva ricordato di salutare Swami da parte sua, se ne avessi avuto l'opportunità.
Non ebbi il tempo di formulare per intero questo pensiero, che Baba voltò all'improvviso il viso verso di me per domandarmi: "Cosa hai detto? Tuo marito?"
Io non avevo detto proprio niente! Stavo solo pensando!
"Sì Baba, My husband Ti saluta!", Gli risposi goffamente, un po' in inglese e un po' in italiano, felice per avere avuto anche l'opportunità di esaudire un desiderio di Donato.
Poi continuò: "E' un brav'uomo! E' un brav'uomo!" Ma un istante dopo cambiò espressione, divenne serio e proseguì: "Ma qualche volta litigate!", accompagnando le parole con un gesto eloquente: un dito indice contro l'altro, a formare una croce.
Io, che nel Suo sguardo colsi un'espressione di rimprovero, prontamente Gli assicurai, dal profondo del cuore: "Ma io non lo voglio più fare!". La mia esclamazione era anche una richiesta d'aiuto, affinché riuscissi a mettere in pratica i miei propositi.
Poi Egli continuò: "Avete bambini?", ed io: "Sì, due!"

"Sì, lo so, lo so!" mi rispose, facendomi chiaramente capire che mi aveva posto la domanda solo per ricondurmi alle mie responsabilità di madre, oltre che di moglie.

In seguito Swami parlò con altre persone.
Seduta accanto a me c'era una mia amica che, alcuni mesi prima, grazie al racconto della mia esperienza con Baba, aveva maturato il desiderio di vederLo. Ella si trovò, senza che ci dessimo appuntamento (non la vedevo e non la sentivo da mesi), a condividere con me quella meravigliosa esperienza, ai piedi del Signore. Quando Baba smise di dialogare con me, ella Gli rivolse queste parole: "Ti ringrazio per tutto quello che mi hai dato!" ed Egli rispose: "No! No!... Non mi devi ringraziare!... Tu sei mia, io sono tuo!"
Quanta dolcezza, quanto amore in ogni Sua parola!

Intanto, i miei occhi continuavano a "fare il pieno" di Lui: non potevo perdermi un istante di quell'esperienza, che chissà da quanto tempo e da quante vite, avevo ardentemente aspettato.
Esaminavo i miei pensieri e le mie emozioni: ero proprio ai Piedi di Dio!
Non si trattava di un sogno! Era il momento più vero di tutta la mia vita, che è stata tutta un sogno, una rappresentazione teatrale; ma adesso ero giunta al punto più importante della splendida commedia che Egli stesso, il Regista, aveva scritto per me: la mia vita.
Ero, sì, ancora sul palco a recitare il mio ruolo, ma, questa volta, Il Regista dell'Universo in persona era con me, in veste di attore come me.
Il Creatore aveva anch'Egli indossato gli abiti umani per salire sul palco (prakriti, il mondo fenomenico) e, Attore fra gli attori, ci stava ricordando che questa vita è tutta una grande commedia, da Lui creata, da Lui voluta. Alla fine non esiste né il bene, né il male, ma soltanto Dio, la Coscienza Suprema.
Ci stava risvegliando a questa consapevolezza. Ma per fare ciò, doveva anch'Egli entrare nel nostro sogno, per ridestarci dolcemente, come si fa con un sonnambulo, perché non sia sconvolto da un repentino risveglio.

Egli ci stava liberando dall'oblio sulla nostra vera natura, dai veli di Maya, per ricordarci che siamo tutte scintille dello Stesso Fuoco, il quale ha voluto separare Sé stesso da Sé stesso per amare Sé stesso e che ora vuole che tutti i Sé stesso si immergano in Lui.
In tutta la mia vita, in tutta questa commedia, il momento più autentico era, quindi, quello dell'incontro con l'Ideatore del Cosmo: un momento davvero speciale! Non tutti gli anni, non tutti i millenni, il Regista sale sul palco insieme agli attori!

Baba continuò ad elargire la Sua Parola, i Suoi sorrisi, i Suoi sguardi.
Ad una giovane donna, da poco divisa dal marito, disse più volte: "Don't worry, be happy!" (non essere preoccupata, triste, sii felice!).
Quando quest'ultima cercò di spiegare il motivo per cui lei e il marito si erano lasciati, disse che c'erano stati tra loro dei problemi riguardanti il sesso. La traduttrice, un'indiana che vive in Italia, si rifiutò di tradurre queste parole, abbassando la testa in un'espressione di evidente imbarazzo, a causa dell'argomento.
Baba, allora, in modo molto scherzoso, diede a quest'ultima un piccolo "scappellotto" sulla testa, invitandola a tradurre.
L'episodio suscitò l'ilarità di tutti i presenti. Swami, come al solito, con un gesto e una Sua parola, era riuscito ad allentare la tensione e l'imbarazzo che si erano creati, e a far tornare il sorriso sul viso di quella donna.

Fra i Suoi insegnamenti e i Suoi scherzi Egli era davvero incantevole!
Ad un certo punto volse ancora verso di me il Suo sguardo ed io, prontamente, Gli dissi: "Baba, voglio svolgere il mio dharma al meglio!" D'istinto, a mani giunte, chinai la testa ed Egli vi appoggiò la Sua Preziosa Mano, trattenendovela per qualche istante.
Quante volte, in passato, avevo desiderato quel gesto!
Sembrava proprio che ogni desiderio, anche il più piccolo, fosse per Lui un ordine. Più volte Egli ha dichiarato di essere venuto per servirci e che anch'Egli è un devoto: il devoto dei devoti!
Non perde occasione per dimostrarci la veridicità delle Sue Sante Parole.

Avevo appena iniziato a chiederGli il suo aiuto continuo per raggiungere la completa guarigione a tutti i livelli, ma Egli girò la testa e si rivolse ad un'altra persona.

Istantaneamente compresi che non avevo più bisogno di farGli questa richiesta, perché, come già mi aveva fatto intuire, in quei giorni appena trascorsi nell'ashram, ero già guarita.

Non dovevo più temere nulla. Non mi restava altro che lavorare, dando il meglio di me, senza troppo pensare alle esigenze del mio corpo, il quale, anche se ancora debole, dopo anni di sofferenze, avrebbe potuto finalmente svolgere il suo compito di prezioso strumento agli ordini del Sé Superiore.

Come Baba mi fece capire, il lavoro di alchimia più consistente era già avvenuto, dentro di me, ed era molto più importante avere un "recipiente di terracotta colmo di nettare, che uno di metallo, ma colmo di veleno". Con queste parole, tratte dal diario spirituale, aperto a caso, mi rispose un giorno, al ritorno dal mio viaggio; proprio mentre ripensavo alla frase che Baba non mi fece finire di pronunciare.

Il mio recipiente, anche se fragile e delicato, sarebbe divenuto più robusto, lavorando con amore, riempiendolo sempre più di Nettare Divino.

Swami si alzò per tornare nell'altra stanza, dove gli altri amici, con la gioia e la curiosità stampate in viso, ci attendevano.

Mentre stavo raggiungendo il mio posto precedente, una ragazza chiese a Baba di poter fare "padanamaskar" (baciarGli i piedi). Di scatto tornai indietro e a mia volta, come al solito vedendo gli altri, osai chiedere timidamente: "Posso farlo anch'io?".

Mi rispose: "Yes!" guardandomi dolcemente, con un'espressione che in modo inequivocabile lasciava intendere: "Ma certo! Non c'è bisogno che tu lo chieda!"

Mi fece capire in quell'istante come fosse insensato e stupido il sentimento di indegnità che inconsciamente celavo dentro di me e che spesso emergeva dai miei sogni o dai miei pensieri.

Se Egli stesso diceva: *"Io sono voi, voi siete me"*, come potevo sentirmi indegna di Lui? Dovevo abbandonare definitivamente tutti i miei sensi di colpa e prendere coscienza, una volta per tutte, che Dio albergava dentro il mio corpo, che Io stessa ero Dio.

Gli insegnamenti più profondi arrivavano alla mia coscienza proprio attraverso quegli sguardi indelebili, così espressivi da non poterli mai più dimenticare; sguardi che Swami, nel Suo Amore Infinito, mi elargiva, sia in sogno che in quell'esperienza reale, in un flusso continuo d'amore.

Baciai i Suoi piedi, quindi vi appoggiai la fronte e con tutta la forza mentale Gli dissi, anzi Gli gridai: "Sono tua!"
Fu solo un istante, ma per me fu l'eternità.
Avevo definitivamente, mentalmente, fisicamente, sicuramente ribadito all'Altissimo, di essere Sua, totalmente Sua, e che nulla avrebbe potuto più distogliermi dal lavorare per Lui, in completa armonia con le Sue leggi.
Maya, l'illusione, non avrebbe più avuto un grande potere su di me; i suoi lacci non mi avrebbero più stretta: ero libera, finalmente libera! Che cosa avrei potuto più farmene dell'ego? Non mi serviva, non lo volevo più! Avrei lottato contro di lui ogni volta che avesse cercato di parlare in mia vece.

Ero ai Suoi piedi, anima e corpo, e tutto quello che avevo vissuto, sperimentato, nel corso di innumerevoli vite, mi era servito per giungere alla consapevolezza che solo lì volevo stare: ai Piedi di Dio!
Questa era la Meta che avevo cercato di raggiungere, sbagliando, sbattendo la testa, provando e riprovando.
Speranze, delusioni, dolori e tristezze si dissolsero, come nebbia al sole, in quell'attimo sublime in cui coscientemente ero AI PIEDI DI DIO.

Baba fece entrare nella stanza privata i gruppi familiari, uno per volta. Attraverso la tenda semiaperta vedevo che tutti, moglie e marito, erano inginocchiati davanti a Lui; alcuni strinsero per tutto il tempo la Sua mano.
Come la "Mamma delle Mamme" dava tutto Sé Stesso ai Suoi figli. Pur con entrambe le mani completamente "sequestrate" Egli mostrava di sentirsi totalmente a Suo agio. Il linguaggio del Suo corpo esprimeva: "Sono vostro!" Prendete quest'Ananda

(beatitudine) da Me, lasciatemi tutte le vostre tribolazioni e le vostre pene e ripartite felici!

Quando tutti ebbero avuto l'intervista privata, Baba ci deliziò con i Suoi lila (giochi divini, miracoli).

Alla donna che aveva perso il figlioletto con una brutta malattia, materializzò uno splendido anello con un grosso diamante.

Glielo mise al dito dicendo: "Questo è tuo figlio, quando pensi a lui, guarda questo anello!" Poi si rivolse ad un signore chiedendogli: "Come va la tua salute?", ma prima ancora che l'uomo potesse rispondere qualcosa, fece una smorfia, arricciò il naso indicando che qualcosa non andava bene.

Chiese all'uomo: "Vuoi la Om, o vuoi Me?" (riferendosi all'effige sull'anello che stava per materializzare) "Voglio solo il Tuo Amore!", rispose prontamente l'uomo. Dalla palma aperta del Baghavan (Signore), con un luccichio, si formò un anello poco appariscente, adatto ad un uomo, con il simbolo della Om (il suono primordiale, la vibrazione dalla quale ha avuto origine l'intero mondo fenomenico).

Tutti gli occhi presenti guardavano con gioia, condividendo la felicità dei destinatari dei doni divini.

Poi passò alla giovane donna che era stata lasciata dal marito e, continuando a ripeterle: "Sii felice! Sii felice!", le materializzò uno splendido anello con smeraldo.

Ogni oggetto che Baba dona ha un valore particolare ed un significato profondo per la persona cui è destinato. Egli è il medico divino che dà ad ognuno la cura giusta per i propri mali.

In seguito materializzò della vibhuti e la distribuì ad alcune persone, invitandole a mangiarla. Con un gesto della mano spruzzò la cenere residua, che era rimasta attaccata alla Sua mano, sul viso della donna seduta accanto a me. Sembrava una nuvoletta di profumato borotalco; ne arrivò un po' anche sul mio viso, colmo di gioioso stupore.

Baba Non finì di elargirmi i Suoi doni. Infatti, prima di congedarci, chiese proprio a me, che ero seduta vicino alla finestra, di passarGli una borsa di paglia, come quelle che spesso usano le donne per far la spesa. Era appoggiata sul davanzale della finestra. Da questa Egli estrasse delle bustine di vibhuti, che distribuì ai presenti.

Potrebbe sembrare insignificante il fatto che Egli m'abbia chiesto di passarGli una borsa, ma non lo era per me, che avevo insistentemente pregato di poterLo servire: ora Egli mi dava la possibilità di farlo anche fisicamente!
Che privilegio! Nessun gioiello avrebbe potuto, per me, equiparare la gioia che scaturì da quell'episodio!

Baba aveva risposto a tutte le mie preghiere; mi aveva dato proprio tutto, anche se ci volle del tempo perché potessi riesaminare tutti gli avvenimenti, rielaborare ogni Suo gesto ed ogni Sua parola.
Uscii dalla saletta delle interviste con un sorriso stampato in faccia, "tipo paresi". Ero troppo felice per poter cambiare espressione, anche solo per un attimo!

Dopo i bajans corsi subito alla cabina telefonica per comunicare a Donato, in poche riassuntive frasi, tutto l'accaduto.
La felicità del mio sposo era forse maggiore della mia, e subito la condivise con gli amici, che continuamente chiedevano mie notizie, e con i miei genitori.
Fu un giorno di immensa gioia per tutti. Nella mia mente ripetevo in continuazione: "Grazie! Grazie! Grazie!". Ora davvero non vedevo l'ora di tornare a casa, per svolgere al meglio il mio dharma di moglie e madre, come avevo chiesto.

Quella notte, l'ultima che trascorrevo in India, successe una cosa molto particolare. Ma devo fare una premessa: voglio raccontarvi un altro episodio che si verificò due sere prima.
Ero seduta in mensa per la cena, quando, all'improvviso, si sentì un forte rumore. Mi girai di scatto e vidi una grossa fiammata alzarsi da un erogatore dell'acqua potabile, che fungeva anche da frigorifero.
Impaurita, corsi fuori dal locale. Poteva prendere fuoco anche l'erogatore vicino, o chissà cos'altro! Ad ogni modo la mia reazione fu esagerata; sembrava che solo io avessi percepito un serio pericolo: infatti le altre donne erano sorprese, ma non corsero fuori come me.
Appena fui all'aperto, acquistai al chiosco delle bibite tre bottiglie di acqua minerale naturale. Non feci in tempo a far due passi, che una

di queste mi scivolò dalle mani e, cadendo, si ruppe, bagnando il terreno intorno ai miei piedi.

Il fuoco e l'acqua... l'acqua che spegne il fuoco... l'acqua intorno ai miei piedi, come a distanziarmi, a proteggermi dal fuoco. Era chiaro, per me, che si trattava di un messaggio, ma dovevo ancora... "metterlo a fuoco".

Quell'ultima notte, mentre dormivo profondamente, sentii un tuono fortissimo e contemporaneamente, pur avendo gli occhi chiusi, percepii una luce accecante.

Rimasi immobile, impietrita dallo spavento, in posizione fetale, urlando: "Baba, pensaci Tu!"

Non sapevo che cosa fosse successo, ma, di qualunque cosa si fosse trattato, era potente come una bomba.

Quando mi alzai, mi si presentò uno spettacolo impressionante: dalla finestra si vedeva soltanto una parete di fiamme!

Si stava scatenando un fortissimo temporale: ad un tratto un fulmine colpì una piccola centrale elettrica, la quale prese fuoco. Si trovava proprio a pochi metri dalla nostra palazzina. Per fortuna, l'acqua cadeva dal cielo, direi a "bidoni", anziché a "catinelle": così, in pochi istanti, l'incendio fu domato.

Vi voglio comunicare ciò che da quell'episodio emerse alla mia coscienza. Era come se una parte di karma, che doveva ancora estinguersi, si fosse scaricato, prima sull'erogatore dell'acqua e poi, con una potenza centuplicata, su quella centrale elettrica, a pochi metri dal mio letto.

Mi resi conto che con questi due spaventi, il primo che annunciava il secondo, Baba mi aveva fatto un grosso dono.

Ai Suoi Piedi, avevo lasciato tutto il mio passato.

Un'altra considerazione: il fuoco, l'elemento purificatore per eccellenza, aveva mandato in tilt la centrale elettrica, bruciando tutti i suoi fili, incapaci di reggere la potenza del fulmine. Si trattava della stessa immagine che, in passato, avevo visualizzato riguardo al mio sistema nervoso, quando, immobile, giacevo a letto, e sentivo un rumore come di "centrale elettrica" dentro il mio corpo, all'altezza della nuca.

Non riuscivo, allora, a sopportare più alcun rumore, alcuna sollecitazione. Era come se tutto il mio sistema elettrico fosse andato in tilt, per un carico troppo forte.

Anche l'immagine dei "fili arrugginiti" che mandavano messaggi sbagliati a tutto il corpo, che mi aveva suggerito Angelo nella sua diagnosi, era perfettamente in sintonia con la mia sensazione interna; anche se, più che arrugginiti, quei fili li sentivo "bruciati".

Quella notte era successo qualcosa di speciale.
Proprio quell'ultima notte di permanenza in India, dopo aver parlato con la mia Vera Realtà, dopo averLa toccata ed avere da Lei ottenuto il perdono esplicito dei miei errori, potevo percepire che il fuoco di Shiva (la Forma di Dio come distruttore), aveva carbonizzato tutto il male; e l'acqua cristallina e fresca della Grazia Divina, era venuta a lenire le dolorose scottature che il fuoco purificatore aveva lasciato. Una duplice cura, quindi: il fuoco, che aveva ridotto in cenere il male e l'acqua, che dopo la cenere, faceva rispuntare nel campo bruciato (il mio corpo), i fiori più belli della primavera.

Il Signore in Persona, con due sonori "Sì!", aveva perdonato tutto il mio passato; me lo ero scrollato di dosso, come un vestito vecchio e logoro. Finalmente avevo quella veste bianca che avevo indossato in quel sogno ad occhi aperti di tre anni prima, quando, dopo essere risalita dagli abissi del mare, ero finalmente giunta a casa mia (Baba dice, riferendosi a Prashanti Nilayam: questa è la vostra casa, la mia casa è il vostro cuore).
Avevo portato a Swami il mio cuore. Mi ero sdraiata per terra, a braccia aperte, davanti ad una statua che Lo raffigurava.
Egli, dietro di me, mi chiamò, dicendo che non avevo bisogno di adorarLo in un'immagine, in una statua di pietra, perché era lì, con me, in carne ed ossa!
Potevo adorare, abbracciare il Dio vivente e, così, fondermi in Lui.

Prima o poi, avrei lasciato questo corpo, quando il mio compito in questa vita sarebbe stato ormai concluso.
L'idea della morte non era più un'angoscia per me. Sapevo che pensando sempre a Dio, fino all'ultimo respiro, mi sarei sciolta in Lui, in un abbraccio d'amore, restando solo Io: Dio.

Ho scritto, un giorno, una poesia-testamento per i miei figli, affinché incomincino, fin d'ora, ad avere il giusto approccio con l'idea della morte. E' l'unica cosa certa di questa vita materiale, che sarà onorata solo se conclusa con un passaggio sereno e consapevole da questa dimensione all'altra, e solo se verrà vissuta nella discriminazione di ciò che è Reale, da ciò che è effimero, illusorio, caduco, falso, come tutto ciò che è destinato a modificarsi nel tempo.
La Verità, la Realtà immutabile ed eterna, non ha inizio, né fine. E' la Storia Infinita, la Gioia Infinita.

SOLO MUSICA SI SENTIRA'
Un giorno, da questa scena,
io me ne andrò.
Ma voi non piangerete
perché saprete con Chi sarò.
Quel giorno
solo musica si sentirà:
canti d'amore, di gioia e di lode
per Colui che in braccio mi prenderà.
Questo corpo come un palloncino colorato,
si romperà
e l'aria in esso contenuta
all'universo intero si riunirà.
Non più prigione né catene
per quest'Anima Immortale.
"Essere, Coscienza e Beatitudine"
solo questo è, e a questo vuol tornare.
La vita vi prepara,
figli miei, a quel giorno
come vi prepara ad aspettar sereni
il vostro giorno.
Non piangerete per ego,
no, non piangerete!
Voi stessi basterete sempre a voi stessi,
siatene certi, non temete!
Non piangerete per me,
no, non piangerete!

Perché saprete che sarò nella gioia,
e della mia gioia, per amore, voi gioirete.
Ricordatevi che fra noi
non ci sarà mai separazione.
Come non c'è mai stata,
fin dall'inizio di ogni eone.
Seguite sempre il sentiero
che il Maestro vi ha indicato.
Verità, Rettitudine, Pace, Amore e Non violenza;
questo, solo questo, vi ha insegnato!
Che la vostra vita
sia sempre e solo il Suo Messaggio;
da questa allora avrete
ogni felicità, ogni vantaggio.
Il Dharma protegge sempre
chi lo sa rispettare.
Restate quindi sempre in esso,
come il pesce non esce dal mare.
Ricordate sempre
che voi siete Lui.
Camminate quindi a testa alta
ed amate! Amate! Amate Come fa Lui!
L'Era dell'Oro sta arrivando
in tutto il suo splendore.
Contribuite anche voi
a far tornar la luce in ogni cuore!
Cos'altro dirvi figli miei?
Sappiatevi sempre accontentare
di ciò che la Vita
vi dona sempre con amore.
Allora
niente tristezza, né paura, né spavento!
Abbiate sempre forza, saggezza, fede
e il cuor contento!
Amate solo
per il piacer di amare.
Donate solo
per il piacer di dare.

Non aspettatevi nulla in cambio,
non dite "io" e "mio"
ed avrete sempre
la Grazia di Dio!

Dopo quel viaggio e quell'esperienza meravigliosa, tornai a casa molto cambiata. Finalmente mi ero scrollata di dosso la paura di ricadere nella malattia, o di non essere ancora guarita del tutto.
Baba, in interview, aveva donato ad alcuni ammalati un oggetto, materializzato al momento sotto gli occhi di tutti, oppure aveva fatto mangiare loro della vibhuti.
Aiutò me a liberarmi dalla paura di non essere ancora guarita, proprio non facendomi alcun dono materiale, ma lasciandomi intuire che ero pronta per servirLo.
In quei giorni, che avevo trascorso da sola a Prashanti Nilayam, avevo ripreso fiducia nelle mie capacità fisiche. Potevo finalmente contare ancora sul mio corpo; non mi avrebbe più lasciata per strada, come una macchina "in panne".
Negli anni appena trascorsi, i miei strumenti, sia fisici che mentali, erano stati aggiustati; ed il "Capo Officina", in quest'ultima occasione, li aveva soltanto revisionati. Aveva fatto il "tagliando di controllo": aveva gonfiato le gomme (la fiducia in me stessa), per tenere meglio la strada; controllato l'olio (la fede e l'abbandono) e, soprattutto, aveva riempito il serbatoio di "benzina pulita" (la Sua Energia Divina). La macchina era pronta, rimessa a nuovo, ripulita e ridipinta.
Poteva viaggiare, ora, e permettermi di continuare la strada per il ritorno a casa. Dovevo solo sbloccare un po' il motore, che dopo anni di inattività, era rimasto un po' "legato" e solo viaggiando velocemente in autostrada sarebbe tornato allegro e scoppiettante.
Non mi restava, quindi, che lavorare, darmi da fare usando al meglio i miei preziosi strumenti per raggiungere l'obiettivo di questa vita: imparare davvero ad amare. Così pregai Baba:

INSEGNAMI L'AMORE
Insegnami, Signore,
insegnami ad amare;
ad amare per davvero

come Tu sai fare.
Baba insegnami l'Amore
per ogni Tua creatura
che vola, nuota, striscia e corre;
che io non faccia, a nessuno, più paura.
Swami insegnami ad amare
ciò che mi indigna e mi ferisce,
chi mi maltratta e mi insulta,
e chi non mi capisce.
Swami insegnami ad amare
ogni Tuo colore;
non solo il giallo, il verde e il rosso,
ma anche il nero ed il marrone.
Baba insegnami a riconoscerTi
in ognuno e in ogni istante.
Solo così imparerò
ad amare veramente!

Come mi era stato annunciato nella primavera dell'anno prima, gli "uccelli neri" se ne andarono, e non uno ad uno, ma tutti insieme: se ne andò la malattia, i gravosi debiti finanziari e, probabilmente, i debiti karmici che avevo con il mio compagno: infatti tutto si sistemò tra noi. Avevo formalmente promesso a Baba che mi sarei impegnata ad evitare i litigi, chiedendo con il cuore il Suo aiuto; e questo arrivò alla grande: l'armonia e l'amore pieno tornarono tra me e Donato.
L'Era dell'Oro, per me, era già iniziata, in tutto il suo splendore. Non mi restava che dire:
"Grazie, Baba! Grazie Amore!"

Figli dell'immortalità!
Ricordate che voi siete stati creati
a Mia immagine e somiglianza. Perfetti!

Vivete all'altezza di questa immagine,
in ogni senso, a tutti i Livelli,
vivete come Maestri!

Camminate sulla Terra a testa alta
con gli animi innalzati,
i vostri cuori aperti all'amore;
credete in voi stessi e al Dio che è in voi.
Allora tutto andrà bene.

La Terra non è altro che
la Manifestazione del mio Essere,
fatta della mia stessa Vita!

Ovunque voi guardiate, Io sono là.
Ovunque voi camminiate, Io sono là.
Chiunque voi incontriate, Io sono quella persona.
Io sono in ognuno, in tutto il Mio Splendore.

VedeteMi ovunque.
ParlateMi ed amateMi,
Io sono in ognuno di voi.

Allora, da Ciascuno, risponderò
e vi condurrò nella Gloria.
Voi non potete vederMi in un luogo
e non in un altro, perché Io riempio lo spazio.

Voi, non potete sfuggirmi
o fare qualcosa di nascosto,
poiché per Me non vi sono segreti.

Vivete... Vivete... Vivete... in perfetto accordo
con le Mie Leggi e otterrete cose meravigliose!

*Ora, riflettete.. è l'errore ad ostacolare
il fluire dell'essenza del Mio Essere
attraverso di voi?
In questo preciso momento
chiedeteMi di rivelarvi i vostri errori
nel silenzio della vostra meditazione.*

*Lasciate che i vecchi ricordi riaffiorino in voi
dal Mio subconscio che è in voi...
Vecchi modelli...
Vecchi pensieri e sentimenti dimenticati.*

*Ora, immergeteli nell'Oceano della Luce,
estingueteli dalla coscienza,
affinché possiate divenire
i Veri simboli del mio Essere*

*Adesso,
visualizzate la mia Fiamma che arde,
che s'innalza sempre di più,
che arde attraverso di voi.*

*E' una fiamma che rinfresca,
Purifica e guarisce,
Lenisce il dolore nascosto...
e vi Lascia calmi e quieti.*

*Confidate nel Mio Amore.
Lasciate che tutto quello che siete stati,
durante le vostre molte vite passate,
sino ad oggi, si dissolva nella Mia Luce che Libera.*

*Figli del mio Essere!
Dissolvete i vostri dispiaceri e le vostre paure in Me.
Lasciate che Io cancelli tutto il vostro Karma.*

*Ritornate alla Mia Coscienza,
che è la vostra Stessa vera coscienza.
Lasciate che i vostri insignificanti sé umani*

svaniscano, adesso, mentre venite a Me,
a Colui che è il vostro Sé Interiore.

Ora voi siete il Mio Glorioso Sé...
Non più separati da Me.
Scioglietevi in Me... Immergetevi in Me...
Divenite Me!

Baba

(Prema Dhaara - Una collezione di lettere da Sathya Sai Baba ai Suoi studenti - Ed. Milesi - pagg. 11, 12 e 13).

POSTFAZIONE

Questo libro è cresciuto con me. E' stato scritto in quattro anni: i miei primi quattro anni a fianco dell'Avatar.
Non sarei stata capace di ricordare, altrimenti, molti particolari.
Era il mese di luglio del 1995, quando comunicai alla mia amica Antonella il forte impulso a scrivere che sentivo dentro di me. Fu lei ad incoraggiarmi a seguirlo con parole cariche di entusiasmo. La ringrazio tanto per questo.
Ma soprattutto ringrazio infinitamente Bhagavan Sri Sathya Sai Baba, che mi ha dato la forza di scrivere in anni in cui la mia energia era ancora molto bassa.
Essere riuscita a concludere il lavoro, è stato, per me, un Suo grande dono.
Egli ha accolto la mia preghiera di poter essere un Suo strumento, un messaggero della Sua Parola di Pace, di Speranza e d'Amore.

A fine febbraio del 1999, Donato si unì ad un gruppo diretto in India, desideroso di rivedere il Divino Maestro.
Alla partenza erano una ventina di persone, ma, una volta arrivati a destinazione, si unirono a loro altri italiani.
Quando il capogruppo chiese a Swami una interwiew, Egli acconsentì dicendo, però, che soltanto in venti sarebbero potuti entrare.
Donato, rendendosi conto che già venti di loro si erano alzati velocemente per recarsi nella "mitica" stanzetta, rimase fermo al suo posto per obbedire alla Volontà del Maestro; come lui fecero altri sei componenti del gruppo.
Egli era, però, l'unico, fra i sette rimasti fuori, a non aver mai avuto il privilegio di una intervista con Swami.
Quanto aveva sperato di poter parlare al Maestro! Di poterLo almeno ringraziare per tutto quello che aveva fatto per me! Non riuscì, per questo, a trattenere alcune lacrime.

Nell'attesa che i compagni uscissero dalla stanza, fu consolato dalla compagnia di un bimbo di circa un anno di età, i cui genitori, chiamati in interwiew, chiesero proprio a Donato di prendersi cura di lui.

Comunque la sua correttezza ed il suo spirito di sacrificio furono premiati.
Alla fine dell'interwiew, i genitori del piccolo, dalla porta della stanza, fecero cenno a Donato di portarlo da loro.
Gli addetti al servizio d'ordine acconsentirono, così Donato, anche se per pochi minuti, poté trovarsi ai Piedi del Signore!

Baba lo accolse con uno "scappellotto" sulla nuca, dicendogli: "Sii felice!"
Poi fece cenno a tutti di lasciare la stanza, ma Donato, che vi era appena entrato, non riusciva ad allontanarsi da Quel Corpo Divino!
Fu l'ultimo ad uscire, insieme al capogruppo, non prima di aver avuto il permesso da Baba di poterGli baciare i piedi, le mani e ringraziarLo.
Era passato, così, da un pianto di dolore ad uno di gioia e di commozione.

Prima di lasciare l'Ashram, il capogruppo chiese a Swami di concedere la Grazia di un'intervista anche a quei sette che erano rimasti fuori. Swami rispose che sarebbero dovuti tornare per la festa del Gurupoornima; li avrebbe ricevuti in quell'occasione.
Quando, al ritorno dal viaggio, Donato mi riferì di questo appuntamento, mi commossi. Avevo infatti scritto una lettera per Swami chiedendoGli quando sarei dovuta tornare a trovarLo insieme alla mia famiglia!
Ebbi così la risposta alla mia domanda; e come se non bastasse, la festa del Gurupoornima cadeva proprio il giorno del mio compleanno! (Il 28 luglio).
Che bel regalo di compleanno! Essere invitati dal Signore in Persona a partecipare alla festa del "Guru dei Guru"! Che appuntamento speciale, unico!
Non potevamo certamente mancare!

Dopo aver partecipato a quella sacra festa, il 31 luglio, l'ultimo giorno di permanenza nell'ashram, Baba, come promesso, ci accolse in interwiew.
E' indescrivibile la gioia, la pace e l'amore che provammo, tutti insieme, alla Sua Presenza!

La Sua Beatitudine ci avvolse, come una coperta soffice e calda.
Nella stanza delle interviste private disse a me e Donato alcune preziosissime frasi, strettamente intime e personali, per aiutarci nel nostro rapporto matrimoniale. Diede così prova, ancora una volta, di conoscere ogni nostro più recondito segreto. Dopodiché ci riempì di doni.
Prese la mano di Donato e la strinse tra le sue con tanta tenerezza. Diede alcune "pacche" ai bambini dicendo: "Good Boys!"
Desideravo offrirGli il libro, che dopo la frase di incitazione rivoltami da Lui l'anno precedente (Sei una scrittrice!), avevo finalmente terminato.
Nel mio cuore intendevo offrirGlielo con tutta umiltà, in modo discreto: volevo evitare che il mio ego potesse, anche solo per un istante, prendere il sopravvento.
Egli trovò il modo di accontentarmi. Mi rassicurò: "Sì!... l'ho visto!" e mi fece cenno che l'avrebbe preso quando fossimo tornati nell'altra stanzetta.
Che cosa successe allora?
Degli indiani, che erano stati chiamati come noi in interwiew, inondarono Baba di fotografie e libri da firmare.
Egli, con infinita pazienza, firmò tutto ciò che Gli veniva presentato.
In mezzo a quella confusione riuscii a passarGli anche il libro che avevo scritto, per offrirLo ai Suoi piedi con profonda gratitudine.
A quel punto Baba alzò gli occhi, mi fissò con un grosso sorriso e vi scrisse le parole: "*With Love*" (con amore) seguite dalla Sua firma.

Dopodiché iniziò a deliziarci con i Suoi lila (giochi Divini).
Materializzò un anello, un enorme orologio d'oro (con l'ora esatta!) e una catenina con medaglione, che regalò ad alcuni indiani, sotto gli occhi spalancati e meravigliati di Davide, Stefano e di tutti noi.
Poi fece cenno a Donato di avvicinarsi maggiormente a Lui. Egli si avvicinò, in ginocchio e a mani giunte. Swami incominciò, allora, a ruotare la Sua Mano Fantastica. Dal nulla apparve un meraviglioso anello con tre diamanti, che infilò al dito anulare destro del mio sposo.
Donato pianse di gioia, e noi tutti con lui, condividendo la sua emozione. Poi abbracciò Baba (che privilegio!) e baciò quella Sua "Piccola Mano Bruna", dicendo: "I love you! I love you! I love you!"

Baba, come un'eco, rispondeva: "Love! Love! Love!"
Una scena davvero commovente!
Un amico, scherzando, disse a Donato: "Che fai... piangi?"
Swami intervenne dicendo: "E' emozionato!"
Gli occhi di Davide e Stefano luccicavano sempre più di gioia.
L'amore di Baba ci univa tutti. Sentivamo quello Stesso Amore che Egli elargiva anche fra noi, gli uni per Gli altri. Eravamo proprio in paradiso!

Prima di congedarci, distribuì a tutti delle bustine di vibhuti.
Quando giunse vicino a me, sorridendo mi sussurrò: *"I'm very happy!"* (Sono molto felice!)
Figuratevi a quale livello era la mia felicità!
Nella mia ultima lettera avevo anche scritto: "Baba, voglio darTi tanta felicità!"
Egli mi stava rispondendo con le parole più belle che avesse mai potuto dirmi, facendomi così un dono, il più grande che avesse potuto farmi!
        Quanta dolcezza! Quanto Amore!

      OM SRI BHAGAVAN SATHYA SAI BABAYA NAMAH
(A Te mi inchino, o Divino che sei la Verità, il Sovrano, il Maestro, Padre e Madre universali)

TRUBUTO A SAI BABA

Ci hai guariti da mali incurabili.

Da materialisti ed edonisti distratti

ci hai trasformati in ricercatori della Verità.

Con la Tua Vita, con il Tuo Esempio,

ci hai insegnato cos'è l'Amore,

e dell'Amore,

perdutamente,

ci hai fatto innamorare.

Ci hai fatto comprendere che fra noi e Te non c'è separazione,

come non c'è mai stata fra ogni essere del Creato.

Tutta la nostra sete di conoscenza

e tutta la nostra fame d'amore,

hanno trovato finalmente in Te ristoro.

Ai Tuoi piedi abbiamo pianto di gioia.

Ai Tuoi piedi abbiamo pianto d'Amore.

Ai tuoi piedi il nostro ego si è annichilito.

Ai Tuoi piedi abbiamo trovato le risposte.

Ai Tuoi piedi abbiamo provato il Paradiso.

Ai Tuoi Piedi ai Tuoi Santi Piedi noi ci inchiniamo!

D'Amore e infinita Gratitudine noi piangiamo!

Ai Tuoi Piedi ai Tuoi Santi Piedi noi ci inchiniamo!

D'Amore e infinita Gratitudine noi piangiamo!

Italia, 24.4.2014

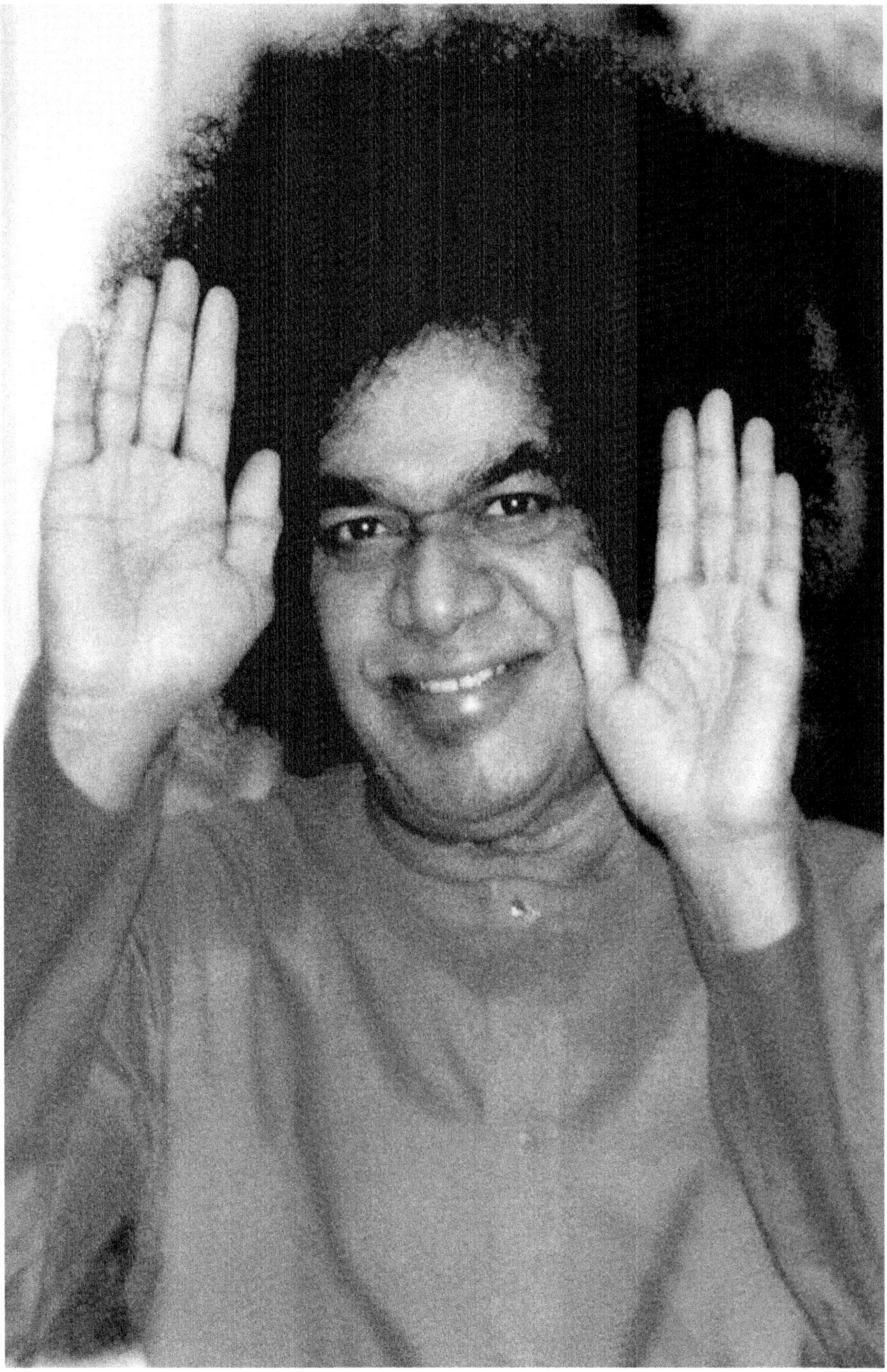

Printed in Great Britain
by Amazon